왜 내 성과는 제자리일까

이기는 비즈니스를 위한
P·A·R·T·Y 전략

왜 내 성과는
제자리일까

김상배 지음

한국경제신문

곽근호 회장 (에이플러스에셋그룹)

나는 일에 있어서 학습을 매우 중시한다. 일의 의미를 살리고 성과를 높이는 데 학습은 생명과도 같다. 배우지 않는다면 제대로 일할 수 없고 제대로 일하지 않으면 성장하지 못한다. 또한 일을 통해 성장하지 못하는 사람은 행복할 수 없다. 이것이 내가 수십 년 동안 일하고 또 그 속에서 배우며 얻은 결론이다. 우리가 일하는 과정은 인격을 닦으며 실력을 높여가는 과정이다. 우리는 일을 통해 성장해야 한다. 또한 삶의 진정한 기쁨은 성장의 과정에서 느낄 수 있다. 자신을 성장시키지 못하는 것은 일이 아니다. 일은 곧 자기 성장이며 고객과의 동반 성장이다.

그런 점에서 남다른 성과를 내고 있는 영업 고수들로부터 공통된 DNA를 찾아내 분석한 이 책의 접근은 흥미롭다. 세일즈 전문가들의 다섯 가지 역량이 곧 어떤 일이든 쉽고 재미있게 해낼 수 있는 힘이기 때문이다. 또한 장벽을 뚫어내는 방법이 철학을 다지는 것으로 시작해 자신만의 정원을 가꾸는 일로 마무리된다는 내용 역시 모든 것이 자신에게 달려있음을 이야기하는 통찰로 여겨진다.

어떤 일이 쉬운지 어려운지 단정해서 말하긴 힘들다. 그러나 분명한 것은 무슨 일이든 바람직한 자세를 갖추고 적절한 방법을 익힌 후 무엇보다 자신을 제어하는 데 성공한다면 누구나 그 일에 성공할 수 있다는 사실이다. 독자들이 이 책에 담겨 있는 쉬워 보이는 일을 쉽게만 생각하지 않는 치밀한 안목, 어려워 보이는 일도 척척 풀어가는 감칠맛 나는 비법들을 자신의 것으로 만들어갈 수 있기를 진심으로 기원한다.

이한주 대표 (스파크랩)

부지런해야 인간이다. 맹목적인 성실에 대한 비판과 지적이 있지만, 그래도 결국엔 혼신을 다해야 원하는 바를 이룰 수 있음은 분명하다. 그런데 그렇게 열심히 일하다 보면 누구나 지치고 힘이 빠진다. 이때 필요한 것 중 하나가 책이다. 이 책은 일 때문에 갑갑한 직장인들을 위한 사이다 한 병이다. 목표를 생각만해도 앞이 막막해지고, 업무를 떠올리기만 해도 한숨이 난다면 병따개를 힘껏 쥐고 이 책의 뚜껑을 시원스럽게 열어 제칠 것을 권한다.

김정환 상무 (삼정KPMG, 공인회계사)

'영업은 뚫기다.' 이 책의 간결한 메시지가 오랫동안 울림을 줬다. 어느 회사나 조직이나 가장 중요한 것은 영업이다. 이 책은 영업 전문가의 자화자찬이 아닌 제 3자의 시각으로 영업의 진수, 뚫기의 비결을 분석했다. 이를 통해 영업은 파티와 같이 즐거운 것이 될 수 있음을 깨닫게 해준다. 여러 가지 문제들을 뚫어내고자 하는 모든 분들에게 일독을 권한다.

한연희 교수 (한국기술교육대학교)

뚫어야 사는 것은 직장인뿐만 아니다. 학생이든 교수든 모든 사람은 막막한 문제들을 뚫어내면서 삶을 일군다. 그런데 문제는 자신의 선천적인 능력만 믿고 뚫어내는 기술을 가다듬으려는 노력을 별로 하지 않는다는 점이다. 부단한 노력을 통해 기술을 자기 것으로 만들 때 뭐든지 뚫어내는 고수가 될 수 있다. 이 책은 자신만의 뚫어내는 비법을 찾도록 돕는 훌륭한 지침이 될 것이다.

모든 일은 PARTY로 통한다

모든 인생은 벅차다. 세상 살아가기가 녹록치 않음은 나만의 얘기가 아니다. 금수저 물고 태어나면 조금 덜할지 몰라도 모두의 삶에는 고달픔과 슬픔이 즐거움과 재미의 그림자처럼 웅크리고 있다. 인생은 수많은 일들로 이뤄졌고 문제 풀이의 연속이기 때문이다. 삶은 수많은 장벽들을 뛰어넘는 여정이고 일은 장애물을 부수고 깨뜨리는 과정이기 때문이다. 그래서 모든 일은 '뚫기'다. 일이라는 숙명의 과제를 끊임없이 해결해야 하는 사람이라면 누구나 언제 뚫릴지 알 수 없는 막연함과 뚫리기는 할까 싶은 불안감을 이겨내며 자신 앞의 꿈쩍도 하지 않는 암벽을 뚫어내야 한다.

뚫어야 산다

성적이 높든 낮든 모든 학생들은 공부를 잘하고 싶어 한다. 회사를 다니는 사람 역시 누구나 일을 잘하고 싶어 한다. 직장인이든, 공무원이든, 자영업자든, 취업준비생이든, 주부든, 은퇴 후의 삶을 살고 있는 어르신이든 모든 사람들은 본능처럼 어려움을 잘 뚫어내고 싶은 마음을 품고 있다. 속이 더부룩할 때 손을 따고 소화제를 찾듯, 난감하게 막혀버린 변기를 뚫기 위해 갖은 방법을 동원하듯 막힌 업무와 답답한 일상을 시원하게 뚫고자 하는 것은 모든 사람들의 원초적인 욕망이다. 뚫어야 일이 되고 뚫어야 원하는 바를 이룰 수 있고 막힌 것들을 뚫어내야 살아갈 수 있다.

그런데 가만히 주위를 살펴보면 분명히 잘 뚫는 사람이 있고 못 뚫는 사람이 있다. 능숙하게 곡괭이질을 하는 고수도 있고 엉성하게 삽질하는 하수도 있다. 일을 잘하는 사람이 있고 못하는 사람이 있다는 말이다. 그렇다면 두 사람의 차이는 뭘까? 진흙탕이든 가시덤불이든 잘 뚫어내는 뚫기 전문가들은 어떤 힘을 갖고 있을까? 뚫기 힘들 것 같아 보여도 용케 뚫어내는 선수, 성능 좋은 굴착기처럼 퍽퍽 뚫는 달인, 단단한 벽을 뚫어 성과를 만들어내는 힘찬 드릴 같은 고수들. 좀처럼 뚫리지 않아 애먹는 사람들이 볼 때 부럽기도 하고 얄밉기도 한 이 사람들은 어떤 특징을 갖고 있을까? 일을 잘해낼 수 있는 마법은 어떤 걸까? 잘 뚫어내는 비결은 무엇일까?

　나는 뚫어내는 힘과 기술이 궁금해지기 시작했다. 그리고 잘 뚫는 방법을 찾고 싶어졌다. 잘 뚫는 사람에겐 있고 잘 뚫지 못하는 사람에겐 없는 것이 무엇인지 알아내고 싶어졌다. 그래서 막힌 일상을 속 시원히 뚫어내는 사람들, 업무 체증을 통쾌하게 뚫어내는 사람들이 가진 특징들을 파헤치기로 결심했다. 잘 뚫는 사람들의 공통점들을 정확히 추출하고 면밀히 분석해 알기 쉽게 정리하면 독자들에게 월요일 출근길 동부간선도로처럼 꽉 막힌 일상을 시원하게 뚫을 수 있는 솔루션을 제공할 수 있을 것이라는 확신이 들었다.

　이를 위해 먼저 나는 잘 뚫는 사람들을 찾아 나섰다. 어디로 가야 잘 뚫어내는 사람들을 많이 만날 수 있을까? 일 잘하는 사람들을 어떻게 찾을 수 있을까? 만난 사람이 걸쭉한 진국인지 밍밍한 맹탕인지는 또 어떻게 구분할 수 있을까? 이런 고민을 거듭한 끝에 여러 일 중에서도 영업하는 사람들을 주목하기 시작했다. 영업이야말로 전형적인 뚫기이기 때문이다.

　"깐깐하기로 유명한 그 회사를 어떻게 뚫었어요?"
　"김 대리 덕분에 만나주지도 않던 고객을 뚫는 데 성공했네. 정말 고마워."

일상에서 어렵지 않게 듣게 되는 말이다. 어려움을 이겨내고 영업에 성공했을 때 보통 '뚫었다'고 말한다. 이처럼 자주 쓰는 표현만 봐도 영업이 곧 뚫기라는 사실에 동의할 수 있을 것이다. 영업은 뚫기의 연속이다. 따라서 영업을 잘하는 사람들이야말로 잘 뚫는 사람들이다. 이들은 신규고객을 새로 뚫어야 하고, 막힌 기존고객을 다시 뚫어야 한다. 영업에서는 뚫지 못하면 아무 것도 없다.

그런데 사실 영업은 그 자체가 매우 넓은 개념이다. 듣기 좋은 말을 잘하는 사람에게 "영업을 잘한다"고 하고, 이른 아침 식당에 가서 "영업 시작했냐"고 묻기도 한다. 이는 영업이 회사에 필요한 여러 직종 중 하나라는 영역을 넘어 일상과 업무의 모든 순간마다 영업적 요소들이 필요하다는 의미이다. 따라서 영업을 잘하는 사람들의 특징은 영업이라는 직종에만 국한되는 것이 아니다. 영업이 곧 뚫기이므로 영업 전문가들이 갖고 있는 힘은 뚫어야 사는 모든 사람들에게 필요한 공통분모이다. 그러므로 넓은 의미의 영업으로부터 뚫어내는 힘과 기술의 핵심을 찾아낼 수 있다.

같은 맥락으로 미래학자 다니엘 핑크(Daniel Pink)는《파는 것이 인간이다》라는 책을 썼다. 이 책에서 그는 모든 사람이 세일즈를 하는 시대가 오고 있다고 예측했다. 여러 데이터를 근거로 인터넷이나 스마트폰 같은 디지털 기술이 세일즈를 완전히 대체할 수 없다는 점을 지적한다. 그러면서 모든 사람이 무엇인가를 파는 새로운 환경에서 살아남기 위해 필요한 자질과 방법을 제시했다. 여기서 말하는 무엇인가를 파는 자질과 방법이 바로 뚫는 데 필요한 힘이다.

파는 것이 인간이라면 모두의 업무는 영업이자 뚫기다. 영업은 단순히 물건이나 서비스를 파는 것이 아니라 난관을 뚫어 길을 만들고, 터널을 뚫어 빛을 보는 일이기 때문이다. 그래서 영업을 잘하는 사람들이 갖고 있는 공통된 힘은 무엇인가를 뚫어가고 있는 과정에서 지쳐가고 있는 모든 사람들에게 필요한 드링크 한 병이다.

꼰대의 훈수 vs 전문가의 통찰

탁월한 뚫기 전문가들을 찾아가는 과정에서 영업에 성공하는 사람들을 다룬 다양한 책과 자료들을 만날 수 있었다. 그런데 대부분 정밀한 분석 없이 전문가들의 개인적 경험들을 조금씩 미화하여 소개하고 있었다. 깊은 고민이나 폭넓은 통찰도 부족해 보였다. 내용과 구조의 체계성은 더더욱 없었다. 이런 것들은 마치 마윈의 강의를 들으면 저절로 전략적 사고가 커지고, 스티브 잡스의 동영상 강의를 보면 자동으로 창의력이 생긴다고 생각하는 것처럼 전문가들의 얘기만 잘 이해하면 머지않아 당신도 전문가처럼 될 것이라고 말하는 것 같았다.

그러나 다른 사람의 방법이 곧바로 나의 정답이 되는 것은 아니다. 연예인에겐 어울리지만 나에겐 어울리지 않는 옷처럼, 최 대리의 정답이 정 과장에게는 오답이 될 수 있다. 심지어 다른 사람에겐 제대로 통한 양약이 나에겐 독약이 될 수도 있다. 자신만의 주관적 처방을 모든 사람을 위한 만병통치약으로 우겨서는 안 된다. 그렇다면 막힌 일상과 답답한 업무를 속 시원하게 뚫고 싶은 사람들을 위한 해결책은 어디에도 없는 걸까?

나는 영업 전문가가 아니다. 따라서 영업을 잘하는 사람들처럼 뚫기를 잘하지는 못한다. 그렇다고 문외한은 아니지만 뚫기와 영업에 대해 나의 경험을 이야기하는 것만으로 다른 사람들에게 도움을 줄 수 있을 정도의 고수는 결코 아니다. 그러나 나는 HR(Human Resource, 인적 자원) 전문가다. 짧지 않은 시간 동안 사람의 내면을 관찰하고 가능성에 주목하며 잠재된 역량을 높이는 방법을 고민해오고 있다.

이 책은 HR 전문가의 시각으로 잘 뚫는 사람들, 즉 영업 전문가들이 보유하고 있는 공통적 특징들을 치밀하고 예리하게 분석한 책이다. 영업하는 사람들의 공통된 특징들을 뽑아내 답답한 업무를 시원하게 뚫고자 하는 사람들에게 필요한 처방을 제시하는 책이다.

사실 내가 이렇게 해서 잘했으니 너도 이렇게 하면 된다는 얘기가 잘못 확대되면 '내가 해봐서 다 아는데…' 하는 꼰대가 되어 버린다. 맞는 말도 많지 않지만, 맞는 말까지도 듣기 싫어지는 훈수가 되고 만다. 그러나 이 책은 HR 전문가의 눈으로 뚫기 전문가들을 파헤쳤다는 점에서 '나처럼 하면 된다' 식의 꼰대의 훈수가 아니라 역량과 자질을 꿰뚫은 HR 전문가의 객관적인 분석과 심도 있는 통찰이라 자부한다.

강호에 숨어 있던 세 명의 뚫기 달인

업무 때문에 소화불량에 걸린 사람들을 위한 뚫기의 명약, 더 많은 사람들에게 속 시원하게 통할 처방을 찾기 위한 작업을 알짜배기 영업 전문가들을 찾는 일로 다시 시작했다. 먼저 잘 알려진 사람들을 만났다. 그러나 먹을 것 없는 소문난 잔치처럼 어렵사리 만난 사람들에게선 별로 건져낼 게 없었다. 간혹 의미 있는 얘기가 있기도 했지만 최고의 맛집이라고 해서 찾아갔더니 자주 가는 음식점보다도 못해 실망했던 경험처럼 이렇다 할 '왕거니'를 찾기는 힘들었다. 역시 유명세와 내공은 반드시 비례하진 않음이 분명했다.

방향을 바꿨다. 관광객이 아니라 동네 사람들이 알아주고, SNS가 떠벌리는 곳이 아닌 마니아들이 알음알음 찾아가는 허름한 식당을 찾아내 소개했던 만화가처럼, 아직 잘 알려지진 않았지만 두

각을 나타내고 있는 '뚫기 전문가'들을 수배하기 시작했다. 추천과 검색을 통해 십 수 명의 전문가들을 만나 그들과 대화하며 뚫기의 연속인 일, 아니 인생을 멋지게 살아가는 힘과 지혜를 끄집어냈다.

하루를 꼬박 투자해 멀리 지방을 내려가기도 했고, 다른 시간은 도저히 못 뺀다기에 새벽 첫 지하철에 몸을 실어 전문가를 찾아가기도 했다. 유리 구두만 벗어두고 도망친 아름다운 여인을 찾는 왕자의 심정으로 이런 노력을 몇 달이나 기울인 끝에 마침내 자신의 분야에서 뛰어난 가치를 창출하고 있는 진흙 속의 보석 같은 사람들을 찾아낼 수 있었다. 그러면서 그중에서도 가장 내공 있는 세 명의 뚫기 전문가들에게 초점을 맞춰 그들의 베일을 벗길 수 있는 기회를 잡게 되었다.

이 중 한 명은 '뚫기' 하면 가장 먼저 떠오르는 보험인으로 삼성생명과 신한생명을 거쳐 보험 세일즈를 전문으로 하는 독립 법인 대리점 에이플러스에셋에서 27년 동안 한 우물을 파고 있는 박상신 본부장이다. 큰 기복 없이 좋은 성과를 창출한다는 평가를 받고 있는 박 본부장은 보험을 통해 더 많은 사람들에게 행복을 전달하기 위해 노력하고 있다.

다른 한 명은 차가 아닌 즐거움을 팔고, 옷을 팔 듯 자동차를 세일즈 하는 롯데렌터카 최정식 본부장이다. 자동차를 구입한 고객이 도움을 요청할 때 언제든지 달려가기 위해 십 수 년 동안 금주를 실천하고 있는 독종 수입차 전문 딜러다.

　마지막 한 명은 자연과학 분야에서 탁월한 성과를 만들어온 업계 선두기업 ㈜비엠에스 오수림 고문이다. 30여 년 전부터 병원이나 연구소의 생명과학 연구자들을 대상으로 기초연구장비와 소재를 공급하는 B2B(Business to Business) 시장을 개척해 업계 최고의 회사로 만드는 데 일조했으며 CEO를 거쳐 얼마 전부터는 이 회사의 고문으로 활동하고 있다.

비결은 'P·A·R·T·Y'

이 책에 등장하는 세 명의 전문가들은 모두 잘 뚫고 있는 사람들이다. 신규시장도 잘 뚫고, 기존고객의 함정도 잘 뚫고, 진상고객의 억지도 잘 뚫는다. 선수로서는 직접 암벽을 뚫고 코치로서는 동기 부여와 올바른 지도를 통해 선수들이 겪는 슬럼프를 잘 뚫어준다. 이들은 모두 뚫으면 뚫린다는 믿음, 잘 뚫어내는 기술, 그리고 뚫기 작업을 지속할 수 있는 묵직한 저력을 갖고 있었다. 나는 자료조사와 인터뷰, 주변 사람들의 증언과 업계의 평판 등을 통해 전문가들의 겉모습은 물론 그보다 더 중요한 보이지 않는 특성들을 면밀하게 파헤쳤다. 그 결과 영업 전문가들에게 공통적으로 존재하는 '뚫기 인자(因子)'들을 찾아내는 데 성공했고, 이를 다시 다섯 가지 요소로 분류했다.

첫째 'P'hilosophy, 뚫기 전문가들은 무엇보다 자신만의 '철학'을 가지고 있었다. 업의 본질과 제공하는 가치에 대한 깊은 성찰을 통해 자신의 일에 대한 신념을 튼튼히 정립하고 있다는 점이 가장 먼저 발견된 요소였다.

둘째 'A'ction, 활기차게 행동하고 있었다. 세 명은 자신의 목표를 주시하며 목표 달성을 위한 전략을 수립하여 활기차게 실행한다는 공통점을 갖고 있었다. 큰일은 물론 작은 일일지라도 먼저 뚜렷한 목표를 세운 후 이를 달성하기 위한 방법을 집요하게 궁리하며 실천하고 있었다.

셋째 'R'esolution, '해답'을 집요하게 찾는다. 세 명은 모두 끊임없이 고객을 탐구하고 상품을 해부하여 그 속에서 자신만의 방법을 반드시 찾아내고 있었다.

넷째 'T'ouch, '마음'을 만진다. 잘 뚫는 사람들은 공감을 교환하며 뚫어야 할 대상들의 미세한 움직임까지 포착하고 있었다. 더불어 그 과정에서 진심을 사수하기 위해 늘 노력하고 있었다.

마지막 다섯째는 'Y'ard, 아름다운 '정원'을 가꾸고 있었다. 전문가들은 숨 가쁜 상황에서도 배움의 페달을 힘껏 굴리고 있었다. 자아를 긍정하되 철저히 관리하며 무엇보다 감정을 제어하기 위한 훈련에 힘써 자신만의 마당을 정성껏 관리하고 있었다.

이와 같은 뚫기 전문가들의 다섯 가지 특징을 영단어 첫 글자 P, A, R, T, Y로 정리하여 5부로 구성했다. 아울러 자신이 뚫기에 필요한 다섯 가지 힘을 어느 정도 보유하고 있는지 확인할 수 있는 'PARTY 역량 자가진단'과 진단 결과를 바탕으로 시원한 성과를 내는 PARTY 역량을 강화하는 방법들을 스스로 수립할 수 있는 '액션 플랜 시트'를 부록에 넣었다. 귀에 듣기 좋은 남들의 정답을 한 번 읽고 마는 것이 아니라 뚫기를 위한 자신만의 정답을 찾아가는 데 조금이라도 도움이 되길 바란다.

모쪼록 이 책을 읽는 독자들이 소개된 전문가들의 DNA를 자신의 것으로 만들어 꽉 막힌 체증을 돌파할 수 있는 PARTY의 마법을 자신의 것으로 만들 수 있기를 바란다. 이를 통해 자신의 일터를 잔치가 벌어지는 연회장처럼 즐겁고 흐뭇하게, 일과 삶을 유쾌한 파티로 만들 수 있기를 진심으로 기원한다.

박상신 본부장(에이플러스에셋 희망본부)

1991년 공채로 삼성생명에 입사한 후 10년 동안 근무하며 영업관리자 대상을 3회 수상했다. 신한생명으로 옮긴 후에도 충무지점장, 혜화지점장 등을 역임하며 기복 없이 꾸준히 좋은 성과를 이뤄냈다. 현재는 2007년에 합류한 보험판매전문 독립법인대리점인 에이플러스에셋에서 희망본부

본부장으로 근무하고 있다. 이곳에서도 2011년부터 5년 연속 영업관리자상을 수상하는 등 신바람 나게 일하면서 시원한 성과를 만들어내고 있다. '사람은 성취감을 먹고 사는 존재'라는 믿음을 바탕으로 FC와 고객들이 성취하는 인생을 살아갈 수 있도록 돕고 있다.

오수림 고문(㈜비엠에스)

생물학과를 졸업한 직후 자연과학 분야에서 직장생활을 시작해 업계의 확장과 회사의 성장을 이루는 데 많은 역할을 했다. ㈜비엠에스에서 오랫동안 일하며 대표이사까지 역임했으며 이 회사의 관계사인 ㈜자연과학과 ㈜엘에이에스의 CEO로도 활동했다. 나긋나긋한 목소리 뒤에 본인만

의 고유한 세계를 감추고 있는 전형적인 외유내강형 인물로 높은 도덕적 잣대와 치밀한 계획의 중요성을 강조한다. 독서가 가장 가성비 높은 자기계발방법이라고 확신하며 다양한 분야의 책들을 두루두루 읽는 독서광이기도 하다. 2017년 7월부터 ㈜비엠에스 고문으로 재직하고 있다.

최정식 본부장(롯데렌터카 CS모터스)

국내 딜러사가 여러 차례 바뀌었지만 13년 동안 랜드로버만 세일즈 했다. 이때는 일반 승용차가 아닌 특수차량을 5년 동안 한 달 평균 10대씩 팔았던 탁월한 성과를 내기도 했다. 도움을 요청하는 고객에게 언제든 달려가기 위해 1년 365일 소주는 한 잔, 맥주는 500cc까지만 마시는 등 자기관리를 독하게 실천하고 있다. 잘나가던 고객이 어려움을 당했지만 이를 극복한 후 다시 자동차를 마련하기 위해 자신을 찾아줄 때 가장 기쁘다고 말하는 그는 2013년 아우디 이태원 지점장을 거쳐 현재는 롯데렌터카 전문대리점인 CS 모터스 본부장으로 활동하고 있다.

왜 내 성과는 제자리일까

차례

PHILOSOPHY

철학을 다진다

'안다'는 것에는 단계가 있다. 나는 플루트(flute)라는 악기를 안다. 비슷한 악기와 구분하긴 힘들지만 어떻게 생겼는지도 알고, 소리를 들어본 적도 여러 번 있다. 가끔 아내가 플루트를 갖고 연습하는 모습을 본 적도 있다. 플루트는 분명히 내가 아는 것이다.

나는 플루트를 아는가? 모르는가?

그러나 누군가 나에게 '플루트 알죠? 플루트를 배우고 싶은데 좋은 방법 좀 알려주세요' 한다면 나는 '제가 그걸 어떻게 알아요. 전 플루트 몰라요'라고 대답할 것이다. 플루트는 분명히 내가 아는 것이었는데, 이런 경우에서는 갑자기 모르는 것이 된다.

이는 안다는 것에 포함되어 있는 단계 때문이다. 들은 적 있는 것이 '안다'의 1단계, 기억하고 있는 수준이 2단계, 표현할 수 있을 정도가 3단계 등으로 앎의 단계를 구분하기도 한다. 어쨌든 안다는 것에 단계가 있음은 분명하다. 그런데 중요한 것은 일에 대해서도 앎의 단계가 있고, 일에 대해 더 많이 알아갈수록 일의 의미에 대한 생각의 수준 역시 높아진다는 점이다.

처음부터 수준 높은 의미와 궁극적인 가치를 분명히 깨닫고 일을 시작하는 사람은 거의 없다. 지극히 현실적인 이유로 일을 시작하기도 하고 우연한 기회에 회사에 발을 들여놓기도 한다. 그러나 일의 의미와 이루고자 하는 가치의 본질을 알아가기 위한 노력을 시도조차 하지 않는 사람도 있고 살짝 고민하는 사람도 있다. 반면 왜 일하는지, 자신이 하고 있는 일이 어떤 의미를 갖는지, 나아가 어떤 자세와 마음가짐으로 일하는 것이 바람직한지 부단히 몸부림치며 자신과 연결하는 사람도 있다.

목적과 의미와 가치를 찾는 노력이 지속될 때 자신의 일은 의미 있는 존재가 되고 몰입의 조건을 충족한다. 그러나 이런 것들이 희미하다면 일은 그저 처리해야 할 대상이 되고 그 일을 하는 자신은 지극히 초라한 모습에 그칠 수밖에 없다.

피는 돈보다 진하다

피는 물보다 진하다. 피를 섞은 혈육의 정은 여러 한계를 뛰어넘는다. 더불어 Philosophy의 피(P)는 돈보다 진하다. 왜 해야 하는지, 무엇을 하는지, 어떻게 할 것인지에 대한 고민과 성찰을 통해 일의 의미를 깨달아 보이지 않는 본질을 찾아가는 것, 이를 통해 만들어내고자 하는 진정한 가치를 발견한 사람은 돈으로 결코 살 수 없는 일에 대한 철학(Philosophy)을 자신의 머릿속에 또렷이 새겨놓고 있다.

일과 인생에 대한 나만의 철학은 돈의 효용과 물질의 가치를 월등히 뛰어넘는 고농축 에너지다. 목적을 분명히 알고 있는 사람은 눈앞에 보이는 금전적 이익의 수준을 벗어나 눈으로 볼 수 없는 핵심을 발견하여 집중한다. 이를 통해 돈보다 진한 가치를 위해 자신만의 원칙을 지켜가며 즐겁게 일한다. 왜, 무엇을, 어떻게 하는지 아는 사람과 모르는 사람의 차이는 해봐서 아는 사람과 해보지 못한 사람의 차이보다 훨씬 크다.

왜 해야 하는지 모르고 하는 일만큼 허망하고 지겨운 것은 없다. 무엇을 하고 있는지 납득이 되지 않고, 어떻게 하는 것이 올바른 것인지 알지 못하는데 해야 하는 상황만큼 곤혹스러운 일도 없다. 그래서 케네스 토마스(Kenneth Thomas) 역시 《열정과 몰입의 방법》에서 자신이 하고 있는 일이 가치 있다고 느끼는 것을 몰입을 위한 첫 번째 조건으로 제시한다. 하고 있는 일의 가치를 본인 스스로 찾아내어 일에 대한 자신만의 철학을 분명히 정립하는 것이 바로 잘 뚫는 사람들의 첫 번째 공통 DNA인 Philosophy, 즉 철학이다.

왜 하는가?

"왜 일하십니까? 지금 하고 계신 일이 어떤 목적을 위한 거라고
생각하시나요?"
"사람들의 불로장생을 위해서 일합니다."

불로장생

인터뷰 도중 던진 생뚱맞기도 한 질문에 오수림 고문은 망설임 없
이 이렇게 대답했다. '불로장생(不老長生)' 하면 가장 먼저 떠오르
는 사람은 진시황이다. 화려한 아방궁에서 영원히 살기 위해 각지
에 사람들을 보내 불로초를 구해오게 했다는 진시황. 그런데 오
고문의 얘기를 듣다보니 늙지 않고 오래 사는 불로장생은 소수의
부자나 권력자들만의 바람이 아니란 것을 알게 되었다.

피부노화를 막기 위한 개인의 노력이나 불치병을 정복하기 위
한 신약개발의 내면에는 모두 불로장생이라는 원초적 욕구가 깔
려 있다. 불로장생은 사실 시대와 공간, 빈부와 귀천, 성별과 세대
를 초월하는 모든 사람들의 바람이다. 그리고 생명과학산업은 불
로장생이라는 궁극적인 목적을 이루기 위해 발전한다. 따라서 생
명과학 연구자들이 편리하고 정확하게 연구할 수 있도록 돕고 있
는 자신의 일이야말로 모든 사람들의 영원한 로망인 불로장생을

목표로 하고 있다는 게 오 고문의 답변이었다. 왜 일하는가 하는 질문에 대한 그의 답변은 이처럼 명확하고 간결했다.

원로 조류학자 원병오 교수의 연구실 조교로 활동하며 경희대 생물학과를 졸업한 오수림 고문은 과학교사가 되겠다는 생각을 품고 있었다. 그러던 그가 1986년 봄 제대 후 교사로 임용될 때까지 남은 몇 달 동안 잠깐 일하려고 들어간 곳이 새한산업이란 회사였다. 이 회사는 외국으로부터 수입한 진단의약품을 대학병원이나 연구소 등에 공급하는 곳이었다. 오 고문은 짧게나마 조직과 사회를 경험하는 것이 교사생활을 위해 꼭 필요하다는 판단에 따라 이 회사에 입사했다. 당시는 우리나라 병원과 의학계에 진단기술이 빠르게 확산되던 시기였다. 이에 따라 새한산업은 시장을 선점하여 거의 독과점적 지위를 차지하고 있었다.

"물론 처음부터 거창한 목적을 생각했던 것은 아닙니다. 사실 몇 달 다니러 들어갔던 회사를 몇 년째 다니면서도 과학교사가 되겠다는 계획을 접지 않고 있었으니까요. 다만 지금 하고 있는 일들이 나 자신과 회사는 물론 사회에 어떤 의미가 있는지, 내가 일을 잘하면 사회는 어떻게 달라질 수 있는지 하는 고민을 주기적으로 했습니다. 그러면서 차츰 불로장생이라는 인류의 염원과 제가 하고 있는 진단의약품 산업을 연결 짓게 되었습니다."

오 고문은 자신이 일하는 목적에 대해 끊임없이 자문해왔고 지금도 자신에게 '왜 일하는가?' 하는 질문을 계속 던지고 있다. 이를 통해 불로장생이란 하나의 단어로 자신이 일하고 있는 목적을 명확하게 정립했다. 그는 더 좋은 진단방법을 더 많은 연구자들이 활용할 수 있도록 도움으로써 생명과학의 발전을 촉진하는 소중한 일을 하고 있다고 확신하고 있다.

자동차 판매자가 아닌 자동차생활 안내자

최정식 본부장은 자신은 자동차를 파는 사람이 아니라 자동차생활을 안내하는 사람이라고 말한다. 직장생활, 학교생활, 취미생활 또는 전원생활처럼 자동차도 분명 자동차생활이라는 말로 설명할 수 있다. 라이프 스타일에 따라 필요한 자동차가 달라지며, 동시에 어떤 차를 타느냐에 따라 생활도 달라지기 때문이다.

자동차 판매자는 차를 팔고 난 다음 고객이 몇 년 후 다시 자동차를 구입하려고 하기 전까지 큰 관심을 주지 않는다. 그러나 자동차생활을 안내하는 사람은 자동차를 파는 것으로 고객과의 관계가 시작된다. 구매한 차를 타고 어디를 여행가면 좋을지, 자동차를 어떻게 관리해야 하는지, 사고가 나면 취해야 할 행동은 무엇인지 안내한다. 그러면서 잘 타던 자동차를 다시 처분하는 일과 새로운 자동차를 구입하는 일에 대해서도 전문가로서 조언한다.

자동차가 하드웨어라면 자동차생활은 하드웨어와 소프트웨어를 합친 개념이다. 그래서 그는 세일즈맨이라는 표현보다 딜러라는 말을 좋아한다.

"딜러(dealer)에도 여러 종류가 있습니다. 증권 딜러도 있고 카지노 딜러도 있죠. 그런데 이 'deal'이라는 단어는 거래라는 뜻 외에 다룬다, 돌린다, 나눈다, 처리한다 등 많은 뜻을 담고 있습니다. 자동차 딜러는 단순히 자동차를 파는 사람이 아닙니다. 먼저 타던 자동차를 잘 처리해야 하고 그 차가 꼭 필요한 사람에게 전달될 수 있도록 돕는 일도 해야 합니다. 무엇보다 자동차를 구입한 고객이 자동차를 사용하고 관리하고 처분하고 다시 새로운 자동차를 구입할 때까지 자동차와 관련된 고객의 모든 생활을 편리하고 안전하게 안내해야 하기 때문에 딜러라는 표현이 더 잘 어울린다고 생각합니다."

그의 말을 듣자 동일본여객철도(JR East)라는 회사가 생각났다. 민영화 이후 위기에 빠졌던 이 회사는 철도 운송업이라는 '일'의 영역을 넘어 '업의 본질'에 관한 고민을 거듭한 끝에 철도와 관련된 여러 사업들을 성공적으로 이끌며 종합적인 생활 서비스기업으로 성장했다. 최 본부장 역시 업의 본질을 통찰해 파는 물건인 자동차 너머 자동차생활로 자신이 하는 일의 가치를 확대했다.

보험은 축복의 통로

박상신 본부장 역시 자신이 하는 일의 목적을 분명히 정의하고 있었다. 박 본부장은 첫 직장부터 지금까지 30년 가까이 업(業)으로 삼고 있는 보험을 '축복의 통로'라고 정의한다. 사랑이기도 하고 행복이기도 하고 자산이기도 한 보험은 무엇보다 사랑하는 사람에게 더 많은 마음의 복과 물질의 복이 갈 수 있도록 도와주는 통로라는 것이다. 따라서 때론 거절하기도 하고 오해하기도 하지만 사랑하는 사람에게 축복의 통로를 안내하는 일은 결코 멈출 수 없다고 믿는다.

회사든 개인이든 눈앞에 보이는 일에만 매몰된다면 결코 본질적인 목적을 깨달을 수 없다. 목적을 잃으면 일이 힘들어지고 재미가 줄어들고 급기야 입에 풀칠하기 위해서 한다는 초라한 의미만 남는다. 그러나 일의 본질과 궁극적인 가치까지 고민한다면 머나먼 안드로메다 얘기로 느껴지던 철학들을 현실 속에서도 발견할 수 있게 된다. 하고 있는 일의 내면에 숨겨진 진짜 목적을 찾기 위해서는 일을 통해 만들어내는 가치를 고민하며 더 넓고 큰 시각에서 자신이 하는 일을 되새겨야 한다.

뚫기에 성공하느냐 마느냐, 5m를 뚫느냐 100m를 뚫느냐 하는 차이는 '목적을 분명히 알고 있는지 그렇지 않은지'에서 온다. 뚫어야 할 목적을 아는 사람은 무엇이든 뚫을 수 있지만, 왜 뚫어야 하는지 모르는 사람은 아무것도 뚫을 수 없다.

무엇을 하고 있는가?

회사와 점포, 가정과 학교, 온라인 커뮤니티와 오프라인 모임에서 일어나는 모든 일에는 영업적인 요소들이 존재한다. 회사에서 이뤄지는 모든 일들도 결국 영업으로 시작해서 영업으로 끝난다고 해도 과언이 아니다. 아무리 좋은 제품이 있어도 팔지 못하면 하나도 소용없다. 세계 최고의 서비스 역시 이용하는 사람이 없다면 무용지물일 뿐이다. 회사뿐만 아니다. 세상살이가 모두 처음과 끝이 영업이다. 동창회나 학부모 모임 같은 작은 조직에서도 영업성 멘트가 필요한 경우가 많고, 가족끼리 작은 다툼이 있을 때도 센스 있는 영업 마인드가 부드러운 해결의 실마리가 된다.

모든 일엔 영업 마인드가 필요하다

그러나 현실에서 영업은 여전히 평가 절하되고 있다. 영업의 중요성에 대한 인식이 곧바로 영업 직무에 대한 존중으로 이어지는 것은 아니다. 사농공상(士農工商)을 밑바탕으로 하는 전통적 직업의식의 잔재일 수도 있고, 어렵고 힘든 일에 대한 선입견일 수도 있다.

영업이 안 되면 아무 것도 할 수 없음에도 불구하고 기획이나 개발부서는 애써 만든 좋은 상품인데 영업을 제대로 못해 아쉽다고 끌탕한다. 마케터는 머리를 쥐어짜며 만든 최고의 전략을 영업이 받쳐주지 못해 빛도 보지 못하고 묻힌다며 목소리를 높인다. 또한 영업하는 사람들은 멀리 보지 못하고 단순하며 심지어 머리를 쓰지 않는다고 타박한다.

친한 친구에게 사심 없이 좋은 정보를 주는데도 '나한테 지금 영업하는 거야?' 하는 오해를 받기도 한다. 어떤 사람들은 다른 건 다 잘할 자신이 있는데 영업은 도저히 못하겠다고 말한다. 여기에는 영업이 어렵다는 걸 인정한다는 의미도 담겨 있지만, 영업에 대한 폄하가 섞여 영업은 나랑 잘 어울리지 않는다는 생각이 녹아있는 것 같기도 하다.

그러나 자신이 하고 있는 일에 대한 정확한 인식과 일의 가치에 대한 올바른 사고 없이 그 일을 잘할 수 있는 사람은 아무도 없다. 국가가 무엇인가에 관한 생각, 즉 국가관이 바로 선 사람이 나라와 사회를 위해 올바른 일을 할 수 있다. 직업관이 바로 있어야 바람직한 직업을 올바로 선택할 수 있고, 이성관이 건전해야 건강하고 밝은 이성 관계를 맺을 수 있다.

마찬가지로 영업이 뭔지 제대로 알지 못하면서 영업을 잘할 수는 없다. 이게 바로 영업은 무엇인가에 대한 자신의 생각, 즉 영업관이다. 세 명의 전문가들은 모두 올바른 영업관을 탄탄히 갖추고 있으며 직무에 대한 생각을 굳건히 지키고 개선하기 위해 부지런히 노력하고 있었다. 이를 통해 영업을 여러 직무 중 하나의 수준을 넘어 전체 사업과 조직 모두를 관통하는 마인드로 가슴속 깊이 간직하고 있었다. 이들에게 영업은 액자 속에 쓰여 있는 글귀가 아니라 살아 움직이는 행동의 준칙이자 생활의 신조였다.

박상신 본부장은 1991년 삼성생명 입사 후 1년 반 동안 사업단(당시 영업국) 교육 담당자를 거쳐 1993년 1월 서울 광진구 중곡지점 지점장(당시 영업소장)으로 발령 받았다. 거품이 없진 않았지만 경기가 좋을 때라 대부분 좋은 성과를 내던 당시였음에도 불구하고 박상신 초보 지점장이 맡은 지점은 사업단 산하 열댓 개 지점 중에 꼴찌였다. 거기서 박 지점장은 거의 그로기(groggy)가 될 정도로 얻어터졌다.

계속 영업하게 해주세요

"그때가 지금까지 살면서 욕을 가장 많이 먹던 시기였습니다. '교육 좀 제대로 받아라', '낙하산 타고 회사 들어왔느냐'는 말을 듣고도 성과가 나아지지 않자 '대학은 나왔느냐', 심지어 '머리를 왜 달고 사냐'는 말도 여러 차례 들었죠. 주변의 좋은 선배들이 격려와 함께 여러 조언들을 많이 해주셨지만 그것들을 실제 행동으로 옮기진 못했던 것 같습니다."

새내기 지점장의 힘겨운 사투는 정확히 1년 후 같은 사업단 산하 다른 지점으로 옮긴 후에도 끝나지 않았다. 숫자에 대한 사업단장의 압박은 더욱 거세졌고, 설계사들에 대한 박 지점장의 관리는 여전히 약발이 먹히지 않았다.

"맞더라도 눈 뜨고 맞자. 그때 깨우친 교훈입니다. 맞을 때 정신 줄을 놓아버리면 방법이 없습니다. 맞는 의미도 없죠. 맞을 때 눈을 감지 않아야 다음을 기약할 수 있고 반전을 노릴 수 있습니다. 홍수환 선수가 4전 5기를 할 수 있었던 것은 상대방의 강펀치가 작렬할 때도 눈을 감지 않았기 때문입니다. 맞을 때 눈을 감아버리면 뼈저린 아픔뿐이지만 눈을 뜨면 유익한 학습이 됩니다."

계속되는 주먹질과 발길질을 두 눈 동그랗게 뜨고 맞아가는 과정에서 그는 두둑한 맷집과 함께 조금씩 보험 영업에 대한 감을 익혀 갔다. 그런데 성과가 조금씩 나아질 기미를 보이기 시작할 무렵, 느닷없는 소식을 접한다. 자신이 그룹 내 다른 계열사인 삼성카드로 가게 된다는 내용이었다. 1990년대 중반 신용카드 시장이 성장하기 시작하면서 관련업체들은 영업조직을 가동하여 신규 가맹을 적극 추진하기 시작했다. 이에 따라 삼성카드는 삼성생명에 인력 지원을 요청했고, 회사는 박 지점장을 비롯한 인력들을 회사 간 전보 형식으로 보내주기로 한 것이었다. 그러나 박 지점장은 여기서 끝낼 수는 없다고 생각했다.

'이제야 보험이 뭔지 감이 오고, 영업이 뭔지 알 것 같은데 제대로 시작도 못하고 끝낼 순 없다. 갈 때 가더라도 한 번 잘해보고 가야지 이대로 그냥 갈 순 없다.'

그는 곧바로 사업단 인사과장에게 달려가 발령 철회를 요청했다. 그러나 돌아온 건 비아냥과 호통뿐이었다. 조직의 명령을 거부하는 치기어린 행동으로밖에 보이지 않았던 것이다. 다음날 아침, 포기하지 않고 본사 인사팀을 찾아갔다. 그리곤 '네가 못해서 보내려는 게 아니다. 좋은 기회이기도 한데 왜 안 가겠다고 하는 거냐?' 하고 되묻는 담당 과장에게 의미 있는 답변을 한다.

"선배님! 저는 이 회사에서 지점장을 잘 하기 위해 입사했습니다. 한 번만이라도 잘하는 지점장이 되고 싶습니다. 계속 영업하게 해주세요."

영업을 시작한 지 2년도 채 되지 않았지만 가혹하리만큼 힘든 훈련을 통해 박 지점장은 영업을 기피의 대상이 아닌 정복의 대상으로 받아들인 것이었다. 오로지 어떻게 하면 영업을 잘할 수 있을까만 고민하던 그에게 영업은 반드시 해내야 하는 목표가 되어 있었다. 자신이 하는 일에 대한 강한 집념이 담긴 이 한마디로 그는 계속 지점장으로 남을 수 있었다.

내 돈 당장 갚아! 이 년아!

전보 발령을 철회시킨 박 지점장이었지만 그렇다고 갑자기 성과가 좋아질 리 만무했다. 잘하겠다는 생각만으로 영업을 잘 할 수는 없었던 것이다. 그러나 언젠가는 역전의 기회가 반드시 오리라 믿으며 분투를 거듭하던 어느 날, 그는 바로 옆 지점에서 벽을 뚫고 넘어오는 고함소리를 듣게 된다.

"이 년아! 오늘은 왜 또 귀점(외근 후 사무실로 복귀함)을 안 해? 빨리 안 와? 그 따위로 일할 거면 꿔준 돈 당장 다 갚아! 알았어 이 년아!?"

사업단 내 부동의 1위였던 K지점의 여성 지점장이 보험설계사와 통화하는 소리였다. 박 지점장은 큰 충격을 받았다. 어떻게 지점장이 설계사에게 욕설을 할 수 있을까? 같은 여성이라도 해도 너무한 것 아닌가? 지점장이면 누구보다 더 설계사들을 인격적으로 대우해주고 잘할 수 있도록 격려해줘야 하는데 어떻게 저런 말을 할 수 있을까?

박 지점장은 깊은 고민에 빠졌다. 바닥을 헤매는 자신과는 정반대로 항상 1등을 달리는 C 지점장은 사실 간단한 전산 처리도 미숙했다. 자료도 잘 만들 줄 몰랐고 조회운영도 잘하지 못했다. 시책 아이디어도 자신보다 좋은 아이디어를 내지 못했다. 박 지점장이 볼 때 C 지점장이 자신보다 잘하는 것은 많지 않았다. 그래서 이런 C 지점장의 일 잘하는 비결은 사람 관리뿐이라고 생각해온 터였는데 설계사에게 욕설을 퍼붓는 그녀의 통화를 들은 후에는 그것도 아닌 것 같았다. 그렇다면 C 지점장의 힘은 도대체 어디서 나오는 걸까?

오랫동안 고민의 깊은 시름을 앓은 후에야 박 지점장은 C 지점장에게는 있고 자신에게는 없는 것이 무엇인지 발견했다. 그것은 집요한 애착이었다. 사람과 목표에 대한 집요할 정도의 애착이 철옹성 같은 1위 K 지점의 지점장에겐 있고 만년 하위권 자신에겐 없었던 것이다. 욕설이 난무하는 통화를 했다고 해도 자신에 대한 애착 때문임을 알기에 상대 설계사는 지점장의 진심을 수용했던 것이다.

애착으로 묶인 두 사람의 관계에서 욕설은 결코 인격모독의 수단이나 감정제어 실패의 결과가 아니었다. 도리어 '이 년', '저

년' 하는 말을 통해 진심을 공감하고 간절함을 자극하고 있었다. 돈을 당장 갚으라는 고성은 사실 '일을 더 열심히 해서 아이들 학비도 벌고, 입원 중인 남편 병원비도 벌어야지 왜 흔들리냐?' 하는 지점장의 눈물겨운 응원이었다. 사람이 먼저라는 생각을 바탕으로 설계사와 고객을 진심으로 애착하는 것이 C 지점장의 넘보기 힘든 경쟁력이었던 것이다.

이때부터 박상신 본부장은 영업을 집요함과 애착의 콜라보(collaboration)라고 정의하고 있다. 영업을 위해서는 목표에 마음을 쏟아 매달려야 하고, 사람을 몹시 사랑하여 떨어지지 않으려고 발버둥 쳐야 한다. 영업은 목표에 대한 집요함과 사람에 대한 애착이 적절히 결합될 때 자연스럽게 이뤄진다. 기술이나 방법도 필요하지만 이건 한참 나중 얘기다.

목표에 대한 집요함과 사람에 대한 애착을 통해 그는 달라지기 시작했다. 1차 고객인 설계사들의 작은 변화 하나하나까지 신경 쓰며 애착하는 한편, 목표를 부여하고 책임의식을 강조함으로써 지점 구성원 모두가 목표 달성을 위해 집요하게 노력할 수 있도록 관리하고 독려했다. 그러면서도 결과에 대해서는 절대로 대충 넘어가지 않으며 어떻게 할 건지에 대한 대책은 머리를 맞대고 함께 고민했다. 때로는 사무실이 떠내려갈 정도로 고함쳤고 때론 큰누나 앞 막내처럼 애교 섞인 부탁도 했다.

사람에 대한 애착을 바탕으로 목표에 대해 집착할 수 있도록 노력하자 드디어 일이 되기 시작했다. 집요함과 애착의 협업을 통해 영업을 해내가자 늘 바닥을 맴돌던 지점은 서서히 정상궤도로 진입해 들어갔다.

영업은 없다, 구매만 있을 뿐이다

'영업은 없다, 단지 구매만 있을 뿐이다.' 영업에 대한 최정식 본부장의 생각이다. 영업은 파는 것이 아니라 사게 만드는 것이라는 뜻이자, 영업을 하는 사람은 사도록 만들어야 한다는 수준을 넘어 상대방이 사든 사지 않든 해야 할 일은 반드시 성심껏 해야 한다는 의미다.

"물론 영업에는 기술도 있고 방법도 있습니다. 그런데 흔히 얘기하는 영업 기술들은 결국 고객을 내 맘대로 움직이고 조종할 수 있다는 생각을 전제로 하고 있습니다. 사실 그렇지 않거든요. 고객을 자기 마음대로 움직일 수 있다고 생각하는 것 자체가 착각입니다. 절대로 내가 원하는 방향으로 상대방을 제어할 수 없습니다. 고객은 나를 보고 필요하지 않은 차를 사주는 사람이 결코 아닙니다. 그냥 필요한 자동차를 구입하는 사람이죠. 내가 어떻게 하든 살 사람은 사고 안 살 사람은 사지 않습니다."

영업에 대한 그의 답변은 결코 겸손함을 강조하고자 하는 할리우드 액션이 아니었다. 자신이 무엇을 하는지, 자신이 하고 있는 일이 무엇인지에 대한 가감 없는 자기 선언이었다. 자신이 생각하는 영업의 의미를 또박또박 분명하게 설명하는 그의 말을 들으며 나도 모르게 고개를 끄덕였다. 맞는 말이었다. 영업은 살 수도 있고 사지 않을 수도 있는 사람에게 필요한 정보를 제공하고 적절한 안내를 하는 것뿐이다. 따라서 영업을 하는 사람은 최선을 다해 안내를 한 후 상대방의 결정을 기다릴 뿐이다.

영업을 내가 어떻게 할 수 있는 것이라고 생각하면 실패할 때마다 좌절하고 성공할 때마다 자만하게 될 것이다. 그러나 영업을 단지 내가 할 수 있는 안내를 최선을 다해 완수하는 것이라고 생각할 때 진인사대천명(盡人事待天命)의 자세로 결과를 기다릴 수 있는 여유와 배포가 가능하다. 내 마음대로 할 수 있는 것이 없다는 생각은 포기가 아닌 노력, 체념이 아닌 전념을 가능하게 하고 결과에 연연하지 않을 수 있는 힘을 가져다준다.

역량으로 설명하고 성품으로 설득한다

오수림 고문에게 영업을 시작하는 사회초년생이 '영업이 뭐라고 생각하시나요?' 하고 질문하면 어떻게 답할 것인지 물었다. 그러자 그는 '영업은 신뢰를 얻는 것'이라고 말했다. 답변이 조금 식상하다고 생각하며 실망하려는 내 마음을 눈치 챈 듯 그는 곧바로 말을 이어갔다.

"신뢰를 얻는 것이 영업인데, 그렇다면 신뢰를 얻기 위해 필요한 것은 무엇일까요? 저는 두 가지라고 생각합니다. 역량으로 얻을 수 있는 신뢰가 있고, 성품으로 얻을 수 있는 신뢰가 있습니다. 영업은 이 두 가지를 조합해 상대방으로부터 신뢰를 얻어내는 것이라고 생각합니다."

영업은 역량의 설명과 성품의 설득으로 이뤄진다. 먼저 자사 제품이나 서비스의 차별화된 경쟁력과 자신이 가진 전문성을 고객이 이해할 수 있도록 잘 설명해야 한다. 그러나 좋은 점을 설명하는 것만으로는 신뢰를 얻어낼 수 없다. 일에 대한 열정과 자신의 인간적 매력까지 설득할 수 있어야 상대로부터 믿을 수 있는 사람으로 인정받을 수 있다. 역량에 대한 설명을 통해 얻는 신뢰에다, 성품을 필요로 하는 설득을 통해 얻는 신뢰를 더하는 것이 오 고문이 생각하는 영업의 본질이었다. 그는 몇 마디 답변을 덧붙였다.

"설명은 말로 하는 것이지만 설득은 행동으로 하는 것입니다. 말로 할 수 없는 것을 억지로 말하려고 하면 역효과가 생길 뿐이죠. 행동으로 보여주려면 시간이 걸릴 수밖에 없고요. 그래서 영업은 어려운 것이고, 영업을 하는 사람들은 언제나 정직하고 신중해야 한다고 생각합니다."

일이 무엇인지 제대로 알아야 제대로 일할 수 있다. 영업이 무엇인지 정확히 알아야 올바른 영업이 가능하다. 나아가 하는 일의 가치를 이해하고 그 일을 하는 사람으로서의 자부심이 있어야 성공할 수 있다. 이는 좁은 의미의 영업이나 개발, 인사나 생산, 영업 마인드가 필요한 모든 일이 마찬가지다. 영업은 목표에 대한 집요함과 함께하는 사람에 대한 애착의 공동작업일 수도 있고, 역량과 성품을 통해 신뢰를 얻는 것일 수도 있다. 어쩌면 영업은 실체로서는 존재하지만 형식으로는 존재하지 않는 것일 수도 있다.

모두에게 맞는 영업의 정답이 없듯 '영업이란 이런 거야' 하는 정답 역시 존재하지 않는다. 그러나 분명한 것은 갑갑한 업무를 속 시원하게 뚫어내기 위해서는 자신이 하고 있는 일이 무엇인지에 대한 탐구가 지속되어야 한다는 점이다. 자신이 발견한 일의 의미와 가치를 바탕으로 자신이 하는 일을 사랑하고 자랑할 수 있을 때 모든 일에 영업 마인드를 담아 그 일에 성공할 수 있다.

어떻게 일할 것인가?

왜 하는지 깨닫고 뭘 하는지 안 다음에는 어떻게 일할 건지에 대한 고민이 필요하다. 해야 하는 이유와 해야 할 일의 내용을 알았다면 이제 그 일을 어떻게 하는 게 좋을지에 관한 자신의 신념이 필요하다.

차를 생각하면 가장 먼저 떠오르는 사람

최정식 본부장은 어릴 때부터 자동차에 유달리 관심이 많았다. 차에 대한 짝사랑은 자동차와 관련된 일을 하겠다는 생각으로 발전해 그는 20대 중반 늦깎이로 강남대 산업디자인학과에 입학했다. 디자이너가 되어 자동차를 디자인하기 위해서였다. 그러나 졸업을 앞둔 그는 자동차 제조회사의 디자이너가 되기에는 자신이 가진 역량이 부족함을 직시했다. 대신 세일즈맨으로서 자동차와 관련된 일을 하겠다고 결심했다. 자동차를 아이템으로 할 수만 있다면 디자인이 아니라 세일즈라도 좋다는 생각이었다.

2002년, 유로오토모빌이라는 랜드로버 공식 딜러사에 입사한 최 본부장은 이후 13년 동안 국내 딜러사들이 몇 번씩 바뀌었지만 줄곧 최고급 SUV(Sport Utility Vehicle) 전문 브랜드인 랜드로버만 세일즈 했다.

"랜드로버의 터프하면서도 자연과 어울리는 이미지가 좋았습니다. 독특하지만(unique) 특이하지는(peculiar) 않은 느낌도 좋았고요. 또한 국내에서는 벤츠나 BMW 같은 수입 브랜드에 비해 인지도가 떨어진다는 점도 매력적이라고 생각했습니다. 누구나 아는 브랜드가 아니라 아직은 모르는 사람들이 많은 브랜드를 널리 알리고 싶었기 때문입니다."

그가 랜드로버 세일즈를 시작한 지 딱 1년이 지났을 무렵이었다. 비가 추적추적 내리는 금요일 늦은 오후, 자신의 차를 운전해 약속장소로 이동하고 있던 최정식 매니저의 휴대전화가 울렸다. 두세 달 전 차량을 구매한 남성 고객의 배우자였다. 구매 과정에서 한 번 만나기 했지만 남성 고객이 거의 혼자서 구매를 결정했기 때문에 최 매니저와는 몇 마디밖에 나누지 못한 여성이었다. 전화기로 들려오는 목소리는 다급하고 초조했다.

"최정식 매니저님이시죠? 제가 차를 운전하다 방금 사고가 났어요. 남편한테 전화를 했는데 연결이 안 돼서 전화 드렸습니다. 남편 다음으로 생각난 분이 최 매니저님이라서요."

이럴 경우 사람들은 보통 자동차보험 회사에 연락을 한다. 그러나 이 고객은 사고 경험도 없는 데다가 남편까지 연락이 되지 않자 자동차를 판 최 매니저에게 연락을 했다. 차량을 구입해 자신에게 선물해준 남편이 차를 타다 문제가 생기면 먼저 최 매니저에게 연락을 하라고 했기 때문이었다.

최 매니저는 우선 고객을 안심시킨 후 신속하게 사고현장에 도착했다. 상황을 정확히 파악한 다음 보험회사에 연락을 취해 사고를 수습했다. 이후 자신이 타고 온 차량을 고객이 타고 갈 수 있도록 조치했다. 이런 일이 이뤄지는 동안 뒤늦게 전화 연결이 된 남편은 고맙다는 말을 되풀이했다. 자연스럽게 이들 부부는 그때부터 최 매니저의 열혈고객이 되었다. 이 일을 통해 그는 '차를 생각하면 가장 먼저 떠오르는 사람이 되자'는 원칙을 정했다.

'강렬한 첫인상으로 고객을 사로잡고 변함없는 배려로 고객을 대한다면 차를 팔았던 사람으로 잊히는 것이 아니라 차 생각만 하면 가장 먼저 떠오르는 사람이 될 수 있다. 이보다 더 중요한 원칙은 없다.'

지금 자신이 타고 있는 자동차를 생각해보자. 가장 먼저 어떤 사람이 떠오르는가? 자동차를 함께 타는 가족들이나 그 차로 함께 여행을 갔던 친구들이 떠오를 수 있다. 자주 가는 정비소의 친절한 기사나 보험 가입을 도와준 후배가 떠오를 수도 있다. 그런데 아마 자신에게 차를 판매한 세일즈맨이 가장 먼저 떠오르는 사람은 많지 않을 것이다. 글을 쓰며 애쓰고 있지만 솔직히 나는 지금 타고 있는 내 차를 판매한 사람의 얼굴과 이름이 전혀 기억나지 않는다.

구매한 차가 새 차인지 중고차인지, 비싼지 저렴한지는 그 다음 문제인 것 같다. 차를 사는 과정에서 받은 인상과 그 이후 어떤 교류가 있었는지에 따라 자동차를 판 사람은 전혀 기억나지 않는 사람이 될 수도 있고, 애써 노력해야 겨우 기억나는 사람이 될 수도 있다. 그리고 어쩌면 최 본부장처럼 가장 먼저 생각나는 사람이 될 수도 있다.

'내 차' 할 때 제일 먼저 생각나는 사람이 되기 위해선 각고의 노력이 필요했다. 자동차를 추천하고 구매계약을 체결하는 과정은 물론 구입한 자동차를 전달하는 과정, 자동차를 타고 관리하는 과정, 고장이나 사고가 나서 도움이나 조언이 필요한 과정, 끝으로 타던 차를 처리하고 새 자동차를 사는 모든 과정에 한 치의 오차와 한 줌의 거짓도 없는 완벽한 서비스가 이뤄져야 했다. 그래야만 고객은 최정식 본부장을 차를 팔았던 과거의 인물이 아니라 자동차 하면 생각하는 현재의 인물로 떠올렸다.

"차를 팔았던 사람만으로 기억되는 것은 가능하지도 않고 의미도 없습니다. 차를 생각할 때 직감적으로 떠오르는 사람이 되기 위해선 자동차와 관련된 모든 순간을 고객과 함께 할 수 있어야 합니다. 그때 비로소 자동차 세일즈맨은 차를 판 사람이 아니라 내 차를 대체하는 이미지가 될 수 있습니다."

차를 판 사람으로서 생명을 걸겠다

그 후 몇 년이 지난 2007년 여름. 암 치료 중이었던 아버지를 방문하러 충북 단양에 내려가 있던 최정식 과장에게 전화가 걸려왔다. 며칠 전 차량을 구매한 고객이었다. 고객은 화가 머리끝까지 난 목소리로 새로 산 차를 타고 가족들과 함께 강릉으로 여행을 가는 중인데 엔진에 문제가 생겨 영동고속도로 여주휴게소에 차를 세워놨다고 했다. '이걸 어떻게 할 거냐'며 거세게 몰아붙였다.

사실 매우 드문 경우지만 이런 문제가 생기면 차를 판 사람은 무척 난감할 수밖에 없다. 차량 자체에 문제가 있는 건지 운전자의 실수로 인한 고장인지 파악하기 힘들기 때문이다. 뿐만 아니라 현실적으로 제시할 수 있는 방법은 수리를 잘해드릴 테니 고쳐서 타라는 것밖에 없는데 고객으로서는 수용하기 힘든 해결책이기 때문이다.

그는 지체 없이 서울 전시장으로 이동해 대차 가능한 시승차를 몰고 여주에 도착했다. 새 차를 타고 처음 나선 나들이를 망쳐버린 고객과 그 가족들이 끓어오르는 분노가 가득 담긴 눈초리로 최 과장을 노려봤다. 그러나 이미 엎질러진 물을 도로 담을 수는 없는 노릇. 큰 목소리로 인사하고 정중하게 사과한 후 문제를 해결하기 시작했다.

먼저 모든 짐을 시승차로 옮겨 실어 고객들이 다시 출발할 수 있도록 채비했다. 이후 환불, 교환, 수리 등의 해결 방법들을 고객에게 차근차근 설명한 후 우선 여행을 다녀오신 다음 결정을 하도록 안내했다. 전액 환불은 물론 피해보상까지 강하게 요구하던 고객은 최 과장의 침착한 대응에 조금씩 마음을 가라앉혔다. 정상적인 대화가 가능한 분위기가 되었음을 확인한 그는 친절하면서도 결연한 말투로 이야기했다.

"그 방법밖에 없다고 생각하신다면 어떻게 해서든 교환을 해드리겠습니다. 그러나 여행을 다녀오시는 동안 완벽하게 수리를 해놓겠으니 저를 믿고 차량을 다시 타시면 좋겠습니다. 그렇게 하셨는데도 이후에 또 문제가 생긴다면 그때는 제 생명을 걸고 반드시 교환을 해드릴 것을 약속합니다."

며칠 후 여행을 다녀온 고객은 최 과장을 믿어보겠다 이야기했고 최 과장은 수리가 다 된 차량을 고객에게 전달했다. 이 사건 이후 그는 자신이 판 자동차의 결함으로 교통사고가 난다면 차를 만든 사람은 아니지만 판 사람으로서 생명을 걸겠다는 신념을 새롭게 세웠다.

'차 하면 가장 먼저 떠오르는 사람이 되겠다'는 원칙에 '판 사람으로서 생명을 걸겠다'는 신념을 더해 최 과장은 좋은 세일즈맨을 넘어 가족 같은 세일즈맨이 되기 위해 계속해서 노력했다.

품질을 위해 이윤을 남긴다

진단의약품을 아이템으로 일을 시작했던 오수림 고문은 임상실험도구와 실험검사장비로 영역을 확장했다. 몇 천 원짜리 상품에서 몇 백만 원짜리로 덩치가 커지더니 억 대의 실험검사장비 비즈니스까지 하게 된 것이었다. 그러자 만나게 되는 대상 역시 자연스럽게 체급이 높아졌다.

고가 제품을 제안할 때마다 그는 가장 먼저 예산을 파악했다. 제안할 수 있는 상품 가격이 적어도 몇 천만 원, 많게는 1억 넘게 차이가 나기 때문에 상대방이 쓸 수 있는 예산이 얼마인지 알아야 서로의 수고를 덜 수 있기 때문이다. 그러나 가용예산 파악은 어느 조직이나 쉽지 않았다. 특히 대학교수나 전문의들을 상대로 얼마를 쓸 수 있는지 알아내는 것은 더욱 어려웠다.

'예산파악'이라는 터널을 뚫기 위해 오 고문은 남 이야기하기 좋아하는 사람들의 습성을 활용했다. 자신에 관해서는 좀처럼 입을 떼지 않아도 남의 이야기는 비교적 쉽게 털어놓는 습성은 남녀노소가 따로 없다. 그는 주로 대상고객과 친하게 지내는 같은 병원 안의 다른 교수들을 공략했다. 물론 그렇다고 엄수해야 할 기밀까지 뽑아내려고 한 것은 아니었다. 업무와 일상에 관해 자연스럽게 이야기를 나누다 공개할 수 있는 범위 내에서 옆 방 교수의 호주머니 사정을 물었다. 그러면 동료교수들은 상대방을 신뢰하는 범위 안에서 까도 되는 패 한두 장 정도를 힌트처럼 살짝 보여주었다.

대략적으로 예산을 파악하고 나면 그는 예산 안에서 선택할 수 있는 최선책을 권했다. 쓸 수 있는 돈을 가장 잘 사용하는 방법을 알려주는 것이다. 상황에 따라 예산에 비해 턱없이 저렴한 장비를 생각하는 경우도 있고, 거꾸로 예산을 훌쩍 넘는 제품을 구매하기 원하는 경우도 있는데 이때 중요한 것은 가격이 아니다. 상황과 필요에 맞는 장비가 무엇인지가 중요하다. 싼 게 비지떡이라고 저렴하다는 이유만으로 장비를 구입해 얼마 후 불편함을 느껴 비싼 장비를 새로 구입하거나, 예산이 충분하다고 값비싼 장비를 마련해놓고 몇 번 사용도 하지 못하고 전시품처럼 바라만보는 경우가 비일비재하기 때문이다. 따라서 그는 예산을 1차적으로 고려하되 그 안에서 고객에게 가장 적합한 방안을 제시했다.

"그렇다고 이윤을 포기하진 않습니다. 영업에 있어 가장 중요한 것 중 하나는 이윤입니다. 이윤이 남아야 우리 회사에게도 고객에게도 득이 됩니다. 이윤이 남지 않으면 품질을 보장할 수 없기 때문입니다. 억지로 가격을 맞춰주면 서비스를 소홀히 하거나, 이후 다른 제품을 공급할 때 이윤을 더 붙여 결과적으로 고객에게 손해가 갈 수밖에 없습니다. 철저한 계산으로 모두에게 도움이 될 때 올바른 영업이 이뤄진다고 생각합니다."

오 고문은 이와 같은 생각을 정리해 '품질을 위해 이윤을 남긴다'는 문구를 만들어 자신의 영업 원칙으로 삼았다. 이윤 자체를 위해 이윤을 남기는 영업이 아니라 품질 유지와 고객의 이득을 위해 이윤을 지켜가며 영업을 한다는 뜻이다.

이와 같은 그의 원칙은 사실 윤리경영의 핵심 개념이다. 기부를 하고 사회공헌활동을 하는 것이 윤리경영의 한 방법임은 분명하다. 법을 지키며 사업을 하는 것도 윤리경영을 위해 반드시 필요하다. 그러나 기업이 사업을 제대로 수행하지 못해 공적 자금을 지원 받거나, 부실경영을 하다 애꿎은 직원들만 정리해고 한다면 이것보다 더 비윤리적인 경영은 없다. 이렇게 되면 기업은 사회의 일원으로서 마땅히 해야 할 역할을 수행하는 것이 아니라 경제 생태계를 교란하고 파괴하는 사회악이 될 뿐이다.

품질을 위해서는 이윤을 남겨야 한다. 이윤이 남는 영업을 해야 품질을 지킬 수 있고, 고객을 이롭게 할 수 있다. 따라서 이윤을 위한 이윤이 아닌 품질을 위한 이윤은 반드시 필요하다.

믿을 수 있는 것만 믿는다

보험은 멘탈(mental) 비즈니스다. 흔히 듣는 말이다. 박상신 본부장역시 보험이 마음 사업이고 정신 경영이란 사실에 동의한다. 따라서 그는 '멘탈갑'이 되어야 한다고 강조한다. 멘탈갑은 영어 단어 'mental'과 '갑(甲)'이 합성된 신조어로 '큰 고난을 겪어도 멘탈붕괴는커녕 맨 정신을 잘 유지하는 사람'을 말한다. 그는 멘탈갑이 되는 것이 보험 영업에 성공하는 유일무이한 길임을 강조한다.

"사실 보험 자체가 멘탈 덩어리입니다. 남을 배려하는 마음, 상부상조의 정신이 응축된 제도가 보험이기 때문이죠. 따라서 보험을 하려면 자신의 마음을 다스려 고객의 마음을 움직여야 합니다."

그러나 보험의 본질이 마음을 주고받는 데 있다는 사실은 보험을 하는 사람들 가까운 곳에 멘탈을 위협하는 요소가 그만큼 많이 도사리고 있음을 의미한다. 상품에 대한 오해, 언제 거절당할지 모른다는 두려움, 실적에 대한 부담감, 여기에 이런 위협이 빗발치는 최일선에서 뛰고 있는 '유리멘탈(멘탈갑의 반대말로 유리처럼 깨지기 쉬운 유약한 정신력을 일컬음)' 설계사들로부터 언제 터져 나올지 모르는 불똥까지….

30여 명과 함께 하던 초보 지점장이었을 때나 5개 사업단과 3

개 지점, 총 250여 명의 TFA(Total Financial Advisor)들과 일하고 있는 지금이나 여전히 박 본부장은 수많은 위협들에 노출되어 있다. 이와 같은 환경에서 그는 멘탈갑이 되기 위해 항상 '믿을 수 있는 것만 믿는다' 는 신념을 실천하기 위해 노력하고 있다.

박 본부장은 결코 TFA들에게도 자신을 무조건 믿고 따르라고 하지 않는다. 자신의 믿을 수 있는 부분은 믿고 그렇지 않은 부분은 믿지 말라고 이야기한다. 대신 믿을 수 있는 부분에 대해서는 전폭적으로 믿어달라고 요청한다. 생명보험회사 때와는 달리 10년 전부터는 보험 판매만 전문으로 하는 조직에 있기 때문에 특히 우수한 FC(Financial Consultant, 보험설계사)들을 리크루팅(recruiting)하는 것이 그의 중요한 임무 중 하나다. 그래서 같은 보험사끼리는 물론 판매 전문회사들은 탁월한 성과를 만들어내는 FC들을 지키고 또 뺏기 위해 경쟁한다.

"흔히 MDRT(Million Dollar Round Table) 이상 또는 명인이라고 부르는 고능률 FC들을 합류시키기 위해서는 여러 가지 요소들이 필요합니다. 개인용 고급 사무실이나 높은 직급은 물론 거액의 스카우트 비용을 요구하기도 합니다. 그러나 리크루팅을 할 때도 가장 중요한 것은 상대방의 믿을 수 있는 부분만 믿는 것과 상대방에게나 자신의 믿을 수 있는 부분까지만 믿어달라고 요구하는 것입니다. 과신이 신뢰를 깨뜨리고 의심이 불신을 만들기 때문입니다."

실제로 경쟁사에서 우수한 성과를 보인 FC들을 거액의 스카우트 비용을 들여 모셔왔지만 이전 회사와는 다른 제도와 환경으로 인해 소위 '먹튀'가 되는 경우가 생긴다. 거꾸로 소속사를 옮길까 말까 고민하는 FC들에게 사탕발림으로 좋은 조건을 제시해 합류시킨 후에는 조건을 살짝 바꿔 여러 혜택을 주지 않음으로써 회사를 옮긴 걸 후회하게 만드는 경우도 있다. 박 본부장은 이런 것들이 모두 믿을 수 없는 부분까지 믿도록 했거나, 믿으면 안 될 것까지 믿었기 때문이라고 해석한다.

'믿을 수 있는 것만 믿는다'는 신념을 실천하기 위해 그는 먼저 자신이 믿을 수 있는 사람에게만 러브콜을 보낸다. 다른 사람들의 추천이 있다고 해도 본인 스스로 믿을 수 없는 사람에게는 절대로 합류하자고 이야기하지 않는다. 또한 상황과 특성상 자리를 옮기는 것이 바람직한 사람에게만 리크루팅 작업을 시작한다. 이 모든 과정에서는 오랜 실전 경험을 바탕으로 믿어야 할 것과 믿지 말아야 할 것을 분명하게 구분해 가며 소통한다.

리크루팅을 할 때는 가장 먼저 회사의 비전에 대해 충분히 설명한다. 조건이나 회사의 장점을 이야기하기에 앞서 자신이 믿고 있는 회사의 비전과 가치에 상대방이 공감할 수 있도록 안내한다. 이후 본부장이자 전무로서 자신이 해줄 수 있는 조건을 구체적으로 제시한다. 회장이나 사장 선에서 결정할 수 있다거나 현 제도

상에서 제공하기 힘든 내용을 '잘하면 해줄 수도 있다'는 가능성으로 이야기하지 않는다. 자신의 권한으로 제공할 수 있는 조건과 지원할 수 있는 내용들을 구체적으로 이야기한다.

상대방의 믿을 수 있는 점만 믿고, 회사의 믿을 수 있는 점만을 믿어달라고 요구하는 박 본부장의 채용에 관한 신념은 사실 두 명의 보험 선배들로부터 배운 것이다. 그는 삼성생명에서 신한생명으로 옮길 때 자신을 스카우트했던 고영선 당시 신한생명 사장과 지금 같은 배를 타고 있는 에이플러스에셋 곽근호 회장으로부터 이와 같은 신념들을 깨달았다.

"두 분 모두 저에게 합류를 제안하면서 나만 믿고 들어와라, 끝까지 책임져 줄게, 연봉 얼마 보장해줄게 하는 말씀을 하지 않았습니다. 기존 회사보다 작고 불안정할 것이다, 내가 해줄 수 있는 부분은 여기까지다, 그 다음은 당신 몫이다, 고객에게 이런 가치를 전달하자, 함께 노력해서 이러이러한 회사를 만들어보자…. 이런 얘기에 큰 리스크를 떠안고 배를 갈아탔습니다.

절제된 신뢰의 제안이 저를 움직인 거죠. 뿐만 아니라 두 분을 통해 믿으면 안 될 부분을 믿는 것은 과신이고, 믿지 못할 부분을 믿어달라고 하는 것은 설득이 아니라 일종의 속임수란 큰 교훈을 얻었습니다."

과녁을 깊숙하게 박아라

'원칙을 세운다는 것' 자체에 큰 의미가 있는 것은 아니다. 지키지도 못할 원칙만 번지르르하게 세우는 사람도 허다하다. 신념을 정립하는 것 역시 새로운 건축을 위한 준공이 아닌 착공일 뿐이다. 그러나 일하는 목적과 일의 본질에 바탕을 둔 '어떻게 일할 것인가?'에 대한 자신만의 원칙과 신념은 일을 하는 과정에서 부딪히는 수많은 의사결정의 순간과 마주하는 다양한 갈등의 찰나마다 가장 중요한 기준이 된다. 나아가 평소 어떻게 할 것인가에 대해 깊이 있게 고민한 사람만이 이래야 하나 저래야 하나 혼란스러운 순간에서도 어떻게 하는 것이 올바른 것인지 판단하고 실천할 수 있다.

최정식 본부장은 어떻게 하는 것이 좋을지 헷갈릴 때마다 차를 생각할 때 가장 먼저 생각나는 사람이 되기 위한 행동을 선택한다. 오수림 고문은 품질을 위해 이윤을 남기는 비즈니스를 한다. 박상신 본부장은 믿을 수 있는 것만 믿는다는 생각으로 억지 믿음을 경계하며 절제된 믿음을 위해 노력하고 있다. 이와 같은 기준에 따른 선택이 모여 하루가 되고, 한 달이 되고, 1년의 성과가 되고, 일하는 스타일이 된다. 나아가 그 사람의 경력이 되고 마침내 한 사람의 인생이 된다. '어떻게 일할 것인가?'에 관한 뚜렷한 기준들은 뚫기 전문가들의 오늘을 있게 만든 가장 중요한 밑거름이다.

군복무 시절 사격장에 나무 과녁을 세운 적이 있다. 꽤 깊게 꽂았는데도 중대장은 더 깊게 땅을 판 후 과녁을 세우라고 지시했다. 속으로 '이만하면 됐지, 오늘따라 유난을 떨고 있군' 하며 과녁들을 더 깊게 세웠다. 그러면서 맨 처음 세웠던 한 개는 처음 심었던 대로 그냥 뒀다.

이틀 후 사격훈련을 했다. 작업을 지시했던 중대장이 통제관이었고, 조교였던 나는 사격수들을 관리했다. 그런데 아침부터 제법 불던 바람이 점점 세지더니 어느새 몸이 휘청거릴 정도로 강하게 불기 시작했다. 그러다 서너 번째의 사수들이 사격을 하는데 통제관이 다급하게 사격 중지를 외쳤다. 왜 그러는지도 모른 채 나는 사격 중지를 더 크게 복창했다. 곧바로 사선을 바라보니 첫 번째 과녁이 강풍을 견디지 못해 쓰러져 있었다. 그제야 나는 중대장이 왜 그렇게 깊숙하게 과녁을 심으라고 얘기했는지 깨달았다.

뿌리 깊은 나무처럼 깊이 심은 과녁은 확실히 바람에 강했다. 과녁이 비바람과 눈보라에도 흔들림 없이 굳건하게 원래의 자리를 지켜야 사수는 과녁을 향해 총을 겨누고 탄환을 발사할 수 있다. 일을 잘하기 위해서도 과녁을 깊이 심어야 한다. 표적을 흔들리지 않게 박아야 한다. 어려움을 이겨내고 장애물을 뛰어넘기 위해서는 무엇보다 과녁을 깊숙하게 심어야 한다. 깊이 꽂은 과녁처럼 방향을 분명히 알고 있어야 방아쇠를 자신 있게 당길 수 있다. 과녁을 깊게 심어야 티끌처럼 보이는 먼발치의 과녁일지라도 완벽하게 명중시키는 저격수가 될 수 있다.

PARTY

CORE SUMMARY

일에 대한 나만의 철학을 정립하라

- 하고 있는 일이 만들어내는 궁극적인 가치를 사회 차원까지 확대해 고민한다

- 자신이 하고 있는 일의 의미와 성격을 자신만의 언어로 정리한다

- 일에 임하는 자신의 원칙과 신조를 간결하고 명확하게 표현하고 이를 실천한다

ACTION

행동이 먼저다

초등학생 때 교문 앞에서 병아리를 산 적이 있다. 종이박스 안에서 버둥대는 수십 마리 병아리 중에서 어떤 병아리를 사야 하나 고민하는 나에게 형이 말했다.

"생김새를 보지 말고 몸동작이 가장 활발한 녀석을 골라!"

어떤 병아리를 고를 것인가

두 살 많은 형의 조언에 따라 삐악삐악 소리만 내거나 살살 움직이는 병아리 말고 비좁은 공간에서도 바지런히 움직이는 병아리를 골라 왔다. 선택은 현명했다. 내가 산 병아리는 확실히 친구들 것보다 오래 살았다. 가끔은 집에서 기를 수 없을 정도의 중닭이 되어 외할머니 댁 뒤란으로 옮겨지기도 했다.

사람들은 누구나 활기찬 사람을 좋아한다. 대부분의 사람들은 촐싹대는 정도가 아니라면 둔한 사람보단 날쌘 사람, 깃털처럼 가

법지만 않다면 무뚝뚝하고 퉁명스러운 것보단 상냥하고 쾌활한 사람에게 호감을 갖게 된다. 대화를 할 때마다 남아있던 힘까지 쫙 빼가는 사람보단 만나고 나면 기운이 불끈 솟아나게 만드는 사람이 확실히 더 인기가 많다. 업무 체증을 확 뚫어내는 전문가들 역시 모두 활기가 넘쳤다. 섭외 요청에 대한 승낙도 빨랐고, 표정과 몸짓도 활기가 넘쳤다. 인터뷰를 할 땐 질문에 대해 신속히 답변했고, 답변이 길어지더라도 의미 있는 내용을 박진감 있게 이야기했다. 추가자료 요구에 대해서 역시 늦어도 서너 시간 안에 반응을 해주었다.

그렇다면 활기를 만드는 핵심요소는 무엇일까? 바로 목표다. 목표는 목표를 이룰 수 있는 방법을 고민하게 만들고, 그 방법을 행동으로 옮길 수 있는 힘을 공급한다. 굳게 세운 목표를 이루기 위한 행동들이 활기를 만들고 그 활기를 통해 상대방에게 매력을 발산한다.

최근 알게 된 70대 후반의 기업체 회장님이 있다. 만나 뵐 때마다 느끼는 바지만, 팔순 가까운 연세가 무색할 정도로 활기가 넘치는 분이다. 글로벌 수준이자 국내 최대 전자회사의 가전부문 CEO까지 지내신 이 분은 현재는 절반 정도 은퇴하신 후 아들이 경영하는 회사의 고문으로 활동하고 있다. 즐겁게 일하며 시원하게 성과를 내왔던 회장님의 여러 가지 경험을 들으며 목표의 중요성을 다시 한 번 실감할 수 있었다.

이 분이 1990년대 초반, 50대 초반의 연세로 가전 사업을 세 번째로 맡게 되셨을 때의 일이다. 당시 사업본부장이었던 이 사장은 에어컨의 핵심부품인 로터리 컴프레서 제조기술을 자체 개발하기 위해 불철주야 노력했다. 그러나 매번 실패를 거듭했고 남은 방법은 제휴밖에 없었지만 그마저도 녹록치 않았다. 그때까지 기술을 제휴해주던 일본 업체들은 비약적으로 발전하는 우리나라 회사들을 경계하며 기술을 꽁꽁 감췄고, 미국회사들은 이미 일본회사들에게 추격당한 해당 부품을 더 이상 만들지 않고 있었기 때문이다. 그러나 그는 포기하지 않고 기술제휴 회사를 찾기 위해 부단히 노력했다. 일본과 미국은 물론 유럽 회사들을 샅샅이 뒤졌다. 드디어 사업 정리를 확정하긴 했지만 아직 생산을 중단하지 않고 있던 미국의 한 회사를 찾아냈다. 그는 곧장 직원 몇 명을 데리고 미국으로 건너갔다. 그러나 미국에서 유일하게 로터리 컴프레서를 생산하고 있던 이 회사 관계자들은 상담을 요청한 사장 일행을 만나주지도 않았다. 사전 협의는커녕 약속도 잡지 않고 무작정 찾아오는 경우가 어디 있냐는 투였다.

그러나 이 사장은 이번에도 포기하지 않았다. 우리나라 최고 기업 CEO라는 체면이나 50대라는 나이는 안중에 두지도 않았다. 제휴 라인을 찾겠다는 목표 말고는 아무것도 보이지 않았다. 목표보다 더 중요한 것은 없기에 목표를 이룰 수만 있다면 무엇이든

할 수 있다고 생각했다. 급기야 그는 근처 마트에서 사온 텐트를 회사 앞마당에 친 다음 거기서 숙식을 시작했다. 텐트에서 먹고 자면서 이 사장은 매일 오전과 오후 한 번씩 사무실을 노크하며 계속 미팅을 요청했다.

이런 노력을 한 지 며칠이 지난 후 드디어 이 사장은 미국 회사 관계자와 미팅을 할 수 있었다. 관계자는 업무를 협의할 마음은 없지만 어떤 사람이기에 난생 처음 겪는 일을 만들고 있는지 궁금해서 미팅을 수락했다고 했다. 그러나 이 만남으로부터 이 사장은 기술제휴를 위한 실마리를 풀기 시작했다. 비록 이 회사의 기술제휴를 얻어내진 못했지만, 이를 계기로 일본 업체의 기술자들을 채용할 수 있는 단초를 얻은 것이다. 그리고 마침내 기술자들을 채용하는 방법으로 자체적으로 에어컨 핵심부품을 개발하는 데 성공했고 나아가 존폐 위기에 빠졌던 회사의 에어컨 사업을 완벽하게 부활시켰다.

시원한 성과를 만들어내는 뚫기 전문가들의 두 번째 공통점은 목표를 활기차게 추격한다는 점이었다. 분명한 목표 앞에 목표를 이루는 일과 상관없는 것들은 고려할 가치가 없다. 목표는 집중력을 만든다. 또한 목표는 활력을 만든다. 목표는 일을 하는 힘을 만들고 어려움을 헤쳐 나가고자 하는 의욕을 만든다. 올바른 생각을 올바른 행동으로 옮기기 위해서는 추상적인 목적과 가치를 구체

적인 목표로 설정하고 목표 달성을 위한 전략을 찾는 일에 고민을
집중해야 한다. 이어서 전략을 실천하는 과정에서 성실이라는 만
고불변의 성공법칙을 실천할 때 자신만의 드라마를 흥미진진하게
써내려갈 수 있다.

목표에 파묻힌다

박상신 본부장은 에이플러스에셋으로 회사를 옮긴 직후 FC가 23
명에 불과하던 지점을 맡아 1년 만에 두 개의 지점으로 분할하는
데 성공했다. 이때부터 박 본부장은 지점을 본부로 키우겠다는 목
표를 세웠다. 성과를 키워 조직을 키우고, 계속해서 함께 일하기
원하는 FC들에게 헤어짐의 슬픔을 주지 않기 위해 노력했다. FC
들은 '왜 우리가 헤어져야 하는가? 좋은 성과를 만들어 조직을 키
우고 일을 하는 한 계속 함께 일하자'는 공감을 해주었다. 마침내
이와 같은 노력은 결실을 맺게 된다. 4년 후 담당 지점을 4개로 분
할하여 희망본부 본부장을 맡게 된 것이다. 분명한 목표를 세워
그 목표를 이루기 위해 모든 힘을 집중한 결과였다. 이와 같은 목
표지향적인 자세는 초보 지점장 시절부터 차곡차곡 길러온 박 본
부장의 전력이다.

K 지점을 잡아라

삼성생명에서 박상신 지점장이 어느 정도 일을 알아가고 있을 당시 사업단에서 항상 1등을 차지하던 곳은 K 지점이었다. 이곳은 바로 그에게 애착의 중요성을 일깨워준 C 여성 지점장이 맡고 있던 곳이었다. 여러 시행착오를 거쳐 가며 내공을 다져가던 박 지점장은 영업 3년차에 이르자 좋은 신인 설계사들을 대거 영입해 유능한 인재로 양성하는 데 성공했다. 이들과 함께 신바람 나는 영업을 펼쳐 꼴찌였던 지점을 차츰 우수 지점으로 탈바꿈시켰다. 하지만 여전히 그에게 K 지점은 '넘사벽'처럼 넘어서기 힘든 대상이었다.

'K 지점이 잘하는 건 인정한다. 하지만 우리 지점이 더 잘하고 싶다. 우선 사업단 내에서 1등을 해야 더 큰 도전을 할 수 있기 때문이다.'

이런 생각을 하며 박 지점장은 어금니를 꽉 깨물었다. 그리고 잠시 후 지점 벽면에 다음과 같은 슬로건을 대문짝만하게 붙였다.

'K 지점을 잡아라!'

1등 지점을 이겨보자는 것만큼 뚜렷한 목표는 없었다. 같은 사업단 내에, 그것도 칸막이 하나를 사이에 두고 있는 지점을 추격의 대상으로 삼자 설계사들의 눈빛이 달라졌다. 박 지점장과 설계사들은 조회 때마다 큰 소리로 'K 지점을 잡자'는 구호를 외쳤고, 그 소리는 칸막이 넘어 K 지점까지 그대로 전달되었다.

"의도적이었습니다. 하도 큰 목소리로 조회를 하니까 나중엔 K 지점 설계사들이 저에게 조회 잘 들었다고 농담 섞인 얘기를 하곤 했습니다. 그렇다고 C 지점장님이나 K 지점을 불쾌하게 하진 않았습니다. 어디까지나 진지하면서도 유쾌한 선의의 경쟁이었으니까요. 도리어 저희들 때문에 자기들도 힘이 난다며 좋아하더군요."

이 말을 듣자 '하와이 갑시다!' 캠페인으로 교세라를 성장시켰던 이나모리 가즈오 회장이 생각났다. 교토세라믹 CEO였던 이나모리 회장은 어느 해 전년도 매출의 두 배 가까운 목표를 잡았다. 이후 그는 직원들에게 동기를 부여하기 위한 목표 달성률에 따른 여행 포상을 기획했다. 달성률이 90% 미만이면 교토의 사찰 좌선(坐禪), 100% 미만이면 홍콩 여행, 그리고 100% 이상이면 연말에 모든 직원들이 함께 하와이 여행을 가기로 했다. 그리고 나서 '하와이 갑시다!'라는 캐치프레이즈로 직원들을 독려했다. 결과는 목표 달성률 98%. 아쉽게 100%를 이루지 못해 하와이는 가지 못했지만 환경미화원들까지 포함해 1,300여 명의 직원들은 다함께 전세기를 타고 홍콩으로 여행을 떠났다. 명확하고 간결한 목표를 통해 구성원들의 몰입을 이끈 결과였다.

응원전이 없는 운동회는 얼마나 재미없을까? 운동회는 운동도 재미있지만 '청팀 이겨라! 백팀 이겨라!' 힘차게 외치는 응원이 더 큰 재미거리다. 승패가 없는 운동회는 또 얼마나 지루할까? 이기고 지는 경쟁 속에서 더 열심히, 더 치열하게 실력을 겨루기에 운동회는 모두에게 신나는 것이다.

바로 옆에 뚜렷하게 보이는 대상을 이기는 것을 목표로 잡자 설계사들은 즐겁게 몰입했고 유쾌하게 일했다. 지점장과 설계사들은 모두 함께 운동회에 출전한 어린이들처럼 발랄하지만 진지하게 노력했다. 하지만 K 지점은 역시 만만치 않았다. 턱 밑까지 추격하고도 번번이 K 지점의 아성을 넘지 못한 것이다. 추격전이 길어지면서 기운도 흥미도 떨어져갈 무렵, 한 선배의 조언이 박 지점장의 뇌리에 박힌다.

"다 잡으려고 하지 마! 하나만 잡아!"

하나만 잡아라

1등에게는 1등인 이유들이 분명히 있다. 그것들을 한꺼번에 잡으려고 하는 건 두 마리 토끼를 한 번에 잡겠다는 욕심이다. 1등을 만드는 요소들을 하나하나 잡아가는 것이 1등을 잡는 방법이다. 그는 뒤늦게 깨달은 이 사실을 적용하여 목표를 수정했다. 그냥 'K 지점을 잡아라!' 대신 도입 신인 인원수 1위, 계약건수 1위, 초도보험료 1위 등으로 목표를 항목별로 쪼갠 것이다. 절대치로 이기기 힘든 항목들은 인당 생산성 1위, 인당 건수 1위, 전월 대비 성장률 1위 등 상대치로 목표를 설정했다.

잡힐 것 같은데 잡히지 않는 1등 때문에 진이 빠져가던 설계사들은 항목별로 두세 개씩 1등을 해가자 강한 성취감과 자신감을 갖게 되었다. 그러자 기세는 점점 강해졌고 이에 힘입어 더욱 힘차게 노력할 수 있었다. 드디어 박 지점장이 이끄는 아시아지점은 마침내 K 지점을 잡았다. 또한 몇 달 후에는 전국 약 500개 지점 중 상위 2% 안에 들어야 받을 수 있는 영업대상까지 수상하게 된다. 만년 꼴찌 지점의 화려한 변신이 이뤄진 것이다.

"핏빛같이 선명한 목표가 얼마나 중요한지 깨닫는 순간이었습니다. 생각만 해도 가슴이 설레고, 보고 싶단 생각에 눈동자가 불타오르는 연애처럼 목표는 사람의 마음을 움직이고 행동을 변화시킵니다."

사업단 내 1등은 물론 전국 최상위권 지점을 만드는 데 성공한 그는 이후 탄탄대로를 걷기 시작한다. 성공의 경험이 또 다른 성공의 밑거름이 되고, 작은 성공이 큰 성공을 이루는 석세스 사이클(Success Cycle)에 진입했기 때문이다. 차츰 회사 내에서 박상신이 성과 잘 내는 사람이라는 평판이 퍼져나갔다.

무리한 목표가 변화를 이끈다

오수림 고문은 진단의약품이나 임상실험 검사장비 등의 상품이 업계에 새롭게 도입되기 시작할 때 영업을 했다. 이즈음 관련 시장은 연 평균 20~30%씩 성장하고 있었다. 그래서 오 고문은 본인 스스로 블루 오션(blue ocean)에서 점잖게 일했다고 말한다. 무에서 유를 창조하는, 전문용어로 '생 영업'에 비해서는 여러 면에서 쉬운 점이 많았다는 것이다. 그러나 사람에겐 누구나 자신만의 십자가가 있듯 모든 일에는 나름대로 어려움이 있는 법. 고독한 싸움과 냉정한 승부는 맨땅영업이나 기술영업이나 똑같았다. 특히 그는 무모하리만큼 과감한 목표를 설정한 후 이를 반드시 달성해가는 광폭 영업을 실행했다.

　오 고문은 보통 다음 해의 연간 목표를 전년 대비 150%에서 200%로 설정했다. 전체 시장의 빠른 성장세를 감안한다고 해도 지나치게 높은 목표임에 분명했다. 그런데도 실제로 1989년 1억에 조금 모자라던 매출을 1990년에는 4억, 1991년 7억 5,000만

원, 1992년 13억, 1993년 20억에 이어 1994년에는 29억으로 만들었다. 기하급수적인 성장을 통해 5년 사이 매출을 30배로 키운 것이다.

"외부 환경과 전체 시장이 좋았던 것도 성공요인이 되었던 것은 사실입니다. 그러나 목표를 지나치리만큼 높게 잡은 것도 중요한 요인 중 하나였습니다. 20~30% 성장 추세의 시장에서는 30~40% 정도로 목표를 잡는 것이 일반적이죠. 했던 것보다 조금만 더 잘하면 되는 정도로요. 그러나 이렇게 하면 목표가 변화를 이끌어내는 힘이 되지는 못합니다. 적당한 목표가 아니라 무리한 목표가 변화를 만들어내기 때문입니다."

그러면서 그는 계룡산과 에베레스트를 비유로 들었다. 대전에 살면서 가끔 집 근처 나지막한 산을 찾던 사람이 그보다 조금 높은 계룡산을 가려고 한다면 특별한 준비까지는 필요 없다. 평소 산을 가던 때와 비슷하게 준비하면 된다. 그러나 이 사람이 에베레스트를 등정해야 하는 상황이 되면 얘기는 전혀 달라진다. 이전과는 완전히 다른 새로운 준비와 철저한 훈련을 통해 산악인에 버금가는 모습으로 변화해야 에베레스트에 도전할 수 있다. 이처럼 목표가 변화를 이끄는 원동력이 되려면 목표를 슬쩍슬쩍 적당한 수준으로 세워서는 안 된다. 5~10% 정도 높인 목표는 개선의 여지를 만들어내지 못한다. 똑같은 방법으로는 결코 50~100%의 성장을 이룰 수 없다. 이전과는 다른 방법이 아니고서는 이룰 수 없는 목표여야 변화를 만들어낼 수 있기 때문이다. 목표를 통해 바꾸지 않을 수 없는 상황이 되어야 비로소 변화가 일어난다. 지금처럼 행동하면 절대로 이룰 수 없는 목표여야 목표로서의 의미가 나타난다. 이전과 똑같이 목표를 세운 사람은 종전과 똑같은 전략과 행동을 할 가능성이 100%에 가깝다. 하던 대로만 하면 되기 때문이다. 하지만 이전 대비 200%의 목표를 세운 사람은 똑같이 해서는 절대로 목표를 달성할 수 없기 때문에 새로운 전략을 강구하고 있는 힘을 모두 발휘해 이전과는 다른 행동을 하게 된다.

"물론 달성해야 하는 입장에서 무리한 목표는 눈엣가시처럼 미워 보입니다. 말하기는 쉬워도 행하기는 어려운데 지나치게 높은 목표를 준 다음 '할 수 있다, 파이팅' 이러는 윗사람들이 야속하기도 할 것입니다. 저도 마찬가지였고요. 그러나 불행이자 다행으로 그렇게 높게 설정한 목표를 반박할 만한 근거가 저에게는 없었습니다."

이 무렵은 시장이 형성되던 워낙 초창기라 시장을 예측할 수 있는 정보가 하나도 없었다. 따라서 내년에 얼마나 더 커질지, 아니면 성장세가 완만해질지 아무도 알 수 없었다. 그는 올해는 이러이러한 이유로 잘되었지만 내년에는 올해만큼은 어려울 것 같다고 얘기하고 싶었지만 그 근거를 댈 수 없었다. 이는 곧 시장이 어떻게 될지 알 수 있는 방법이 없다는 뜻이자, 뿌연 안개가 자욱한 상황에서는 도전적인 목표가 더욱 위력을 낼 수 있다는 의미이기도 했다.

목표를 낮추고자 하는 사람은 성공할 수 있는 근거를 대라고 할 것이다. 목표를 높이고자 하는 사람은 실패할 만한 이유를 내놓으라고 할 것이다. 그러나 두 사람 모두 근거와 이유를 마땅히 제시할 수 없을 때에는 안 될 이유가 아니라 될 수 있는 방법을 찾아야 한다. 그리고 안 될 이유 대신 될 수 있는 방법을 찾는 사람에게 과감한 목표는 성능 좋은 배터리이자 넉살 좋은 응원단장이 되어준다.

목표는 양보다 질이다

일반적으로 많은 회사들은 목표 달성 가능성을 높이기 위해 다양한 지표들을 통해 성과를 관리한다. 최정식 본부장 역시 과거 수많은 항목의 복잡한 지표들을 관리하며 세일즈 업무를 수행했다. 판매대수와 서비스지수는 물론 고객응대건수와 재구매율 등 여러 지표들을 통해 평가 받았다. 물론 이와 같은 지표들은 의미가 있다. 잘 판다는 결과는 잘 파는 데 필요한 여러 변수들이 종합적으로 작용된 결과다. 따라서 성과의 원인이 되는 행동들을 할 수 있도록 하려면 원인들을 잘게 쪼개 목표를 설정해야 한다. 작은 목표들을 하나하나 달성함으로써 종합적인 목표를 이룰 수 있기 때문이다.

"세일즈를 시작한 후 13년이 지나 지점장을 맡기 전까지는 십수 가지 목표들을 모두 철저하게 관리하며 일했습니다. 때론 남에게 잘 보이기 위해 일부러 착한 일을 하는 사람이 되어간다는 기분이 들 때도 있었지만, 모든 목표들이 성과를 위해 필요한 요소들임은 분명했으니까요."

그러나 2013년 아우디 이태원 지점장을 맡게 된 이후 그의 생각에 변화가 생겼다. 지금까지 관리해왔던 목표들을 기준으로 지점 소속 딜러들을 관리하는 과정에서 덜 중요한 목표를 위해 더 중요한 목표를 잃어버리는 자신의 모습을 뼈저리게 느꼈기 때문이다. 그는 '소탐대실이란 바로 이런 것이구나' 생각했다. 여러 목표들이 판매대수 내지 판매수익금이란 최종 목표와 연관된 것은 분명했지만 많은 경우 작은 목표들을 달성하기 위해 큰 목표들을, 미미한 목표를 이루기 위해 중대한 목표를 소홀히 할 수 있다는 맹점을 발견한 것이다.

"물론 회사의 규정과 제도가 있고 아쉬운 점이 있지만, 잘못된 것은 아니기 때문에 충실하게 지점과 직원들을 주어진 목표에 따라 관리하고 평가했습니다. 그러나 진짜 고수가 되려면 다른 사람의 잣대가 아닌 자신만의 잣대를 스스로에게 엄격하게 적용해야 한다는 생각이 들었습니다."

지점장 생활을 마친 후 다시 영업 현장에 복귀한 그는 양적인 목표보다 질적인 목표에 집중하며 세일즈를 하고 있다. 예를 들어 수입 자동차 딜러는 구매고객에게 주기적으로 연락을 해서 차를 타는 데 불편함은 없는지 확인하는 일, 정해진 시기에 따라 자동차 정비를 안내한 후 피드백을 해주는 일 등을 해야 한다. 이에 따라 자동차 딜러들은 고객 및 차량의 관리일정 준수 등의 양적 목표를 달성해야 하며 이를 통해 평가 받는다. 그러나 최 본부장은 조금 다르게 생각한다.

"주기적 관리는 저 말고도 모든 자동차 딜러들이 합니다. 차량을 구입한 지 몇 개월마다, 주행거리 몇 km인지 등에 따라 관리하는 거죠. 그런데 문제는 주기적 관리가 도리어 고객을 귀찮게 할 수도 있다는 겁니다. 물론 너무 긴 기간 동안 관리를 하지 않으면 문제겠지만 타고 다니는 데 전혀 문제가 없는데 검사를 꼭 해야 한다고 하면 고객 입장에서는 짜증날 수 있거든요."

그는 관리일정 준수라는 양적 목표보다 관리 품질이라는 질적 목표가 훨씬 더 중요하다고 주장한다. 주기를 엄수하는 것보다 가장 빠르고 정확하게 관리를 해주는 것이 더 중요하다는 의미다. 나아가 양적 목표를 채우기 위해 급급한 것보다 질적 목표를 달성해 자연스럽게 양적 목표를 달성하는 것이 더 바람직하다고 믿는다.

최고의 목표는 나를 이기는 것

"고객이 요구하기 전에 미리 차량을 관리하는 것도 중요하지만 고객이 불편해서 관리를 요구할 때 빠르고 정확하게 처리를 하는 것만큼 중요하지는 않습니다. 필요하지 않을 땐 그렇게 닦달을 하더니 내가 아쉬워서 연락을 하니까 왜 이렇게 늦나 하고 오해하는 고객도 많고요. 그래서 저는 주기적인 관리보다 고객이 차량의 검사나 수리를 맡길 때 누구보다 빨리 대차를 시켜드리고, 다른 딜러보다 빨리 공장으로 입고시키며, 어떤 분보다 빨리 출고한 차량을 고객에게 가져다드리기 위해 노력하고 있습니다."

구매 계약을 체결할 때도 마찬가지다. 그는 지금 상담을 하고 있는 고객과 계약을 체결하는 것을 유일한 목표로 삼는다. 그리고 자동차를 구입하는 고객에게 고맙다는 말을 듣는 것을 장기적인 목표로 삼는다. 착한 가격이라는 당장의 칭찬이 아니라 좋은 차를 추천해줘서 고맙고, 그 차를 잘 관리해줘서 고맙다는 나중의 칭찬을 목표로 일한다. 최선을 다한 하루가 모여 최선을 다한 한 달이 되고, 온 힘을 다한 인생이 되는 것처럼 지금 내 앞에 있는 고객에게 열과 성을 다해 서비스하는 것이 복잡한 목표들을 하나하나 따져가며 일 처리하는 것보다 훨씬 더 중요하고 가치 있는 일이라고 생각하기 때문이다.

측정해야 관리할 수 있다는 피터 드러커의 말은 옳다. 그러나 목표달성 과정에서 측정을 통해 관리를 하고 싶다는 조바심 때문에 측정하기 힘든 것까지 측정하려는 과욕을 부려서는 안 된다. 진정한 프로 선수는 순간의 성적에 연연하지 않는다. 경기에 이겼느냐 졌느냐보다 실수를 했느냐 안 했느냐에 집중한다. 성적과 승패는 모든 사람이 알 수 있지만 남들이 눈치 채지 못하는 실수는 오직 나 한 사람만 알 수 있는 것이다. 그리고 다른 사람은 했는지 안 했는지 알지도 못하는 실수로도 자신을 혹독하게 질책하는 사람이 진짜 프로이다. 그래서 프로는 남이 아닌 나와의 싸움에 몰입한다. 나와의 싸움에 이겼느냐 졌느냐 하는 것이 객관적으로는 측정할 수 없는 것일지라도 자신은 분명히 알 수 있기 때문이다.

꽉 막힌 업무 체증을 시원하게 뚫어 성과를 창출하기 위해서는 먼저 핏빛처럼 선명한 목표를 신중하되 과감하게 설정해야 한다. 지금처럼 하면 이루지 못할 목표를 세워 지금까지와는 다른 방법으로 행동하지 않으면 안 되도록 자기 자신을 벼랑 끝에 세워야 한다. 그리고 하면 좋고 못해도 어쩔 수 없는 목표가 아니라 목표를 반드시 이뤄야 할 신념으로 여기며 다른 사람들의 평가가 아닌 자신과의 싸움에 전념해야 한다.

자나 깨나 전략을 궁리한다

전략은 목표로 가는 최적의 경로다. 가야 할 목적지를 정했다면 그곳으로 가는 길을 결정해야 한다. 가고자 하는 곳이 명확하다고 가는 길도 분명한 것은 아니다. 살다보면 가려는 산봉우리들이 멀리나마 보이지만 그곳까지 가는 길은 도무지 알 수 없을 때가 많다. 목표는 분명히 보이는데 거기까지 가려면 어느 길로 가야 하는지 하는 전략은 보이지 않는 경우가 자주 생긴다.

전략에 정답은 없다, 그러나 오답은 있다

영업은 더욱 그렇다. 회사에서 요구하는 목표는 명확하다. 반드시 숫자로 보여줘야 한다. 나 역시 그 목표를 이뤄야 한다는 사실을 잘 알고 있다. 또 이루고 싶다. 그러나 어떻게 해야 할지는 잘 모르겠다. 무턱대고 실행하기엔 위험도 비용도 너무 크다. 그렇다고 생각만 하도록 시간은 기다려주지 않는다. 이와 같은 진퇴양난의 순간을 어떻게 극복할 것인가?

전략에 있어서 누구에게나 맞는 정답은 없다. 고수의 정답은 그 사람의 정답일 뿐 나에겐 밋밋한 예시답안에 불과할 수 있다. 성격도 다르고 업종도 다르기 때문에 모두에게 맞는 정답은 존재하지 않는다. 달인의 무용담도, 유명인의 성공 스토리도 각자에게는 무릎을 힘껏 내리칠 만한 기막힌 전략이겠지만 다른 사람들에겐 헛바람만 잔뜩 넣는 신기루일지 모른다.

그러나 전략에는 확실히 오답이 있다. 해서는 안 될 오답은 해야 할 정답보다 더 많은 사람에게 들어맞는다. 그리고 딱 맞는 전략이 아닌 오답을 하나하나 지워가는 방법은 자신만의 전략, 나만의 정답을 찾아가는 데 매우 유용한 작업이 된다.

변화와 혁신이 유행처럼 번지면서 변해야 산다는 말이 식상할 정도가 되었다. 하지만 변하는 게 무조건 좋은 것은 아니다. 거꾸로 변하지 않는 것이 언제나 바람직한 것도 아니다. 변해야 좋은 것은 변해야 하고 변해서 좋지 않은 것은 변하지 말아야 한다. 부부 간의 사랑에는 변함이 없어야 한다. 연애 때나 황혼 때나 변함 없이 사랑하는 부부만큼 멋진 관계는 없다. 그러나 사랑의 방식에는 변화가 필요하다. 신혼 때 서로 사랑하는 방식이 70대가 되었는데도 그대로라면 문제가 있다.

외부 환경의 수많은 변화 속에서도 전문가들은 바꿔야 할 것은 바꾸고 지켜야 할 것은 지켜가고 있었다. 특히 이들은 해서는 안 될 전략, 반드시 피해야 할 전략을 초년병 시절이나 지금이나 변함없이 경계하고 있다. 그리고 뚫기 전문가들이 피하는 전략들 속에는 남들과 다른 경쟁력들이 속속들이 담겨 있었다.

자동차 세일즈에서 해서는 안 될 세 가지

최정식 본부장은 몇 년 동안 승용차가 아닌 특수차량인 랜드로버를 한 달에 평균 10대씩 팔았던 놀라운 실적을 갖고 있다. 그러나 그는 자동차를 많이 파는 것보다 '회사를 옮겨도 고객이 먼저 찾는 딜러'로 더 유명하다. 지난 십 수 년 동안 국내 수입자동차 시장은 비약적으로 성장했다. 그러면서 여러 가지 변화가 일어났다. 무엇보다 시장이 제조사 중심에서 유통사 중심으로 바뀌었고 이에 따라 회사든 개인이든 제조사의 경계를 뛰어넘는 멀티플레이를 하게 되었다. 또한 렌터카가 확산되었다. 렌터카는 모든 종류의 자동차를 다양한 금융 상품을 활용한 장기 렌트나 리스 등으로 영업할 수 있다. 이런 방식을 조합해 수입 자동차를 편하게 탈 수 있는 방법이 매우 다양하게 개발되었다.

이와 같은 환경 속에서 최 본부장은 시장의 변화에 따른 서비스의 진화를 모색하며 자동차 딜링을 지속하고 있다. 그는 자동차 세일즈에 있어서 반드시 피해야 할 전략을 세 가지로 이야기한다. 그중 첫 번째 전략의 오답은 '세일즈 스킬을 익히는 것'이다. 그는 절대로 잘 파는 기술을 배우려고 노력하지 말라고 강조한다.

"처음 5년 정도는 저도 잘 파는 기술을 열심히 익혔습니다. 그래야 잘 팔 수 있을 거라고 생각했으니까요. 그러나 어느 정도 감을 잡은 후에 '차는 결코 파는 게 아니구나, 단지 고객이 사는 것이구나' 하는 사실을 깨달았습니다. 차는 제가 파는 게 아니라 고객이 사는 겁니다. 따라서 세일즈 스킬을 열심히 배워봤자 소용이 없습니다. 잘 파는 기술 자체가 존재하지 않기 때문입니다."

세일즈 스킬 익히지 말라

그는 세일즈 스킬이 아니라 자동차 기술 지식을 익히는 것이 훨씬 더 중요하다고 생각한다. 애프터서비스를 잘해주는 것이 자동차 영업의 핵심이기 때문이다. 차를 타 보니까 좋고, 고장이 나도 언제든 완벽하게 해결해줘서 좋을 때 고객은 부탁을 하거나 커피 한 잔 사주지 않아도 알아서 친구와 가족들에게 자동차 딜러를 소개한다.

최 본부장은 그러나 너무나 많은 자동차 딜러들이 자동차의 성능과 기술에 대한 지식이 부족할 뿐만 아니라 이런 것들을 알려고 하지도 않는다고 한탄한다. 중요한 것은 파는 기술이 아니라 관리하는 기술인데, 모래 위에 집을 짓는 것처럼 의미 없는 세일즈 스킬로 고객을 설득하고 현혹하려고 한다는 것이다. 어차피 사고 파는 관계에서 고객은 딜러의 머리끝에 올라 서있는데 말이다.

"차량을 인도해 가시는 고객에게 항상 앞으로 부모님처럼, 형님처럼 모시겠다고 약속하지만 대부분 속으로 두고 보겠다고 생각할 뿐 제 말을 기억하진 못합니다. 그러나 두고 볼 일은 얼마 지나지 않으면 반드시 생깁니다. 고장이 난 후 제가 해드리는 서비스를 받고 나서야 고객들은 그 말을 기억해냅니다. 이를 위해서 필요한 것은 세일즈 스킬이 아니라 자동차에 관한 지식, 그리고 자신에 대한 엄격한 통제입니다."

최 본부장은 잘 파는 기술을 배울 시간에 정비소와 기술연구소를 찾았다. 실제 자동차가 고쳐지고 다뤄지는 현장에서 자동차에 관한 지식을 배우기 위함이었다. 말끔한 정장을 벗고 작업용 점퍼로 갈아입은 다음, 딜러가 오는 것을 꺼리는 기사들에게 너스레를 떨며 정비와 수리가 이뤄지는 모습을 꼼꼼히 지켜봤다.

처음에는 손사래를 치던 정비사들도 최 본부장의 진심을 이해하기 시작했고, 다른 딜러들과 달리 자동차 자체를 알기 위해 노력하는 모습에 격려를 보냈다. 이런 과정을 통해 자연스럽게 정비사들과 인간적인 관계를 맺게 되자 수리를 맡긴 차량을 누구보다 빠르게 정비소에서 출고시킬 수 있었다. 다른 딜러 고객들은 정비소에 차량을 입고하면 며칠씩 기다려야 했지만 최 본부장의 고객은 하루 이틀 만에 수리를 마쳤던 것이다. 이런 소문들이 고객의 입에서 입으로 퍼지면서 최 본부장의 세일즈는 날개를 달게 되었다. 세일즈 스킬 대신 자동차 기술을 익힌 성과였다.

고객정보 세팅하지 마라

최 본부장이 두 번째로 얘기하는 전략의 오답은 '고객의 정보를 세팅'하는 일이다. 그는 고객정보를 고정된 데이터로 만들어서는 안 된다고 강조한다. 물론 큰 시각으로 고객 그룹에 대한 분석과 예측은 필요하다. 고객들의 패턴과 기호의 변화, 소비 추세와 유행에 대해서는 면밀하게 분석해야 한다. 그러나 고객 한 사람 한 사람의 정보를 표면적으로 암기하는 일, 특성에 따라 분류하는 일, 구매 가능성에 따라 등급을 나누는 일은 바람직하지도 않고 의미도 없다.

"모든 고객은 VIP 입니다. 2억이 넘는 새 자동차를 사든, 오래된 중고차를 사든 고객에게는 누구든지 최고의 대우를 받을 권리가 있습니다. 그런데 거래를 진행하면서 고객의 자산이나 직업을 알게 되면 저도 모르게 속으로 고객의 경중을 따지는 실수를 하게 됩니다. 진정성이라는 가장 중요한 가치를 위협한다는 생각에 몇 해 전부터는 아예 고객의 모든 정보를 리셋하고 있습니다."

그는 고객의 모든 정보를 리셋(reset)하려고 의도적으로 노력한다. 이를 위해 거래 직후 고객의 개인정보를 즉시 삭제하고 아무런 서류도 보관하지 않는다. 이에 따라 거래 후 몇 년이 지나 다시 거래를 하게 되면 고객은 여러 가지 정보와 서류들을 다시 제출해야 하고, 최 본부장 역시 처음부터 절차를 새롭게 밟아야 한다. 서로에게 불편한 점도 있지만 그는 이 방법이 고객을 진정으로 VIP로 대우해드리는 길이라고 믿고 있다.

때론 고객이 자신을 알아주길 바라는 마음을 헤아리지 못하는 결과를 초래할 수도 있다. 그러나 사실 오랫동안 거래를 하다보면 고객에게 많은 변화가 일어난다. 특히 수입자동차를 타는 사람들의 삶은 더욱 변화무쌍하다. 수입이 매우 많아 비싼 자동차를 타던 고객이 형편이 나빠져 얼마 후 차를 팔고 저가의 국산차로 바꾸기도 하고, 차를 워낙 좋아해 무리를 해서 수입차를 굴리던 동네 슈퍼마켓 사장이 몇 십 억 자산가로 변신해 최고급 수입차를 전액 현금으로 구매하기도 한다. 그런데 세팅해놓은 정보를 더듬어가며 '사업은 어떠세요? 슈퍼마켓은 잘 되나요?' 하는 말로 고객에게 친밀감을 강조하다보면 본의 아닌 실수를 하게 된다. 괜한 위축감을 줄 수도 있고 숨기고 싶은 사실을 건드릴 수도 있다.

이는 자산이 늘거나 줄어드는 경우에만 해당되는 얘기가 아니다. 가족관계나 직업 같은 중요한 변화나 하다못해 사는 동네나 좋아하는 취미 같은 작은 변화에 대해서도 마찬가지다. 바뀐 정보를 알지 못한 채 이전에 세팅해놓은 정보로 고객을 대하면 고객을 불편하게 만들 가능성이 매우 높다. 또한 딜러로서 고객을 지속적으로 관리하지 못했다는 점을 스스로 시인하는 셈이 될 공산도 크다. 따라서 최 본부장은 거래가 끝나는 순간 고객의 모든 정보를 폐기하고, 새로운 거래가 시작되는 순간 모든 정보를 리셋한 후 다시 시작하고 있다.

"다른 딜러들은 보통 고객에 대해 잘 알고 있다는 사실을 일부러 강조합니다. 당신을 기억하고 있음을 나타내기 위해서죠. 저는 고객 개인에 대한 기억을 말로 이야기하지 않습니다. 기억이 나지 않는 것은 아니지만 고객에게 그동안 어떤 변화가 있었는지 정확하게 알고 있지 않는 한 '이 전엔 누구랑 오셨죠? 장사는 잘 되세요?' 하는 말은 절대 하지 않습니다. 대신 행동과 결과로 보여 드립니다. 이에 따라 처음에는 나를 기억하지도 못한다고 오해하며 서운하게 생각하던 고객이 차츰 업무가 진행되면서 저 역시 본인에 대해 기억하고 있음을 스스로 느낍니다. 기억을 못해서가 아니라 센스가 있어서 말을 참았다는 사실도요."

이심전심이란 게 이런 게 아닐까 싶었다. 그는 말이 아니라 마음으로 마음을 전달하고 있었다. 그는 고객을 기억하고 있음을, 그러나 표현하지 않음을, 하지만 고객에게 처음이나 지금이나 최선을 다하고 있음을 마음으로 보여주는 데 성공하고 있다.

경기 초반 진땀 빼지 마라

세 번째, 최 본부장은 '단기성과에 매몰되지 말 것'을 강조한다. 단기성과에 집착하는 것은 피해야 할 오답이다. 사실 쉬운 얘긴 아니다. 인생이 마라톤인 것처럼 영업이든 다른 직종이든 일이란 것 역시 진득하게 인내하며 해야 한다는 사실은 누구나 안다. 하지만 어떻게 될지 모르는 몇 년 후를 생각하며 지금보다 나중에 힘을 쏟는 건 어려운 일이다. 더군다나 호주머니라는 매우 현실적인 문제를 생각할 때 내일을 위해 오늘의 고통을 버텨내는 것은 쉽지 않다.

단기성과에 매몰되지 말라는 소리를 들으면 그 사람은 경력이 쌓여 고객이 많아지고 등 따뜻해지니까 하는 말이라고 말할 수 있다. 옳은 말이다. 그러나 최 본부장은 한 달에 자동차를 한두 대밖에 팔지 못하던 배고픈 시절에도 당장의 성과에 잡아먹히지 않으려고 노력했다. 통장 잔고가 바닥을 드러낼 때면 생활비를 최대한 줄였다. 그래도 안 되면 별도의 아르바이트를 하면서도 이번 달이 아니라 5년 후, 10년 후를 대비했다. 특히 그는 과다 할인, 추가 서비스 제공 등으로 출혈 경쟁이 심각한 지금과 같은 자동차 시장에서는 더욱 더 길게 봐야 한다고 주장한다.

"자동차 세일즈야말로 전형적인 장기 레이스라고 생각합니다. 누가 잘 파느냐가 아니라 누가 잘 관리하느냐가 승부를 가르기 때문입니다. 팔고 사는 것은 순간이지만 관리는 시간이 지나야 잘하는지 못하는지 알 수 있습니다. 그리고 관리에서 성공할 때 고객은 구매는 물론 재구매와 추천을 자발적으로 하게 됩니다. 그 발동이 걸리기까지 1년이고 2년이고 기다리며 준비해야 합니다."

노름판에 '첫 끗발이 개 끗발'이라는 말이 있다. 초반에 패가 좋게 나와 돈을 따면 이후부터는 패가 점점 나빠져 결국엔 큰돈을 잃게 된다는 뜻이다. 쇼트트랙이나 장거리 달리기 같은 운동을 볼 때도 처음엔 선두로 달리던 선수가 점점 뒤쳐져 나중에는 하위권으로 들어오는 모습을 자주 본다. 단기성과를 무시할 수 있는 사람은 없다. 그러나 매몰되어서는 안 된다. 눈앞의 불만 끄다보면 나중에는 아무것도 할 수 없다. 따라서 지금 바로 성과를 낼 수 있는 일과 더불어 나중에 더 큰 성과가 될 수 있는 일을 병행해야 한다.

보험 영업을 할 때 멈춰야 할 세 가지

박상신 본부장 역시 모두에게 맞는 정답은 없지만 누구나 피해야 할 '전략의 오답'이 있다고 말한다. 그러면서 그는 보험 영업에서 절대로 범해선 안 될 전략으로 진단 없는 추천, 압축 없는 설명, 원칙 없는 채용의 세 가지를 꼽는다.

첫째, 보험에서는 진단 없이 상품을 추천해서는 안 된다. 원인을 알아야 방법을 알 수 있고 이유를 파악해야 처방을 내놓을 수 있다. 고객의 특성에 대한 정확한 진단 없이 상품을 추천하는 것은 성공확률이 거의 없다. 정확한 진단을 통해 재무 상태와 투자 성향은 물론 성격과 특성, 인간관계와 가치관까지 고객이 누구인지에 대해 최대한 파악한 후 그에 맞는 상품을 추천해야 한다. 그러나 현실에서 많은 사람들은 진단의 중요성을 알긴 하지만 실천하진 못한다. 마음이 급하고 실적에 쫓기기 때문이고, 고객이 마음을 열지 않거나 열어도 살짝만 열기 때문이다.

"진단을 위해서는 열을 알 수 있는 하나를 정확히 짚어내야 합니다. 병원에 갔는데 정확히 진단을 해야 한다며 이런저런 검사를 다 시키면 좋아할 환자는 없습니다. 혈액이면 혈액, 심전도면 심전도 한 가지만 해서 필요한 정보를 여러 가지 끄집어낼 수 있어야 명의일 것입니다.

　보험도 마찬가지입니다. 진단을 정확하게 하고 싶은데 자기 애기를 하지 않는다며 고객을 탓하는 사람을 가끔 만납니다. 저는 그럴 때마다 병원 애기를 해드립니다. 그게 아픈 환자에게 온갖 흉측한 장비들을 들이대며 긴장하지 말라 이야기하는 것과 뭐가 다르냐고요.”

　그가 말하는 진단의 핵심 기술은 경청이다. 듣는 척이 아니라, 들어주는 것이 아니라 상대방의 감정에 몸을 실어 고객의 이야기를 온 힘을 기울여 듣는 경청을 통해 고객은 한 꺼풀 한 꺼풀 마음 문을 연다. 그래서 경청은 공경하는 마음으로 듣는 것이자(敬聽), 상대방 편에 서서 듣는 것이다(傾聽).

　둘째, 압축 없는 설명은 금물이다. 압축을 통해 단순화하지 않으면 안 된다. 단순함(simple)은 성공의 절대요건이다. 단순해야 강한 충격을 줄 수 있기 때문이다. 자주 애기되는 마케팅의 KISS(Keep It Simple & Stupid) 전략이 보험 영업에서도 반드시 필요하다. 특히 압축을 통해 단순하고 명료하게 설명하는 것은 멘탈 비즈니스인 보험에서 강조하는 ‘단무지 정신’ 과도 연결되어 고객에게 강한 충격을 준다. ‘단순하고 무식하고 지속적’ 인 단무지처럼 압축에 또 압축을 반복해야 한다.

"압축은 추천 상품을 엄선할 때도 적용되어야 합니다. 여러 보험회사의 수많은 보험 상품, 게다가 때마다 조금씩 바뀌어 새롭게 나오는 상품들을 설계사가 먼저 압축해서 추천하지 않으면 고객은 '골라오라고 했더니 지금 나한테 고르라는 거야?' 하며 못마땅하게 생각할 것입니다."

이게 바로 보험의 큐레이션(curation)이다. 큐레이션을 하는 사람인 큐레이터 하면 가장 먼저 떠오르는 직업이 미술관이나 박물관 큐레이터이다. 미술관 큐레이터는 수많은 작품 중에서 관람객에게 꼭 필요한 작품을 찾아 전시한다. 이처럼 큐레이션은 원래 다른 사람이 만들어놓은 콘텐츠를 목적에 따라 분류하고 배포하는 것을 말한다. 즉, 큐레이션은 콘텐츠가 많아짐에 따라 함께 커지는 유익한 정보를 고르고자 하는 욕구를 충족시켜 주는 작업이다. 보험 역시 큐레이션을 한 후 고객에게 제공되어야 더 많은 가치를 창출할 수 있고 이를 위해 필요한 것이 바로 압축이란 작업이다.

박 본부장이 강조하는 세 번째 전략의 금기(禁忌)는 원칙 없는 채용이다. 이는 관리자에게 요구되는 것이다. 보험은 말 그대로 사람 장사다. 보험에 가입하는 것도, 그 보험에 가입하도록 노력하는 것도 사람이다. 이에 따라 전통적으로 보험회사들은 리크루팅을 다다익선(多多益善)으로 생각해왔다. 설계사들이 새로 들어오면 본인, 배우자, 가까운 가족이나 친구 등을 대상으로 적어도 대여섯 개의 보험은 가입한다. 이처럼 신규채용을 통해 나가는 돈보다는 들어오는 돈이 많고, 거기에 FC가 영업을 잘하면 회사로서는 절대로 손해 보지 않는 장사이므로 리쿠르팅은 많으면 많을수록 좋다고 여겨왔다.

그런데 1997년 외환위기 이후 외국자본 보험사들의 주도로 고학력 남성 FC들이 약진하면서 FC 리크루팅이 무조건 좋은 것만은 아니라는 인식이 퍼졌다. 마인드가 전혀 없이 수당만 챙기거나, 소속만 둔 채 조직을 흐리는 FC들은 아예 채용하지 않는 편이 낫다는 생각을 하게 된 것이다. 이에 따라 FC에 대한 채용 기준이나 지원책이 세련화되기 시작했고, 지금도 모든 보험사들이 리크루팅의 질을 높이기 위해 노력하고 있다.

그러나 여전히 사람을 늘려야 한다는 명제는 유효하다. 특히 일반보험사가 아닌 세일즈 전문회사에서는 리크루팅의 영향이 가히 절대적이라고 할 수 있다. 그럼에도 불구하고 그는 원칙 없는 리크루팅은 조직을 망치는 지름길이라고 주장한다. 박 본부장이 준수하는 리크루팅의 원칙은 네 가지다. 첫째 예뻐야 한다, 둘째 성공의 경험이 있어야 한다, 셋째 긍정적이어야 한다, 넷째 이루고자 하는 비전이 명확해야 한다. 그는 이 네 가지 원칙을 준수하며 신규 FC들을 리크루팅 하기 위해 노력하고 있다.

"예뻐야 한다는 것이 외모를 얘기하는 것은 아닙니다. 예쁜 마음을 말합니다. 마음이 예쁜 사람이 보험영업을 아름답게 할 수 있기 때문입니다. 성공의 경험을 해봤는지도 중요합니다. 고기도 먹어본 사람이 잘 먹듯 크고 작은 성공을 해봤던 사람이 또 다른 성공을 만들 확률이 높습니다. 여기에 명확한 비전을 향해 긍정적인 자세가 더해진 사람은 3년이고 5년이고 기다리면서 같은 배를 타고 함께 일할 수 있도록 노력하고 있습니다."

실제로 박 본부장의 리크루팅을 통해 현재 함께 일하고 있는 FC 중에는 무려 8년 동안 공을 들인 경우도 있다. 그와 함께 공채로 입사했던 동기로 삼성생명에서 내근직으로 근무하다 FC로 전환했던 친구 한 명이 최근 에이플러스에셋에 합류했다. 우수한 성과로 MDRT는 물론 보험 영업의 최고 영예인 TOT(Top of Top)까지 했던 전문가인데 원칙을 지키며 정성을 들인 끝에 마침내 리크루팅에 성공했다.

철학 없는 정치, 도덕 없는 경제, 노동 없는 부유, 인격 없는 교육, 인간성 없는 과학, 윤리 없는 쾌락, 헌신 없는 종교. 마하트마 간디(Mahatma Gandhi)가 이야기한 일곱 가지 악덕이다. 태생적으로 생길 수 있는 부작용을 막지 못하면 사회의 각 기능은 제 구실을 감당하지 못하며 사람이 추구하는 가치 역시 재앙이 된다는 준엄

한 경고다. 이와 같은 악덕은 어디에나 존재할 수 있다. 바늘 도둑이 소 도둑이 되지 않으려면 일의 범위와 경중이 어떻든 분명한 원칙을 준수하기 위해 노력해야 한다. 이를 위해서는 기술과 묘수를 찾기에 앞서 원칙을 지키고 정석을 따라 가는 것이 가장 좋은 전략이 된다.

기술 영업에서 꼭 해야 할 한 가지

자신이 할 수 있지만 하기는 싫어서 비용을 지불하고 다른 사람에게 시키는 경우가 있다. 요즘 배달 어플리케이션 업체들이 해주고 있는 비정형 서비스가 여기에 해당된다. 가입자가 '백화점에 들러 수선이 끝난 원피스를 자신의 사무실로 가져다 달라'고 요청하면 업체의 라이더(rider)는 그 일을 그대로 수행해주고 요금을 받는다. 이런 게 내가 할 수도 있지만 직접 하기 싫거나 귀찮아서 다른 사람에게 시키는 경우다. 내가 해도 되지만 남에게 시키는 게 효율적이라서 시키는 경우도 있다. 이삿짐을 쌓고 나르는 것은 내가 해도 되지만 전문업체인 이삿짐센터를 활용하는 것이 여러모로 효율적이라 맡기는 경우다.

한 가지 더, 내가 도저히 할 수 없어서 남에게 시켜야 하는 경우가 있다. 손해배상 소송을 걸고 싶은 일반인은 자신이 할 수 없기 때문에 변호사에게 소송 제기를 의뢰한다. 학부모는 고등학생 자녀에게 수학을 직접 가르칠 수 없어서 과외교사에게 지도를 요청한다. 그런데 하기 싫어서 시키거나, 할 수 있지만 효율성을 위해 시키는 경우에는 비교적 큰 비용을 지불하지 않아도 된다. 그러나 내가 할 수 없어서 남에게 시켜야 하는 경우에 지불해야 할 비용은 훨씬 높아진다. 할 수 없는 사람에게 할 수 있는 사람이 제공하는 가치가 월등하게 크기 때문이다.

오수림 고문이 오랫동안 몸담고 있는 진단 실험장비 기술영업 분야는 이 중 세 번째에 해당된다. 의사나 연구자가 스스로 어떤 장비가 유용하고 적합한지 판단할 수 없기 때문에 실험기기 전문가에게 선택을 요청하는 것이다. 따라서 기술영업의 핵심은 첨단 기술을 선점하는 것이다. 이를 위해 기술영업을 하는 사람들은 트렌드를 한 순간도 놓치지 않고 계속해서 파악해야 한다.

실험기기 제조업체들은 크게 미국 회사들과 유럽 회사들로 나뉘었는데 신기술을 개발하고 이를 상용화하는 노력은 길게는 2~3년, 짧게는 1년도 채 못 되어 신제품으로 시장에 등장한다. 그러면 십 년 넘게 시장을 독식했던 제품이 한 순간에 고철덩어리로 전락하기도 하고, 애지중지 아끼며 사용했던 장비가 갑자기 당장 내다버리고 싶은 애물단지가 되기도 한다.

따라서 몇 달만 기다렸다 신제품을 사면 좋을 시기에 효율성 떨어지는 종전 제품을 사게 되는 경우도 있고, 조금만 서두르면 반값으로 살 수 있는 기기를 시기를 놓쳐 비싼 가격으로 사게 되는 경우도 있다. 만약 고객에게 이런 일이 생기면 기술영업은 내가 못해서 남의 도움을 받는 경우가 아니라 다른 사람 시켜야 효율적인 일로, 심지어 하기 싫어서 다른 사람을 시켰다가 큰 낭패를 보는 일이 되어버린다.

업계의 움직임은 물론 기술연구의 흐름을 정확하게 파악하고 예측하는 일이 중요하다. 그런데 의약품 정도만 되어도 전문잡지나 학술대회 등을 통해 어느 정도 동향을 파악할 수 있지만, 실험기기 시장은 속 깊은 알짜 정보를 알 수 있는 방법이 별로 없다. 결국 따끈따끈한 최신 정보를 얻어내기 위해서는 장비를 공급하는 외국의 유통회사나 기기를 직접 만드는 제조회사 사람들과 빈번하게 접촉하고 활발하게 소통하는 수밖에 없다.

실험장비 기술은 어렵고 복잡해서 이해하기 힘들다. 게다가 회사 정책마다 약간씩 차이는 나지만 관련 정보를 완전히 공개하지도 않는다. 그도 그럴 것이 제조사나 해외 유통사들도 철저한 보안이 필요함은 물론, 완제품으로 출시되기 전까지는 충분한 설명이 힘들기 때문이다. 그런데 남들보다 한 발 앞서야 하는 기술영업자 입장에서는 제품안내서가 정식으로 나오기 전에 첨단기술 트렌드를 파악해야 한다. 주식하는 사람들이 종목에 관한 정보를 공시를 보고 안다면 이미 한참 늦은 것처럼, 기술영업자들이 제품안내서를 보고 신기술을 파악한다면 절대로 영업에 성공할 수 없다. 어떤 업체가 어떤 신기술 개발에 착수했는지, 그 제품이 언제쯤 출시될 것인지 미리미리 감지하고 예측해야 한다. 이에 따라 기술영업이라는 딱딱한 바위를 뚫기 위해서는 새로운 기술을 미리 파악하는 것, 나아가 트렌드를 간파해 변화의 방향을 한 발 앞서 예측해야 한다.

바이어에게서 최대한 많은 정보를 뽑아내라

첫 회사인 새한산업에서 신입사원 오수림은 한 선배를 만났다. 둘은 한 조를 이뤄 신바람 나게 진단의약품을 영업했다. 얼마 후 이 선배는 일찌감치 독립을 선언하며 회사를 설립했다. 이곳이 바로 오 고문이 오랫동안 근무하며 대리로 시작해 사장으로 퇴직한 ㈜ BMS라는 회사이다. 오 고문의 선배이자 이 회사의 CEO는 신기술을 파악하는데 동물적인 감각을 가진 사람이었다. 최첨단 아이템을 찾기 위해서는 밤낮을 가리지 않았고, 미국과 유럽의 구석구석을 누비고 다녔다. 바이어(buyer)의 작은 표현 하나로 신기술의 개발진척도를 알아냈고, 조그만 표정 변화를 통해 출시 예정일을 정확히 예측했다.

"가장 좋은 방법은 결국 외국 바이어를 해외로 나가서나 우리나라로 초청해서 빨리 만나는 것입니다. 전화나 이메일로도 어느 정도 파악은 할 수 있지만 여전히 한계가 많습니다."

이처럼 중요한 일이기 때문에 트렌드의 변화를 발 빠르게 파악하고 예측하는 일은 CEO나 오 고문이 담당했다. 회의나 세미나를 위해 바이어가 국내로 들어오는 경우가 생기면 그에게서 하나라도 더 정보를 뽑아내려고 노력했다. 쉬는 시간과 이동 시간은 물론 저녁을 먹은 후에도 최대한 더 많은 시간을 함께 하며 몇 마디라도 더 듣기 위해 최선을 다했다.

"기술영업의 성패는 새로운 기술이 적용된 기기와 장비를 빠르게 선점하는 것에 달려 있습니다. 지금 잘 나가는 이 제품으로 돈을 잘 벌고 있으니 조금만 더 재미를 보자 하는 안일한 마음이 약간이라도 생기면 새로움을 찾는 노력은 소홀해지기 마련이죠. 따라서 오늘의 히트 제품이 당장 내일이라도 덤핑 대상이 될 수 있다는 경계심을 한시도 늦춰서는 안 됩니다."

기술영업은 기술을 영업하는 것이다. 그런데 기술은 영원할 수 없으며 시시각각 변한다. 따라서 트렌드 변화를 미리 예측하고 신기술을 적용한 기기와 장비들을 선점하는 것이 기술영업의 핵심이다. 기술이 처음 선보일 때는 무주공산과 다름없으므로 무엇보다 깃발을 먼저 꽂는 것이 가장 중요하다는 것이다. 평소의 신뢰

관계와 탄탄한 기초지식을 바탕으로 깃발을 먼저 꽂을 준비를 하는 것. 이것이 바로 기술영업자가 반드시 지켜야 할 가장 중요한 한 가지 계명이다.

나의 전략은 프사인가

흔히 회사는 상급자를 통해 실무를 담당하고 있는 직원에게 전략 수립을 지시한다. 그러면 직원들은 머리를 쥐어 뜯어가며 쌈빡한 전략을 세운다. 그러나 그런 전략들은 보통 예산이나 인력, 시간이나 규정을 고려할 때 실행하기 힘든 것들이 대부분이다. 이런 전략은 잔뜩 '뽀샵 처리'된 프로필 사진이나 마찬가지다. 뽀샵질을 통해 실제 자신의 모습과는 엄청난 차이가 나는 '프사'처럼 현실과는 거리가 먼 보고용 전략일 뿐이다. 전폭적인 지원을 받아야 가능하지만, 받을 가능성이 없기에 컴퓨터 하드웨어 한 구석에 처박히는 신세가 될 게 분명한 전략은 자기 위로가 될 수는 있어도 성과로 이어질 순 없다. 그러면서도 직원은 이렇게 참신한 전략을 제대로 써먹지도 못하는 회사를 푸념한다.

　이처럼 대부분의 사람들은 진짜 전략이 아니라 보고용 전략을 세운다. 실행하기 힘든 전략이기 때문에 실행으로 이어지지 않고, 따라서 애써 세운 전략은 무용지물이 되어버리고 만다. 그러다 그나마 자신이 할 수 있는 범위 내에서 한두 개 정도를 새롭게 실행해보다 결국 이전과 똑같은 방식으로 일하게 되는 경우가 많다. 물론 회사가 좋은 전략을 실행할 수 있도록 과감히 지원하는 것이 바람직한 것임은 분명하다. 그러나 현실은 그렇지 않다. 모든 회사는 걱정이 많고 예산이 적다. 모든 상급자는 의심이 많고 조급하다.

따라서 전략은 무엇보다 실행할 수 있는 내용이어야 한다. 최상의 전략은 실행 가능한 전략이다. 전문가들은 모두 자신만의 전략을 실행할 수 있는 내용들로만 채우고 있다. 그중에서도 꼭 해야 하는 일은 반드시 실행하고, 하지 말아야 할 일들은 절대로 실행하지 않고 있다. 어떻게 하면 목표를 달성할 수 있을까 끝없이 고민하는 일, 목표를 이루기 위해 반드시 해야 할 것과 절대로 하지 말아야 할 것을 구분하는 일, 그리고 온갖 궁리를 통해 얻어낸 전략들 중에서 실행할 수 있는 것을 엄선하는 일이 숨은 고수들의 전략 수립 방법이다.

하지 않아도 되는 일을 열심히 하는 것만큼 어리석은 짓은 없다. 꼭 해야 할 일을 열심히 하지 않는 것만큼 미련한 일도 없다. 더불어 할 수 없는 일을 열심히 고민하는 것도 쓸데없는 짓이다. 할 수 있는 범위 안에서 하지 말아야 할 것과 해야 할 것을 구분하는 것이 전략의 기본이다. 올바른 전략은 목표로 가는 가장 좋은 지름길이기 때문이다.

에너지를 다 태운다

성실의 필요성은 아무리 강조해도 지나침이 없다. 성실은 태초부터 지금까지 변함없는 성공의 보증수표다. 그렇다고 실패의 모든 원인을 게으름에서 찾는 것은 무리겠지만 성공의 열매 속에는 확실히 가슴 뭉클한 성실이 알알이 담겨 있다.

물론 부지런하다고 무조건 좋은 것은 아니다. 하지 말아야 할 것을 성실하게 하면 피곤하기만 하지 효과는 없다. 나아가 디지털 시대에는 개미 같은 농업적 근면성보다 사자처럼 필요할 땐 온 힘을 다하고 그렇지 않을 땐 늘어지게 낮잠을 자듯 쉬는 편이 낫다는 주장도 있다. 어느 정도는 맞는 말이다. 일할 때 일에 집중하고 쉴 땐 일을 더 잘하기 위해서라도 잘 쉬어야 한다. 그러나 진정한 고수의 성실함은 그 수준을 뛰어넘는다. 진짜 실력자는 '무조건 열심히 하는 게 능사냐?' 하는 비웃음을 이겨내고, 반복의 고통과 지루함을 견뎌내며 만고불변의 덕목인 성실함을 이뤄낸다.

지금도 연주 실력이 향상되기 때문이죠

파블로 카잘스(Pablo Casals, 1876~1973)는 역사상 가장 위대한 최고의 첼리스트다. 음악 전문가들은 첼로가 매우 중요한 현악기 중 하나가 될 수 있었던 것은 카잘스의 공로라고 평가한다. 카잘스는 삶의 끝자락을 카리브 해의 섬나라 푸에르토리코에서 지냈는데 90세를 넘긴 이후에도 하루도 빠짐없이 7시간 이상 첼로를 연습했다.

"선생님은 모두가 인정하는 세계 최고의 첼리스트입니다. 이제 건강도 생각하셔야죠. 100세 가까운 고령이신데도 왜 그렇게 첼로 연습을 많이 하십니까?"

카잘스의 아흔 몇 번째 생일 파티가 열리고 있을 때 누군가 걱정 섞인 목소리로 물었다. 잠시 후 카잘스가 첼로의 C현 소리처럼 부드럽고 웅장한 목소리로 대답했다.

"왜냐하면 연습을 하면 지금도 나의 연주 실력이 조금씩 향상되기 때문이죠."

전문가들은 진력을 다해 성실을 실천해왔고 지금도 카잘스처럼 여전히 향상되는 자신의 실력에 주목하며 모두 다 탈 때까지 자신의 에너지를 연소하고 있다.

모르니까 실행하고, 실행하니까 성공한다

오수림 고문이 신입으로 입사한 후 3개월 수습을 막 끝냈을 때의 일이다. 당시 취급했던 제품 중엔 연구용으로 쓰이는 방사선동위원소가 있었다. 그의 선배는 방사선동위원소 시장이 확대될 것을 예측하여 이 제품을 전담할 인력을 요청했고 갓 입사한 오수림 사원은 그 역할을 담당하게 되었다. 그는 기초적인 제품 정보만 몇 가지 가르쳐준 후 신입사원에게 현장으로 나가라고 지시했다.

"동행을 해주긴 했지만 아무것도 모르는데 나가라고 하니까 난감했습니다. 그러나 그땐 회사도 영업도 '원래 이런 것인가 보다' 생각했습니다. 무식해서 용감했던 거죠. 특히 회사에서 취급하는 다른 아이템들이 대부분 독과점 수준이었던 것과는 달리 제가 전담하게 된 연구용 방사선동위원소는 당시 시장점유율이 10% 정도밖에 되지 않았습니다. 회사에서 그다지 큰 관심을 두지 않는 사장이었던 거죠."

사실 초기 시장이라 규모가 작긴 했지만 당시 방사선동위원소 중에서 시장의 80~90%를 석권하던 경쟁사 제품이 있었다. 챔피언 자리를 지키고 있는 막강 경쟁회사를 상대로 앳된 신인 같은 회사가 후발주자로 이제 막 시장에 뛰어든 참이었다. 그러나 오 신입은 가격과 기능, 특징과 장점 등 제품에 대해서만 알았지 이와 같은 시장 상황을 전혀 몰랐다. 따라서 자신이 영업하는 제품이 시장에서 차지하는 위치 역시 알지 못했다.

"지금도 그때 선배님께서 시장 상황에 대해서 의도적으로 이야기하지 않은 건지, 몰라서 못해준 것인지 잘 모릅니다. 그러나 어쨌든 그때 제가 만약 내가 팔아야 할 제품이 풋내기 신인가수이고 경쟁제품이 당대 최고의 인기 가수였던 걸 알았다면 자신감 있게 영업을 시작하지 못했을 것 같습니다."

그는 몰라서 용감했고 모르니까 실행했다. 본인이 소개하는 제품의 현주소에 대해, 시장에 대해, 경쟁제품에 대해 잘 모르니까 자사제품 영업을 과감하게 실행할 수 있었다. 그리고 실행하니까 성공할 수 있었다. 약 10%였던 점유율을 불과 1년 만에 80%로 만들었다. 톱스타와 연습생의 위치가 완전히 뒤바뀐 것이다. 게다가 전체 시장 자체가 확대된 점까지 감안하면 오 고문은 1년 동안 8배가 아니라 10배 이상 성장하는 놀라운 성과를 기록한 셈이었다.

모르는 게 능사는 아니지만 때로는 잘 모르는 상태로 내보내는 것도 실행력을 극대화하는 좋은 방법이 된다. 얼마나 중요한지 모르고 치르는 시험이 때로는 결과가 가져올 엄청난 파급효과를 알고 임할 때보다 좋은 성적을 내기도 한다. 어느 안전(案前)인지도 모르고 나선 젊은이가 대감의 사위가 되기도 한다. 많은 경우 실행은 그 자체만으로 실행하지 않은 것보다 아름답다. 안 하느니만 못한 실행보다는 하지 않은 것보다 나은 실행이 훨씬 많다.

선배 따라쟁이, 책 따라쟁이

"지금 생각해도 방사선동위원소를 영업하던 처음 2~3년 동안은 정말 재미있었습니다. 그때는 매일 일과보고를 해야 했는데 이른 아침부터 저녁 늦게까지 고객들을 만나러 다니다 밤늦게 사무실로 돌아온 후 보고서를 쓰는 데만도 한두 시간이 걸렸습니다. 만나는 사람도 판매한 제품도 워낙 많았기 때문입니다.

어느 날 일과보고 검사를 담당하시는 감사부장님이 저를 보더니 '요새는 자네 보고서 읽는 재미에 살아!' 하시더라고요. 제가 하루 종일 뛰어다닌 일들이 빼곡히 적힌 글이 그분에게는 흥미진진한 소설처럼 느껴졌던 것 같습니다."

사실 오 고문의 과감한 실행 안에는 감춰진 비결이 있었다. 물론 외부 환경도 좋았고 제품도 좋았으니까 일이 잘 되고, 일이 계속 잘 풀리니까 실행력도 커졌을 것이다. 유능한 선배를 만난 것이나 몰라서 용감한 자세도 실행력을 높이는 데 한몫했을 것이다. 그러나 이보다 더 중요한 실행력 비결이 있었는데 그것은 바로 '따라 하기'였다. 그는 맨 처음에는 자신에게 일을 가르쳐주는 사수를 무조건 따라했다. 매일 1시간씩 일찍 출근해서 제품을 공부하는 습관, 제품의 매뉴얼을 암기에 가까울 정도로 익히는 행동, 고객을 만나 얘기를 나누는 스타일 등 자신에게 일을 가르쳐주는 선배를 따라하는 것이 그의 실행 방식이었다.

"다함께 춤을 출 때 모르는 사람은 잘 추는 사람을 보면서 따라서 출 수밖에 없습니다. 저 역시 어떻게 하는지 모르니까 따라하는 수밖에 없었습니다. 형 따라 하는 동생처럼 무조건 선배를 따라 실행했습니다. 그러다보니 일에 대한 열정, 고객에 대한 정성, 동료와 선후배에 대한 예의, 성과에 대한 집요함…. 선배의 좋은 점이 보였습니다. 그걸 따라가기 위해 또 노력했고요.

물론 좋은 점만 있지는 않았을 겁니다. 그런데 당시 제 눈엔 진짜로 선배의 좋은 점만 보였습니다. 나쁜 점은 보지 못한 것이겠지만 아마 보려고 하지 않았던 것인지도 모르겠습니다."

시간이 조금 더 지난 후 선배 따라쟁이는 책 따라쟁이가 되었다. 어느 날 고속버스를 타고 지방 출장을 가던 그는 터미널 안의 작은 서점에서 책을 한 권 샀다. 일본의 유명한 세일즈맨이 쓴 책이었다. 지금도 그렇지만 1980~1990년대에는 특히 일본인 저자가 쓴 영업 관련 서적이 인기가 많았다. 흔들리는 버스 안에서 오고문은 책장을 넘겼다.

우연히 만난 할머니의 하소연을 꾹 참고 두세 시간 들어드렸더니 할머니가 몇 백만 원짜리 생활용품을 구입했다는 내용도 있었고, 라이벌 회사의 대리점에 가서 그 회사 점원들에게 자기네 제품을 판매했다는 얘기도 있었다. 그는 책의 내용에 따라 실행해보기로 했다.

"책에 나오는 내용들이 진짜인지 거짓말인지 확인해보고 싶었어요. 꾸며낸 이야기로 단정하지도 않았고 거꾸로 내용들 모두를 글자 그대로 맹신하지도 않았습니다. 대신 할 수 있는 일들을 직접 실행해보면 실제로 그렇게 되는지 안 되는지 직접 알 수 있을 거라 생각했습니다."

물론 그가 책에 적힌 모든 내용들을 따라서 실행한 것은 아니다. 그러나 책의 주인공인 전설의 세일즈맨처럼 사심 없이 상대방의 얘기를 오랜 시간동안 듣는 것도 따라 했고, 잠깐만 기다리라고 해놓고 소식이 없는 고객을 아무 재촉 없이 두세 시간씩 기다리는 것도 따라 했다. 그러자 결과가 나왔다. 책처럼 드라마틱하진 않았지만 들어 주기만으로 새로운 고객을 만들었고, 오랜 시간의 대기로 경쟁사 고객을 내 고객으로 만들기도 했다.

앞서 가는 사람들의 성공은 뚜렷한 발자취를 남긴다. 그러나 뒤따라오는 사람은 발자국을 의심한다. 더 빠르고 편한 길이 있을 거라 생각하며 다른 곳에 발을 딛는다. 물론 이미 성공하고 있는 남들과 언제나 똑같은 길을 가야 하는 것은 아니다. 그러나 나만의 길을 찾기 전에는 성공한 사람들의 길을 따라해 보는 것이 좋다. 운동을 배울 때도 처음부터 응용기술을 배우는 게 아니라 차근차근 기본기술에 충실해야 하듯 일도 어떻게 하는지 몰라서 실행하기 힘들다면 따라하면 된다. 어디로 가는지 몰라 우물쭈물 하고 있다면 앞 사람을 따라 가는 것이 현명하다.

선배를 따라 실행하고 책의 내용대로 실행해 온 오 고문은 오래 전부터 그 길과는 다른 길, 남들이 가지 않은 길을 따라서도 실행하고 있다. 지난 시절의 자신처럼 누군가가 자신의 방법대로 따라하더라도 부끄럽거나 허무하지 않길 바라며 자신만의 길로 걸어가고 있다.

실행력이 핵심이다

K 지점을 잡은 데 이어 최우수 점포로 도약한 지점을 이끌던 박상신 본부장은 삼성생명 동부사업단 인사과로 자리를 옮겼다. 거기서 그는 영업지점장과 내근직원들을 대상으로 하는 인사 업무를 담당했다. 2년 후 그가 다시 현장으로 복귀할 즈음 우리나라 보험업계에는 일대 지각변동이 일어난다. 바로 외국자본계 보험회사들의 약진과 종신보험의 출현이다.

국내에 진입한 이후 몇 년 동안 꾸준히 정중동(靜中動)의 자세로 치밀한 준비를 거듭한 외자 보험사들은 1990년대 말부터 본격적인 영업을 시작했다. 특히 보험 아줌마로 대표되는 국내회사와는 달리 세련된 슈트를 입은 채 노트북을 들고 다니며 종신보험을 세일즈 하는 외자 보험사들의 고학력 남성 FC들이 보험 영업의 트렌드를 새롭게 만들고 있었다. 바로 이런 변화의 소용돌이 속에 박 본부장은 본사 근무를 정중히 거절하고 다시 영업 최전방으로 보내줄 것을 요청하여 새롭게 구성된 남성 FC 시범점포 지점장이 되었다. 그의 영업 전문성과 변화에 대해 민감한 자세를 회사에서 높이 평가한 결과였다.

"그때 외환은행 대리로 있던 제 친구가 회사를 그만두고 한 외자보험사의 FC가 되어 저를 찾아왔습니다. 좋은 직장을 대표하는 은행을 걷어차고 보험을 팔겠다고 나선 것입니다. 얘기를 나누며 친구의 자부심 가득한 자세에 깜짝 놀라는 한편 쓸쓸한 마음이 들었습니다. 오랫동안 보험회사에 다니고 있었지만 저에겐 그 정도의 자부심은 없었거든요."

몇 년 후 사장의 삼고초려에 감복하여 신한생명으로 이적한 후에도 박 본부장은 본사 직속 남성 FC 조직의 관리과장을 맡았다. 외자 보험사에 대항하는 국내 생명보험회사들의 움직임이 활발해지면서 남성 FC 조직 활성화라는 특명을 받았던 것이다. 그는 두 회사에서 남성 FC들과 호흡을 맞춰가는 동안 여성 FC들과 비교할 때 과연 어떤 점이 남성 FC들의 강점일까 고민했다. 그리고 남성 FC들만이 가진 핵심역량은 바로 월등한 실행력이라는 사실을 깨닫는다.

강한 실행력을 만드는 세 가지 감

그렇다면 실행력은 어디서 나오는 걸까? 실행력이 강해지려면 어떤 요소들이 필요할까? 그는 실행력을 위해 필요한 세 가지 요소로 자신감, 긴장감, 현장감을 꼽는다. 첫째 자신감이다. 자신감이 있어야 들이댈 수 있다. 자신감이 있어야 액션이 이뤄진다. 자신감이 충만해야 연애를 할 때도 대시(dash)할 수 있고 농구 경기에서도 슛을 던질 수 있다. 그러나 자신감이 떨어지면 쓸데없는 생각이 많아지고 엉덩이가 무거워진다. 이에 따라 실행은 점점 멀어진다.

특히 거절과 오해를 자주 받게 되는 보험에서는 자신감이 더욱 중요하다. 자신감이 부족한 사람은 해보지도 않고 '이 사람은 이래서 안 되고 저 사람은 저래서 안 된다'고 하면서 가뜩이나 많지도 않은 가망고객 수를 스스로 줄인다. 그러면서 나갈만한 곳이 없고 만날만한 사람이 없다며 한숨 쉰다. 모두 자신감이 부족해서다.

박 본부장은 외환은행 출신 친구 FC가 갖고 있던 충만한 자신감을 지금도 또렷이 기억한다. 또한 함께 일하는 FC들이 무엇보다 하늘을 찌를 듯한 자신감을 기르고 유지할 수 있도록 최선을 다하고 있다. 자신감이 있어야 움직일 수 있고 움직여야 막힌 일이 뚫리기 때문이다.

둘째 긴장감이다. 사실 긴장감은 자신감과 수시로 부딪히는 성격을 갖고 있다. 자신감을 북돋워주기 위해 아이에게 칭찬과 격려를 많이 하면 긴장감이 줄어드는 부작용이 생긴다. 거꾸로 긴장감을 갖도록 질책과 통제를 하면 주눅이 들어버린다. 애들만 그러는 것이 아니다. 누구나 마찬가지다. 초조하고 불안해서는 안 되겠지만 실행을 위해 적당한 긴장감은 반드시 필요하다. 운동과 똑같다. 너무 느슨해지거나 여유를 부리면 이기던 경기도 언제든지 뒤집힐 수 있다.

박 본부장은 본인 스스로는 물론 사업 파트너인 FC들이 적절한 긴장감을 유지할 수 있도록 코칭한다. 목표를 부여한 후 달성을 독려하고, 책임의식과 열정을 지속적으로 자극한다. 실수에 대해서는 어물쩍 넘어가지 않으며 함께 고민하며 앞으로 어떻게 할 것인지에 대한 해법을 받아낸다. 미팅은 물론 전화와 문자 메시지를 통해 해야 하는 이유를 의식적으로 반복 재생한다. 적절한 상태로 긴장의 끈을 계속 놓지 않도록 하는 것이다.

"자신감과 긴장감의 균형을 유지하는 일이 가장 힘들다고 생각합니다. 까딱하면 자신감이 지나쳐 푹 늘어질 수 있고, 긴장감이 많아져 바짝 졸아버릴 수 있기 때문입니다. 방법은 관찰밖에 없습니다. 지금 내 상태가 어떤지, 상대방의 모습이 어떤지 틈틈이 확인하여 밸런스를 맞춰야 합니다. 운전을 할 때 직진으로 가더라도 자동차 핸들을 좌우로 조금씩 움직이듯 말입니다."

박 본부장이 말하는 실행력을 위한 세 번째 요소는 현장감이다. 신한생명에서 남성 FC 조직을 관리하게 된 그는 자청해서 FTP(First Training Program)라는 신입입문교육을 이수했다. 본인이 직접 이수 자들을 유능한 FC로 변화시키는 프로그램을 체험하고 싶기도 했고, 도대체 무엇이 외자계 남성 FC들을 당당하게 만드는지 파헤치고 싶었기 때문이다. 한 달 동안 지속된 '7시 출근, 23시 퇴근'의 고된 훈련을 마친 뒤 그는 사장을 찾아가 의미심장한 요청을 한다.

"저 영업하겠습니다. 현장에서 2년간 영업을 하고 SM(Sales Manager)도 2년 정도 한 다음 다시 지점장 하겠습니다."

그는 그때까지 10년 이상 보험을 해왔지만 진짜 영업을 해본 적이 없었다. 지점장으로서 영업 관리와 지원을 한 것이고, 인사과 대리와 관리과장으로서 영업을 지원한 것이지 스스로 고객을 만나 상품을 권유하고 계약을 체결하는 일은 한 번도 한 적이 없었다. 그는 본인이 마치 공사 현장에 나가보지도 않고 노가다(막노동)가 어떻다, 함바(현장식당)가 어떻다 하고 있었다는 생각이 들었다.

'현장 경험 없이도 관리를 할 수는 있다. 그러나 잘할 수는 없다. 아니 잘하더라도 그건 기교의 결과일 뿐 진심의 성과는 아니다.'

생각이 여기까지 미치자 박 본부장은 지금까지 현장을 전혀 모르는 자신을 따라준 이전 회사의 여성 FC들과 지금 회사의 남성 FC들에게 미안한 기분을 넘어 죄를 지었다는 심정을 느꼈다. 또한 앞으로 몇 년 하고 말 보험이 아니기에 체험을 통해 현장을 제대로 아는 것이 무엇보다 중요하다고 생각했다. 경영진의 결정으로 진짜 영업을 해보겠다는 뜻을 이루진 못했지만 그는 총탄이 빗발치는 현장에 나가 진짜 영업을 체험하기 위해 많은 노력을 기울였다. 지점장(Branch Manager)이었지만 SM처럼 현장을 누비며 고객을 만났고, FC들과 동일한 처지로 영업을 지원했다. 그렇게 익힌 현장감은 이후 빛을 발했다. 자신만의 영업 방식과 조직 운영을 실행할 수 있는 힘을 얻었기 때문이다.

일이 실제로 일어나는 곳이 현장이다. 건설회사에서는 공사가 벌어지는 곳이 현장이다. 트럭이 먼지를 일으키며 움직이고, 레미콘이 굉음을 내며 달리고, 인부들이 정신없이 움직이는 곳이 현장이다. 이렇게 말할 때 현장과 대비되는 말은 사무실이다. 정돈된 실내 환경, 말쑥한 옷을 입은 화이트컬러들이 연상되는 곳 말이다. 현장을 이야기할 때 많이 사용되는 '우문현답' 이라는 말이 있다. 어리석은 물음에 현명하게 답한다는 본래 뜻이 아니라 '우리들의 문제는 현장에 답이 있다' 는 뜻이다. 이 말은 일을 하면서 일어난 문제를 해결할 수 있는 열쇠는 항상 사무실이 아니라 현장에 있다는 뜻이다.

물론 공장과 매장만 현장이고, 사무실은 절대로 현장이 될 수 없는 것은 아니다. 일이 실제로 일어나는 곳이 현장이기 때문에 그 일은 사무실에서 일어날 수도 있다. 중요한 것은 장소가 어디냐가 아니다. 실행력을 위해 현장감이 반드시 필요한 이유는 현장과 현장이 아닌 곳의 괴리가 발생할 때 현장을 모르고 현장감이 없는 사람은 고객에게 올바른 해법을 제공하기 힘들기 때문이다. 해법을 알아야 실행할 수 있다. 먼저 온 사람들이 한창 김장을 담그고 있는데 뒤늦게 도착하면 어디서부터 어떻게 해야 할지 몰라 꿔다놓은 보리자루처럼 실행을 주저하게 된다. 일이 일어나고 있는 현장을 모르기 때문이다. 이처럼 자신감과 긴장감의 균형에 현장감이 더해져야 비로소 실행력이라는 강력한 무기를 갖출 수 있다.

한번 해보입시더

행함이 없는 믿음은 죽은 믿음이다. 신약성경에 나오는 한 구절이다. 절대자에 대한 믿음을 행동으로 실천할 때, 그때서야 믿음의 의미가 살아난다는 뜻이다. 마찬가지로 실행이 없는 전략 역시 죽은 전략이다. 열심히 만들어 보고만 하고 마는 전략은 시체다. 밤을 새워 만든 전략은 놔두고 다른 방법으로 실행하는 사람에게 전략은 컴퓨터 파일에 불과하다. 실행이 될 때 전략은 비로소 살아 있는 생명체가 된다.

"한번 해보입시더!"

전설의 투수 고 최동원 선수의 말이다. 1984년, 져주기 논란 끝에 롯데자이언츠는 한국시리즈에서 강호 삼성라이온즈를 만난다. 롯데 감독은 시리즈를 앞두고 1, 3, 5, 7차전에 최동원을 투입해 4승 3패로 우승을 차지하겠다고 말한다. 당시나 지금이나 말도 되지 않는 얘기였다. 그러나 감독의 요구에 대해 최동원은 한번 해보겠다고 대답했다.

엄청난 무리였고 선수생활을 마감할 수도 있는 위험한 도박이었지만, 이길 수 있는 방법이 그것뿐임을 알고 있었기에 그는 기꺼이 받아들였다. 그리고 혼을 다해 마운드에 올라 어깨가 부서져라 공을 던졌다. 그 실행을 통해 마침내 5경기 등판, 40이닝 투구, 4승이란 전무후무한 대기록으로 한국시리즈 우승을 이뤄냈다. 우승이라는 목표를 위해 선택의 여지가 없는 전략을 모든 것을 태우는 완전연소로 실행한 것이다.

실행이 없는 전략으로는 목표를 이룰 수 없다. 최적의 경로를 알더라도 발을 내딛지 않으면 한 걸음도 움직일 수 없고, 움직이지 않으면 일이란 터널을 단 1cm도 팔 수 없다. 까짓 거 한번 해보는 실행은 언제나 통하는 성공의 공식이다.

PARTY

목표를 좇아 즐겁게 추격하며 활기를 뿜어낸다

- 도전적인 목표를 구체적으로 설정해 스스로 변화의 에너지를 만든다

- 반드시 해야 할 일과 절대로 하지 말아야 할 일을 중심으로 전략을 수립한다

- 하지 않았다는 후회보다 해본 뒤의 후회가 낫다는 신념으로 반드시 실행한다

RESOLUTION

해답을 찾는다

기본적인 규칙도 모르는 사람에게 골프는 지루함 그 자체다. 그러나 몇 가지 중요한 규칙들을 대략 알게 되면 어느 정도 골프 경기를 즐길 수 있게 된다. 그렇다고 해도 완전히 몰입할 수는 없다. 세부적인 규칙과 작전을 알아야 골프의 재미가 보이고, 대회와 선수들의 특징까지 알아야 도끼 자루 썩는 줄 모르고 골프 경기를 시청할 수 있다. 똑같은 골프를 보더라도 많이 아는 사람은 많이 아는 만큼, 조금 아는 사람은 조금 아는 만큼 각자 자신이 알고 있는 범위 안에서 이해하고 생각한다.

이런 걸 두고 '아는 만큼 보인다'고 말한다. 얼마나 알고 있느냐가 어디까지 볼 수 있는지 결정한다. 답답한 업무 체증을 뚫어내는 일에도 아는 만큼 보인다는 명제가 그대로 작동된다. 누구나 자신이 아는 범위 안에서만 현상을 관찰할 수 있고 방법을 찾아낼 수 있기 때문이다.

사람들은 누구나 자신이 알고 있는 범위 내에서 해법을 찾는다. 그런데 그 범위 안에 해법이 있으면 다행이지만 그렇지 못한 대부분의 경우 해법을 찾으려면 더 많이 알아가는 노력을 열심히 해야 한다. 운동을 배우기 시작할 때는 플래토우(plateau, 고원 현상)가 나타나 가파르던 성장 곡선이 둔화된다. 이 플래토우를 이겨내려면 그 전과는 비교할 수 없는 노력이 필요하다. 이후에도 운동선수들은 시시때때로 슬럼프를 앓게 된다. 슬럼프를 빠져 나오는 방법도 자신이 알고 있는 범위, 자신이 할 줄 아는 한계를 넘어서기 위해 노력하는 것뿐이다.

스포츠만이 아니다. 학생들에게도 플래토우가 있고, 주부들에게도 슬럼프가 있다. 직장인 역시 대리 1년 차 정도 되면 심한 플래토우에 빠져 허우적대는 경우가 많고, 팀장이나 임원일지라도 슬럼프에 대한 경계를 게을리 해서는 안 된다. 어떤 경우든 아는 범위를 넓히고 할 수 있는 영역을 확대하는 것이 난관을 극복하는 유용한 방법이다.

전문가들은 모두 초기의 순조로운 발전 뒤에 이어지는 플래토우라는 정체기를 이겨냈다. 또한 이후부터 지금까지도 드문드문 불현듯 찾아오는 슬럼프를 극복하고 있다. 인식의 범위를 넓히고, 지혜의 수준을 높여가며 알고 있는 수준 너머에 있는 해법을 찾기 위해 지금도 노력하고 있다. 해법을 찾기 위한 노력은 상대방인 고객이 누구인지를 알아내는 노력, 고객에게 전달하는 상품을 파헤치는 노력, 그리고 이를 종합해 고객에게 상품을 '어떻게' 제공할 것인가 하는 방법을 강구하는 노력으로 이어지고 있다.

고객에 대해서는 고객의 본질과 특성에 대한 이론이나 고객을 어떻게 대해야 한다는 덕목 수준을 뛰어넘어 고객에 대한 자신만의 철학을 바탕으로 고객 한 사람 한 사람의 특징을 찾아내는 세련된 비법을 갖고 있었다. 상품에 대해서는 남들보다 조금 더 아는 수준이 아니라 다른 사람은 도무지 모를 만한 작은 차이까지 파악하고 있었다. 또한 일이 흘러가는 프로세스에 대해서도 어디가 문제이고 성공의 관건이 무엇인지 꿰뚫고 있었다. 나아가 수많은 상품의 다양한 특징들을 압축하고 요약하여 복잡함을 간결함으로 바꾸는 지혜를 갖추고 있었다. 요컨대 뚫기 전문가들은 모두 고객이 누구이고 상품이 무엇인지에 대한 가까이 다가서기 힘든 내공을 바탕으로, 시원한 성과를 내기 위한 세 번째 비결인 해법을 빠르고 정확하게 찾아내고 있었다.

상대로부터 실마리를 푼다

독일의 언론인 올리버 예게스(Oliver Jeges)가 쓴 《결정장애 세대(Generation Maybe)》라는 책이 있다. 이 책에서 저자는 더 많은 복지를 요구하면서도 그 어느 때보다 극심한 존재의 위기를 경험하고 있는 1990년대 이후에 출생한 젊은이들을 '메이비(maybe) 세대'

라고 지칭한다.

차를 살 때는 누구나 '메이비 세대'가 된다

이전 어떤 시대보다도 폭넓은 선택을 할 수 있고 무한한 기회를
갖고 있는 것처럼 보이지만 정작 이 세대는 무엇을 어떻게 해야
할지 알지 못하고 결정하지 못한다. 자기 결정권을 스스로 포기한
채 '글쎄요, 당신이 원하는 걸 저도 원하겠습니다. 무언가를 시켜
주시면 그대로 하겠습니다'는 생각에서 쉽게 벗어나지 못한다.
그래서 자신의 감정과 의견을 표현할 때도 '아마(maybe) 그럴 것
같아요' 하고 말한다.

최정식 본부장은 차를 구입해야 하는 상황이 되면 사람들은 누
구나 결정 장애를 겪게 된다고 말한다. 정도의 차이는 있지만 자동
차 전시장에 들어서면 모든 사람들이 메이비 세대가 된다는 이야
기다. 누구나 자동차라는 고가의 상품, 그것도 수입 자동차라는 매
우 비싼 가격의 상품을 구매할 때는 심각한 결정 장애에 빠진다.

"결정 장애에 빠진 사람은 빠르고 정확하게 결정할 수 있도록
돕는 손길을 간절히 원합니다. 그 역할을 잘하면 고객은 계약서에
자연스럽게 웃으며 사인을 합니다."

최 본부장은 이와 같은 고객의 결정 장애 성향을 바탕으로 일반적인 해법을 정리해두었다. 예컨대 부부나 연인처럼 남녀가 함께 전시장을 방문하는 경우에는 보통 두 사람 모두 갖고 있는 결정 장애를 핑퐁 치듯 서로 주고받는다. 상대방도 잘 모르는데 자신이 헷갈린다고 자꾸 결정권을 양보하는 것이다. 이럴 때 그는 돈을 누가 내든 남성이 아닌 여성에게 초점을 맞춰 안내한다. 여성이 좋아하면 남성이 빠르게 결단을 내리기 때문이다.

또한 그는 고객 한 사람 한 사람의 개별적 특징을 파악하기 위해 노력한다. 탄탄한 총론을 기반으로 하되 사람마다 제각각인 특성에 따라 각론을 구체적으로 파내는 것이다. 이를 위해 그는 주로 자동차에 관해 질문하는 고객에게 자동차 생활을 되묻는다. 어떤 자동차가 좋은지에 대한 질문에 대해 어떤 자동차 생활을 원하는지 물으며 자동차를 통해 이런 생활을 누리라고 제안하는 것이다.

자동차를 사려는 사람들은 보통 한 가지 브랜드의 두세 개 모델을 의중에 품고 상담을 시작한다. 예를 들어 벤츠 중에서 A모델과 B모델 중 무엇이 좋은지 묻는다. 또는 생각하고 있는 가격대에서 좋은 자동차가 무엇인지, 아니면 세단이나 SUV 중 어느 게 나은지 질문한다. 이처럼 자동차를 통해 누리고 싶은 생활이 아니라 자동차 자체를 묻는 것이다.

Maybe를 '단언컨대'로 만드는 방법

그러면 그는 자동차보다 자동차 생활을 고민하도록 만드는 질문을 차근차근 던진다. 주로 어떤 상황에서 어떤 용도로 자동차를 쓰는지, 차를 타게 되는 사람들은 보통 몇 명이고 어떤 특징들이 있는지 등은 물론 주차공간이 넉넉한지 협소한지, 지금 타고 있는 자동차는 어떻게 할 것인지 등에 대해 구체적으로 이야기를 나눈다. 그 다음에야 적합한 차종을 소개한다. 이렇게 되면 고객은 사고자 하는 차량을 80~90%까지 결정할 수 있게 된다.

이후에는 적합한 구입 방법과 구입 시기를 함께 안내한다. 이때 역시 스멀스멀 되살아나는 결정 장애를 제압하기 위해 고객이 하고 싶어 하는 것들을 요약해서 정리한 후 그중에서 하면 안 될 일과 꼭 해야 할 선택을 구분하여 안내한다.

"요즘은 구입방법도 매우 다양합니다. 크게는 구매, 렌트, 리스로 구분되지만 이런 것들을 복잡하게 엮은 방법도 많고 한 가지 방법 안에도 수많은 종류들이 있습니다. 게다가 같은 차를 같은 방법으로 구매해도 시기에 따라 이득을 볼 수도 있고 손해를 볼 수도 있습니다. 경쟁이 치열해지면서 매우 많은 프로모션들이 이뤄지고 있는데 이를 어떻게 이용하느냐에 따라 적지 않게 차이가 나기 때문입니다."

이런 과정들을 통해 자꾸 망설이고 서성대던 그의 '메이비 고객'은 '바로 이 차야!' 하는 '단언컨대 고객'으로 바뀐다. 수많은 자동차의 종류와 구입방법들을 고객이 다 알 수도 없고 알아야 필요도 없다. 언제 구입하느냐에 따라 달라지는 혜택 역시 마찬가지다. 그건 딜러가 안내해야 할 일이자 고객에게 전문가가 필요한 이유다. 또한 상대방으로부터 실마리를 풀어내 고객의 필요를 정리하여 가장 좋은 해법을 제시하는 지름길이다.

알아야 알아서 잘해줄 수 있다

최 본부장은 고액 자산가나 자영업자보다는 기업체 CEO나 전문직 종사자처럼 조직을 이끌고 있는 리더에게 강하다. 일부러 의도한 것은 아니지만 그의 고객 중에 큰 유산을 상속 받은 부동산 부자는 거의 없다. 간혹 음식점이나 미용실을 크게 운영하는 고객들도 있는데 이들 역시 대기업이나 공공기관에서 적지 않게 경력을 쌓은 후 창업에 성공한 사람들이다. 즉, 조직이 무엇이고 조직생활이 어떤 건지 아는 사람들이 그의 주요 고객이다.

"저는 의사결정이 빠른 분들에게 강한 것 같습니다. 빠르게 결단하는 자신의 패턴에 맞도록 도와드리기 때문입니다."

리더들은 항상 바쁘고 분주하다. 리더의 책상엔 늘 할 일이 태산처럼 쌓여있다. 리더는 언제나 수많은 일들을 신경 써야 한다. 이런 와중에 차를 사야 하기 때문에 리더들은 차를 자세히 알아볼 시간이 없다. 그러나 리더 역시 결정 장애에서 완전히 벗어나지는 못한다. 따라서 리더에게는 무엇보다 알아서 잘해줄 수 있는 사람이 필요하다. 문제는 알아야 알아서 잘해줄 수 있다는 점이다. 고객을 알아야 고객이 신경 쓰지 않도록 알아서 잘해줄 수 있다. 그런데 고객은 자신을 알 수 있는 정보를 많이 주지도 않는다. 그러면서 알아서 잘해줄 것을 재촉한다. 이 지독한 역설을 극복하는 최 본부장의 방법은 'Yes or No' 기법이다.

질문에 대해 '예'나 '아니요'로만 답변하면 의사 결정을 위한 핵심사항을 빠르고 바르게 정리할 수 있도록 돕는 방법이다. 이 방법은 흔히 심리 테스트나 병원 문진표에서 쉽게 접할 수 있으며 질문과 응답이 연쇄적으로 이뤄지면서 신속하게 결론에 도달할 수 있다는 장점이 있다.

"내가 고객들이 이끌고 있는 조직의 일원이 되어 상사인 고객에게 결재를 받는다는 마음가짐으로 상담을 합니다. 결재를 해야 하는 상사들은 항상 핵심을 묻습니다. '그래서 잘 될 것 같아? 이 정도 예산이면 되겠어? 가장 중요한 기준이 뭐야?' 등등… 그런 질문들에는 간단하게 예 또는 아니요 중 하나로 답하는 게 좋습니다. 그래야 핵심에서 벗어나지 않으면서도 상대방의 빠른 결정을 이끌어낼 수 있기 때문입니다."

그의 'Yes or No' 기법을 위한 질문들은 100개가 넘는다. 차종이나 가격 같은 큼직큼직한 내용은 물론 타이어나 엔진 오일, 심지어 선팅 농도까지 포함되어 있다. 깨지지 않고 결재를 받아내려면 상사에게 나올 법한 질문은 모조리 꿰차고 있어야 하기 때문이다. 그는 이 방법을 시작한 지 10년이 지난 지금까지도 'Yes or No' 질문리스트를 계속해서 업데이트하고 있다. 이 방법은 고객의 빠른 속도에 맞출 수 있음은 물론 상대방을 알아냄으로써 알아서 잘해줄 수 있는 좋은 방법이다.

고객은 키다리 아저씨

'우리는 고객은 생명의 은인이라는 정신을 바탕으로 항상 고객 중심으로 생각하고 행동한다.'

오수림 고문이 20대 부터 지금까지 몸담고 있는 회사의 사명서 첫 번째 문장이다. 매출 1억 미만의 회사가 5년 만에 30억으로 커진 후에도 계속 성장을 지속해 매출이 70억 정도 되었을 무렵, 모든 임직원들은 워크숍을 통해 회사의 사명서를 함께 만들었다. 이를 통해 양적 성장을 위주로 커온 회사를 내실 있게 키우고자 함이었다. '손님은 왕'이란 말은 여러 번 듣고 봐왔지만 고객을 생명의 은인이라고 표현하는 문구는 처음 접했다. 매우 중요한 사람이라는 표현이 여럿 있을 텐데 그중에 왜 하필 생명의 은인이라고 정했는지 궁금했다.

"우선 생명이라는 단어 자체가 저희 사업과 매우 관련 깊기도 했고 생명 연장을 위한 연구를 주업으로 하는 고객을 은유적으로 표현하는 방법이기도 했습니다. 무엇보다 구멍가게 같던 회사가 반듯한 조직이 되기까지는 고객이 불어넣어준 힘 덕분이란 생각이 들었습니다. 이런 생각들을 모아서 고객은 생명의 은인이라는 표현이 나왔던 것 같아요."

덧붙여 그는 생명의 은인에 대해 알고 싶어 하는 본능을 강조했다. 길을 가다 사고를 당해 죽을 뻔했는데 지나가던 누군가가 나를 살려줬다면 그 사람이 대체 어떤 분인지 알고 싶은 것은 사람의 본능이라는 것이다. 생명의 은인이 누구이기에 나를 살려줬는지 궁금하고, 또 생명의 은인에게 무엇인가 보답을 하고 싶어지는 것처럼 고객을 생명의 은인으로 대하면 저절로 고객을 진심으로 존중하게 된다는 설명이었다.

이 이야기를 들으며 고전소설 《키다리 아저씨(Daddy Long Legs)》를 떠올렸다. 고아인 주인공 주디를 계속해서 후원해주는 익명의 후원자 키다리 아저씨는 후원자인 자신이 누구인지 알고 싶어 하는 주디에게 절대로 정체를 드러내지 않는다. 주디는 힘들 때마다 키다리 아저씨에게 편지를 보내 용기를 얻으며 그리움을 키우지만, 키다리 아저씨는 대학을 졸업하는 순간까지 그녀 앞에 한 번도 나타나지 않는다. 시간이 흘러 대학을 졸업한 후 소설가로 데뷔한 주디에게 키다리 아저씨가 큰 병에 걸렸다는 편지가 배달된다. 마침내 꿈에 그리던 만남을 이룬 주디는 키다리 아저씨가 바로 대학생활 내내 곁에서 자신을 도왔던, 사랑을 고백 받았으나 자신이 거절했던 선배임을 알게 된다.

오 고문에게 고객은 생명의 은인이자 키다리 아저씨이다. 그래서 고객에게 진심으로 고마워하고, 고객을 그리워하며, 고객을 궁금해 한다. 또한 고객이 무엇을 원할까, 어떤 기분일까, 무엇이 필요할까 쉼 없이 고민한다. 그리고 키다리 아저씨를 위해 모든 정성을 다한다.

"고객이 생명의 은인이라면 바쁜데 전화했다고 설렁설렁 대답할 수는 없습니다. 고객이 키다리 아저씨라면 결코 돈 안 되는 일을 물어도 짜증을 내지 않을 것입니다. 말이나 글만이 아니라 먼저 마음으로 고객에 대한 감사와 존경의 마음을 품는 일은 고객을 어떻게 만족시켜 드릴 것인지 깨달을 수 있는 밑바탕이 된다고 생각합니다."

상대방의 마음을 알아야 성과를 만든다

박상신 본부장은 보험 비즈니스에 성공하기 위해서는 고객 중에서도 VIP 고객에 대한 이해가 필요하다고 강조한다. 이를 통해 고소득자와 고액 자산가 시장을 공략해야 탁월한 성과를 낼 수 있기 때문이다.

"FC의 활동량을 좌우하는 변수는 크게 두 가지입니다. 하나는 계약건수고 다른 하나는 계약금액이죠. 건수와 금액으로 결정되는 활동량에 열정을 곱해 나오는 숫자가 FC의 소득입니다. 그런데 일정 수준 이상이 되면 이 중 계약건수는 엇비슷해집니다. 시간과 에너지의 한계가 있기 때문에 얼마나 많은 계약을 넣는가는 큰 차이가 날 수 없습니다. 똑같은 열정에 똑같은 활동량을 투자한다면 시장이 좋아야 합니다. 결국 시장이 계약금액의 크기를 만들기 때문입니다.

따라서 계약금액이 핵심입니다. 연소득이 5,000만 원이냐, 1억이냐, 2억이냐, 10억이냐 차이는 결국 계약건수가 아니라 계약의 내용이 되는 금액에서 판가름 납니다. 그래서 보험을 하는 사람이라면 누구나 VIP를 대상으로 하는 부자 마케팅을 하고 싶어 합니다."

이처럼 대부분 부자 마케팅을 하고 싶어 하지만 가장 어려운 것이 또 부자 마케팅이다. 다른 보험 상품은 어느 정도 시장이 형성되어 나온다고 볼 수 있지만 부자 마케팅은 시장 자체를 만들어가야 한다. 또한 부자 시장은 판매 채널이 없으면 끝이다. 다른 시장에 비해 접근할 수 있는 방법이 극히 제한적이기 때문이다. 박 본부장은 부자 시장의 접근을 위해서 무언가 새로운 방법이 필요한 것은 분명하지만 부자라고 해서 남들과 전혀 다른 특징을 갖고 있지는 않다고 이야기한다. 대신 부자들에 대한 오해, 부자 마케팅에 대한 착각을 극복하는 것이 급선무라고 강조한다.

"사실 부자 마케팅의 진짜 고수는 저희 회사 곽근호 회장님입니다. 곽 회장님으로부터 많은 것을 배우고 있습니다. 이 분도 항상 강조하시는 건데 부자 마케팅에서 가장 중요한 것은 부자들의 마음을 알아내는 일입니다. 많은 사람들이 부자들은 까다롭고 콧대가 높다고 생각하는데 절대 그렇지 않습니다. 제가 생각하는 부자들의 가장 큰 특징은 간절함과 집요함입니다. 더 얻으려는 간절함, 더 모으려는 집요함이 부자들의 공통된 특성입니다."

이와 같은 이해를 바탕으로 박 본부장이 정립한 부자 공략법의 핵심은 이열치열(以熱治熱) 전략이다. 부자들을 대할 때는 부자들보다 더 간절하고 더 집요하게 파고드는 것이다. 부자들의 열정을

FC의 더 뜨거운 열정으로 맞받아치는 것이다. 그래야 부자들은 상대방과 자신이 통할 수 있다고 생각하고 상대방으로부터 무엇인가 얻을 만한 것이 있다고 기대하며 마음을 열기 시작한다. 그는 또한 열정으로 열정을 압도하는 이열치열 전략에 성공하기 위해서는 부자 영업에 대한 고정관념을 극복해야 한다고 힘주어 말한다.

"영업을 위해 부자들에게 좋은 것을 사다 주는 경우가 있는데 별로 효과가 없는 방법입니다. 그걸로 열정을 압도할 수는 없으니까요. 간이나 쓸개를 다 빼줄 듯 지나치게 겸손한 행동도 좋지 않습니다. 부자 고객은 그런 행동들을 자신의 간절하고 집요한 열정을 인정하는 진정성 있는 모습으로 받아들이지 않기 때문입니다.

열정에는 열정으로 승부해야 합니다. 동시에 자산을 쌓은 부자들의 노력을 진심으로 인정해줄 필요가 있습니다. 어떤 방법이든 자산을 모았다는 것만으로도 어려운 일을 해낸 것은 분명하니까요. 앞에선 못하면서 뒤에서는 자신을 흉보는 분위기를 부자들 역시 잘 알고 있습니다. 따라서 힘겨운 과정을 이겨낸 노고를 조금만 인정해주면 부자들은 어느새 마음을 열기 시작합니다.

영업의 대가(代價)에 대한 인정 역시 부자들이 더 정확하고 후합니다. 이런 것들이 잘 어우러지면 도리어 안 되는 방법만 고집하는 고객보다 겉으론 까다로워 보이지만 실상은 그렇지 않은 부자 마케팅이 더 쉬울 수 있습니다."

고객을 알아야 해법을 알 수 있다. 자산가든, 샐러리맨이든, 주부든, 여드름 난 중학생이든, 백발의 할머니든 고객의 특성과 마음을 알아야 한다. 그래야 알아서 잘해주기 원하는 고객에게 적합한 해법을 제시할 수 있다. 그리고 이와 같은 고객을 탐색하고 해법을 찾아내는 모든 과정에는 항상 고객을 '생명의 은인' 처럼 여기는 진심을 바탕에 가득 채워 넣어야 한다.

상품을 잘근잘근 씹어 삼킨다

사주는 사람인 고객으로부터 실마리를 풀어냈다면 그 다음은 팔고자 하는 상품을 철저하게 자기 것으로 만들어야 한다. 직종이 무엇이든 상관없이 자신이 다루고 있는 아이템들을 완벽하게 소화해내지 못하면 결코 그 분야에서 일가를 이룰 수 없다.

가족들과 가끔 실내 물놀이장을 가곤 한다. 그곳에 갈 때마다 아이들이 사달라고 조르는 간식이 하나 있는데 바로 터키 아이스크림이다. 쫀득쫀득한 식감과 달콤한 맛도 일품이지만, 아이들을 더욱 매료시키는 건 아이스크림을 파는 터키인 아저씨의 동작과 표정이다. 터키 전통 복장을 입고 있는 이 사람은 기다란 주걱과 아이스크림과 컵 모양 과자를 능숙한 몸짓으로 올렸다 내렸다 반복한다. 마지막에 아이스크림을 건네 줄 때는 바닥으로 떨어뜨릴 것처럼 아찔한 광경을 만들어 어린이들에게 설렘과 놀라움을 함께 선사한다.

자신이 파는 아이스크림과 한 몸처럼 움직이며 꼬마 고객들에게 물놀이보다 강한 기억을 남기는 터키인의 모습 속에서 상품의 의미를 생각했다. 고객과 비슷한 수준으로 상품을 이해한 체 일하는 사람이 있다. 주걱으로 아이스크림을 돌리기는 하는데 동작이 뭔가 엉성한 셈이다. 심지어 고객보다도 상품에 대해 잘 모르면서 업무를 실행하는 사람도 있다. 이는 아이스크림과 몸이 완전히 따로 노는 모습이다.

해법을 올바로 찾으려면 고객을 완전히 능가하는 수준으로 상품을 알아야 한다. 잘근잘근 씹어 삼키는 정도까지 일이 진행되는 상품을 파헤쳐야 한다. 상품과 자신이 혼연일체가 되어야 한다. 그래야 고객에게 적합한 상품이 무엇이고 고객에게 어떤 가치를 제공해야 할지 정확히 짚어낼 수 있다.

유능한 커플 매니저는 연결해주고자 하는 남성과 여성 모두의 특성을 정확히 파악할 수 있어야 한다. 남성의 성격과 취향은 잘 알면서 여성을 잘 모른다거나, 여성에 대한 정보는 풍부하게 갖고 있는 반면 남성에 대해선 아는 것이 별로 없다면 두 사람을 인연으로 맺어주기 힘들다. 비유하자면 영업은 고객과 상품을 소개팅으로 잇는 일이다. 따라서 고객에 대한 이해를 바탕으로 고객에게 맞는 상품을 천생연분처럼 연결해야 열매를 얻을 수 있다. 이것이 답답한 업무를 속 시원하게 뚫어내기 위해 고객에 대해서와 똑같이 상품에 대해서도 몰입해야 하는 결정적인 이유다.

0.001%는 제로가 아니다

1990년대 중반 어느 날, 오수림 부장은 수시로 드나들던 국책 연구소 입구에서 느닷없이 출입을 거부당했다. 당황한 그가 못 들어가는 이유를 묻자 출입증과의 교환을 위해 제출한 운전면허증 유효기간이 몇 달이나 지났기 때문이라는 답변이 돌아왔다. 오로지 일에만 몰두해왔던 터라 면허증 갱신에 신경 쓸 여력이 전혀 없던 탓이었다. 일에 치여 살고 있는 자신이 불쌍하단 마음이 들었다. 더군다나 당시는 부모님의 병환이 깊어져 그는 심리 상태까지 매우 불안한 때였다.

'열심히 일하는 것도 좋지만 이렇게 사는 것이 맞는 걸까?'

회사는 설립 5년 만에 알짜회사로 성장했지만 일에 대한 회의

감이 밀려왔다. 그는 새로운 생활에 대한 막연한 희망과 그간의 성공에 대한 자신감을 힘으로 삼아 사직서를 양복 안주머니에 넣은 채 사장과 낮술을 마셨다. 퇴직하겠다는 이야기를 하자 예상대로 사장은 곧바로 만류하기 시작했다. '그동안 함께 죽을 고생해서 이제 먹고 살만해졌는데 왜 그러느냐, 길게 휴가를 주겠으니 좀 쉬면서 다시 힘을 내라, 새로운 공급라인이 막 세팅되어 앞으로 사업이 잘 될 일만 남았다…' 모두 맞는 말이었다. 두 사람은 오랫동안 대화를 나누며 쏜살같이 지나 온 시간들을 회상했다.

힘든 일도 많았지만 즐거운 일이 더 많았다. 그리고 무엇보다 뜨거운 열정과 순수한 마음에는 두 명 모두 변함이 없었다. 이 사실을 확인한 오 부장은 드디어 사장의 진심 어린 조언을 받아들여 자신의 주장을 철회하는 대신 당시로서는 파격적인 제안을 한다.

"현재 매출 30억을 5년 후 100억으로 만들겠습니다. 대신 5년 후 MBA를 보내 주십시오."

미래에 대한 자신감과 상대방에 대한 신뢰가 있기에 가능한 제안이었다. 그러자 사장 역시 지난 5년 동안의 성과와 그에 대한 신뢰를 근거로 흔쾌히 이 제안을 수용했다. 그리고 5년도 아닌 4년이 지난 후 그는 100억 매출이라는 약속을 조기 달성하는 데 성공했다. 신뢰에 대한 신뢰의 화답으로 이룬 눈부신 성과였다.

오 고문은 이와 같은 성공비결 중 하나로 상품에 대한 지독한 탐색을 꼽는다. 자신이 다루는 상품에 대한 집요하리만큼 끈질긴 공부가 가파른 성장곡선을 만드는 일등공신이 되었음을 지금도 확신하고 있다.

몇 년 전 그가 이끌던 팀은 한 대학병원 부설 연구소로부터 고가의 실험 검사 세트 장비 발주를 요청받았다. 연구소는 오 고문 외에도 서너 개 업체에 발주를 요청한 상태였다. 몇 번의 거래가 있던 고객사였지만 이전과 비교할 수 없을 정도로 규모가 컸고, 이에 따라 여러 업체에 제안을 의뢰했기 때문에 오 고문은 긴장할 수밖에 없었다. 당시 오 고문은 임중규 팀장과 함께 예산 먼저 파악하는 일반적인 프로세스에 따라 제안 준비를 시작함과 동시에 제안할 장비들을 면밀히 분석하기 시작했다. 임 팀장은 오 고문을 롤 모델처럼 생각하며 실력을 쌓은 인재였다.

기기 한 대를 제안할 때도 그렇지만 여러 종의 기기를 한꺼번에 제안해야 하는 상황에서는 각각의 기기는 물론 기기들 간의 기능적 연관성도 꼼꼼히 살펴야 제안에 성공할 수 있다. 이에 따라 오 고문과 임 팀장 등은 자사 제품뿐만 아니라 제안에 함께 들어오는 회사들의 장비들도 학습했다. 비교우위를 강조하기 위해선 반드시 필요한 준비였다. 싸움은 사실상 2강 구도였다. 나머지 업체들을 들러리로 세운 것은 아니지만 고객사는 오 고문 또는 다른 한 곳 중 하나를 선택할 가능성이 높아 보였다. 이에 따라 오 고문 팀은 유력경쟁업체에 초점을 맞춰 제안 준비에 힘썼다.

2~3주 동안의 준비가 끝나고 드디어 결전의 날이 밝았다. 오 고 문 팀의 제안발표는 끝에서 두 번째 순서, 유력한 경쟁사는 오 고문 팀 바로 앞 순서였다. 발표를 끝내고 나오는 경쟁사 사람들과 눈인사를 한 후 오 고문 팀의 임 팀장이 발표를 시작했다. 무사히 발표가 끝나고 Q&A 시간. 발주처인 연구소의 한 젊은 연구원이 질문을 던졌다.

"앞서 발표한 회사에서 제안한 제품은 A 공정의 오류 가능성이 없다고 하던데, 지금 말씀하신 제품은 0.0005%네요. 극소수이긴 하지만 생명과학에서 오류 가능성이 0.0005%라면 의미가 없는 수치는 아니죠. 어떻게 생각하세요?"

예리하고 타당한 질문이었다. 자칫 위기가 될 수 있는 상황이었지만 위기는 곧 기회인 법. 임 팀장은 바로 앞에서 발표한 경쟁사 직원의 실수를 즉시 간파했다.

"0.0005%의 오류 가능성이 적지 않다는 말씀에 동의합니다. 그러나 오류 가능성이 없는 장비는 있을 수 없습니다. 앞서 발표한 회사에서 제안한 B기기 역시 오류가능성이 0%가 아닙니다. 제가 확인한 바로는 0.001%로 저희 회사가 제안하는 장비보다 2배가량 높습니다. 물론 워낙 작은 숫자라 오류가능성이 없다고 표현한 것 같습니다만, 0과 0.0005는 다릅니다. 또한 0.0005와 0.001도 다릅니다. 0.001은 0.0005의 2배이기 때문입니다."

0.001%는 제로가 아니며 0.0005%의 두 배다. 그런데 경쟁사 발표자는 무시해도 좋은 숫자라고 생각한 반면, 오 고문과 임 팀장은 무시하면 안 될 숫자라고 생각해 0.0005라고 정확히 밝혔다. 발표를 듣는 청중들은 사실관계에 대한 면밀한 파악을 바탕으로 자사 제품의 경쟁력을 자연스럽게 강조하는 오 고문 팀을 신뢰할 수 있었고, 발표회는 결국 오 고문 팀의 승리로 끝났다. 상품에 대한 지독한 탐색을 통해 얻어 낸 값진 성과였다.

취미처럼 공부하고 연애처럼 학습한다

자동차는 수천 가지 부품으로 이뤄지는 매우 복잡한 메커니즘(mechanism)의 종합이다. 기술 발전 역시 매우 빨라서 하루가 멀다 하고 신기술이 개발되고 한두 주마다 새로운 모델들이 출시된다. 따라서 영업의 성공을 위해 자동차라는 상품에 대한 해부는 필수적이다.

최정식 본부장은 무엇보다 회사에서 진행하는 상품 교육을 충실히 이수하기 위해 노력했다. 기계나 물리 같은 공학이 아닌 디자인 전공자로서 남들보다 조금 더 노력할 필요가 있었고, 무엇보다 영업을 위해 상품 공부는 탄탄한 이론을 다지는 과정이라고 생각했기 때문이다. 나아가 좋아하는 것에 대한 자연스러운 관심이 계속되도록 노력했다. 자동차 모델의 이름과 특징은 물론 수많은 부품과 기능들을 일부러 외우는 것이 아니라 저절로 외워지도록 노력한 것이다. 이를 위해서는 자동차를 일이 아닌 취미로 생각해야 했다.

"좋아하는 취미가 생기면 취미에 관한 정보나 특성을 일부러 외우지 않습니다. 한 번만 들으면 저절로 외워지죠. 예를 들어 캠핑이라면 캠핑을 좋아하기 때문에 당연히 캠핑에 대해 더 알고 싶은 생각이 들고, 그에 따라 주변 사람들에게 캠핑 장소로 좋은 곳을 묻거나 SNS를 뒤져가며 캠핑 장비에 관해 더 많이 알려고 노력합니다. 자동차에 대해서도 마찬가지입니다. 암기과목처럼 외우려면 절대 외울 수도 없고 외웠다가도 잊어버립니다. 그러나 좋아하는 취미는 잊으려 해도 잊지 못해서 문제죠."

사실 이게 말처럼 쉬운 일은 아니다. 그토록 좋아하는 취미도 해야 할 일이 되면 지겨워지고 귀찮아지기 마련이다. 그러나 최 본부장은 이겨냈다. 무엇보다 자동차에 대한 사랑은 꼬마 때나 아저씨가 된 지금이나 변함이 없었다. 그 사실을 생각하며 연인과 같은 자동차를 더 사랑하고, 더 알아가기 위해 노력했다. 자동차는 일이 아닌 취미라고 자꾸자꾸 되새기면서….

사랑하는 아내가 숨 쉴 때 이상한 소리가 난다고 말하는데, "호흡할 때는 원래 그런 소리 나. 정상이니까 걱정 하지 마!"라고 말하는 남편은 없을 것이다. 설사 정상이라고 해도 무슨 소리인지 염려하고 왜 그런지 걱정하며 아내에 대해 더 많은 관심을 쏟을 것이다. 그런데 고객으로부터 자동차에 이상이 있다는 말을 듣게 되면 대부분의 딜러들은 "원래 그렇습니다. 정상이에요"라고 말을 한다.

그러나 자동차에 대해 최 본부장에게 정상은 없다. 그는 고객이 이상하다고 생각하면 이상한 것이라고 믿는다. 원래 그런 것도 없고 정상도 없다고 생각하는 것이다. 이에 따라 최 본부장은 조금이라도 이상이 있다고 하는 얘기를 들으면 편집증에 가까운 현장 학습을 실천하고 있다. 스토킹까지 가면 절대로 안 되지만 사랑하는 이성이 생기면 누구나 조금씩 편집증이 생기기 마련이다. 못 믿어서가 아니라 궁금해서 사랑하는 사람이 무엇을 할까, 어디에 있을까 생각하게 된다. 그는 연애를 하듯 자동차를 알아야 하며 이를 위해서는 사랑하는 연인처럼 자동차에 대한 약간의 편집증이 필요하다고 주장한다. 특히 고객으로부터 자동차의 기능에 관한 질문을 받는 경우에는 더욱 힘을 내 끝장을 보고야 마는 학습의 시동을 건다.

"고객이 자동차에서 소리가 난다고 하면 소리가 어떤지, 어디서 나는지 묻지 않고 곧바로 자동차가 있는 현장으로 달려갑니다. 궁금증을 바로 바로 해결하는 것이 고객을 위해서나 저를 위해서나 좋으니까요."

이때 그가 가장 중요하게 활용하는 방법이 실사다. 실사를 위해 정비공장에 가면 최대한 기름때 낀 손으로 직접 자동차를 만지는 실무자를 만나기 위해 노력한다. 그래야 궁금증을 제대로 해결할 수 있고 남에게 들은 얘기가 아니라 자신이 직접 목격한 사실을 고객에게 이야기할 수 있기 때문이다. 연애와 같은 편집증에 가까운 학습을 통해 그는 본인이 먼저 자동차에 생긴 문제의 원인과 해결책을 정확히 알고 넘어간다. 그 다음 자신이 직접 확인한 내용을 고객에게 숨김이나 더함 없이 신속하게 전달한다. 실사를 통한 지식이 쌓여 경험이 되고 경험이 쌓여 뚫기에 성공할 수 있는 귀한 자산을 차곡차곡 쌓고 있다.

복잡하면 지는 거다

보험 역시 복잡하기는 자동차 못지않다. FC들은 수많은 종류의 보험들을 세일즈 해야 한다. 특히 서비스 상품인 보험은 유형의 상품보다 만들어내기가 쉽기 때문에 신규 상품개발이 더욱 활발하다. 게다가 시시각각 변하는 외부 환경과 소비자의 기호에 따라 보험사들은 1년에도 갖가지 상품들을 새로 출시하고, 또 기존 상품들을 리뉴얼한다.

그나마 보험회사에 소속된 FC들은 자사 보험만 취급하지만 판매 전문회사 FC들은 모든 보험사의 상품을 세일즈 한다. 여러 보험사 중에서도 집중적으로 세일즈 하는 회사가 있다하더라도 판매 전문회사 FC들이 파헤쳐야 할 상품은 족히 수십 가지가 된다. 그렇다면 박상신 본부장이 말하는 복잡하고 방대한 보험 상품을 효율적으로 학습할 수 있는 방법은 무엇일까?

"물론 다 알면 좋긴 하겠지만 FC가 모든 보험 상품을 알 수는 없습니다. 어떻게 생각하면 모두 다 알 필요가 없다고 말할 수도 있죠. 상품을 몰라도 된다는 말은 아니라 본사 상품팀에서 만든 자료를 바탕으로 상품 공부를 시작하면 된다는 뜻입니다."

박상신 본부장이 소속된 회사에는 상품팀이 있다. 보험사의 상품개발팀이 지속적으로 상품을 개발하는 것과 달리 판매 전문회사들의 상품팀은 주로 보험사들의 여러 보험 상품들을 철저히 분석해 상품을 큐레이션한다. 이 자료를 치밀하게 파고들어 고객에 맞는 활용 포인트를 찾아내는 것이 독립 법인 대리점 FC들에게 가장 적합한 상품 공부 방법이다.

"상품이 많아 선택의 폭이 넓어진다는 것은 장점입니다. 그러나 너무 다양해서 도리어 복잡하다면 뭘 골라야 할지 어렵게 만들기 때문에 장점이 아닌 단점이 됩니다. 바닷가에 횟집들이 너무 많아 어디로 가는 게 좋을지 난감한 경우와 마찬가지죠. 이때 이 집은 스끼다시가 잘 나온다, 저 집은 회를 도톰하게 썰어준다는 등의 정보를 정리하는 역할을 상품팀에서 하는 것입니다. FC들은 '너는 광어 좋아하니까 광어 잘하는 이 집으로 가라, 당신은 가짓수 많은 것보다 몇 가지라도 튼실하게 먹는 스타일이니까 저 집이 좋겠네' 하면서 고객의 특성에 따라 어느 횟집으로 가는 게 좋은지 알려주는 역할을 하는 것이고요."

박 본부장 역시 일차적으로는 상품팀이 큐레이션한 자료를 바탕으로 끊임없이 상품을 파헤친다. 더불어 경기 흐름은 물론 경쟁사 동향이나 금융 소비 패턴까지 주기적으로 학습한다. 그리고 이를 통해 얻는 정보들을 상품과 연결하여 의미 있는 정보들을 재생산한다. 그래야 FC 수준의 상품지식을 넘어 FC에게 도움을 줄 수 있는 지식을 갖출 수 있기 때문이다.

맥도너(A. M. McDonough)는 《정보경제학》에서 정보(Information)를 '의미 있는 데이터(Data)'라고 정의했다. 단순한 사실을 나열한 것에 불과한 데이터를 선택하고 재배열해 의미 있도록 만들어야 정보가 된다는 것이다. 너무 많고 복잡한 보험 상품들은 고객의 선택을 어렵게 만드는 데이터에 불과하다. 이 중에서 검토할 가치가 있는 보험 상품들을 추려내면 정보가 된다. 이를 다시 고객의 특성과 상황에 맞는지를 기준으로 다시 한 번 선별할 수 있어야 고객에게 수준 높은 가치를 제공할 수 있다.

정보의 하나인 보험 상품도 홍수처럼 넘쳐나는 지금과 같은 상황에서는 복잡하면 반드시 진다. 복잡하면 결코 탁월한 성과를 이룰 수 없다. 복잡한 상품 중에서 의미 있는 상품들을 엄선하는 능력이 답답한 업무 체증을 격파하는 핵심 경쟁력이다.

관계라는 또 다른 상품도 마스터한다

입사 후 5~6년 동안 줄곧 영업만 하던 박 본부장이 영업에서 잠깐 손을 놓은 적이 있었다. 바로 사업단 인사과 대리로 있던 2년 동안이었다.

"입사 직후부터 줄곧 해오던 영업을 하지 않게 되자 처음에는 좋았습니다. 성과에 대한 압박도 없고 FC들과 아웅다웅할 일도 없고 해서 참 편하더라고요. 그러나 얼마 지나지 않아 영업을 쉬고 있다는 사실이 답답했습니다. 정전이 되어봐야 전기의 소중함을 아는 것처럼 영업에서 벗어나니까 영업의 묘미를 알게 된 거죠."

그는 천상 영업 체질이었던 것이다. 그러나 자기 맘대로 영업에 복귀할 수는 없는 법. 그는 이 시기를 영업을 위한 내공을 쌓는 기회로 활용한다. 특히 보험의 또 다른 상품이라고 할 수 있는 사람을 더 알아가고, 그 사람과의 관계를 더 돈독히 하는데 힘을 집중한다. 당시 박 대리는 지점장들의 인사를 담당했다. 주로 350개 지점들을 살펴가며 지점장의 유임, 순환배치 또는 본사 발령 등을 결정했다. 이를 위해 지점장들의 경력과 역량이 지점의 성과와 어떤 관련이 있는지를 분석했다. 그러면서 보험은 금융 상품이 얼마나 좋은지보다 사람(FC와 지점장)이라는 또 다른 상품이 얼마나 좋고 또 얼마나 잘 궁합을 맞추느냐가 중요하다는 사실을 실감했다.

"1+1은 할인점이나 편의점에만 있는 게 아닙니다. 운동선수들이 진학을 하거나 트레이드될 때도 1+1이 일어나죠. A 선수를 너희 팀에 보낼 테니까 대신 A의 친구인 B 선수도 함께 받아 달라 이런 식으로요. 그런데 회사에서도 1+1은 똑같이 일어납니다. 저는 그때 사람도 자신의 가치를 제대로 못하면 끼워 팔리는 신세, 딸려가는 처지가 될 수 있구나 하는 사실을 자주 목격했습니다."

2년 동안 인사를 담당하며 그는 사람의 중요성은 물론 사람이

제 몫을 해내는 일이 얼마나 중요한지 깨달았다. 그리고 이 깨달음은 성과에 대한 치열함과 그 성과를 만들어내는 사람에 대한 간절함으로 발전했다.

보험의 또 다른 상품인 사람을 더 알아가기 위해 그는 사업단 소속 직원들은 물론 FC들의 대소사를 열심히 쫓아다녔다. 사업단장 의전을 담당하며 지점장으로서는 만나기 힘든 사람들과 최대한 많이 교류하는 일에도 힘썼다. 특히 그는 지점과 사업단 조직이 활발하게 소통할 수 있는 분위기와 채널을 만들기 위해 노력했다. 사실 지점과 사업단은 야전과 본부처럼 서로 협력도 하지만 욕도 하는 애증의 관계이다. 지점은 사업단이 쓸데없는 관리를 한다고 푸념하고 사업단은 지점이 너무 시야가 좁다고 아쉬워한다.

이에 따라 지점장이나 직원들은 좋은 의견이나 의논할 애로사항이 있어도 사업단과 소통할 마땅한 채널이나 편하게 말 붙일 상대가 없어 속만 끓이기 일쑤였다. 사업단 직원들 역시 현장의 살아있는 목소리를 듣고 싶어도 흉금을 터놓고 대화를 할 만한 지점 직원들이 없어 안타까워했다.

박 본부장은 보험을 하려면 사람이라는 또 다른 상품을 잘 알아야 하는데 사업단과 지점 사람들이 서로를 너무도 모르는 현실이 안타까웠다. 먼저 그는 편안한 교류로 서로를 알아야 업무 협의도 부드럽게 할 수 있다는 생각에 따라 일과 이후 사업단 주관으로 농구대회를 열어 지점장들과 사업단 직원들의 자연스러운 만남을 주선했다. 또한 월마다 사업단 직원들과 함께 지점을 방문해 지점 장들과 식사를 했다.

본부와 지점의 소통이 원활히 이뤄지면서 본부 직원들은 영업 현장에서 일하는 지점장들을 깊이 이해할 수 있었다. 그 결과 사 업단의 전체적인 분위기는 매우 좋아졌고 또한 서서히 성과로 이 어졌다. 뿐만 아니라 그때 맺은 인연의 사람들은 지금까지도 그의 든든한 자산이 되어주고 있다. 보험의 또 다른 상품인 사람을 파 헤쳐 사람과 사람의 관계를 돈독히 한 결과였다.

될 때까지 방법을 찾아낸다

얼마 전 아이들과 자전거를 타고 집 근처 호수공원에 갔다. 초등 학생인 첫째와 둘째는 제 자전거를 탔고, 일곱 살배기 막내는 내 자전거 뒷자리에 태웠다. 15분 정도면 가는 멀지 않은 길이었는데 중간에 문제가 생겼다. 귀염둥이 막내딸을 태운 뒷자리를 고정하 는 나사가 두 개 모두 빠져 있던 것이다.

나사가 두 개나 빠져버린 자전거

며칠 전 한 개가 빠져 있는 걸 보긴 했지만 하나만 걸려 있어도 타는데 큰 지장은 없어 나중에 고쳐야겠다며 수리를 미룬 게 화근이었다. 아이들은 빨리 가자고 보챘지만 방법이 마땅치 않았다. 가는 길에 자전거 가게도 없었고 다시 집으로 가서 차를 갖고 가자니 흥이 깨질 것 같았다. 그냥 가자니 위험도 했고 무엇보다 가는 건 어떻게 갈 수 있어도 오는 건 아무래도 무리였다.

좋은 방법이 없을까 고민하다가 길가에 떨어져 있는 대나무 조각을 발견했다. '이게 될까?' 싶었지만 대나무 조각을 길게 잘라낸 다음 나사로 조여야 할 두 부분을 연결해 꽂았다. 그리고 아이를 앉혔더니 몸무게 때문에 안장이 자연스럽게 눌리며 고정되었고 큰 충격만 받지 않으면 버틸 수 있어 보였다. 덕분에 자전거 세대는 다시 출발해 목적지에 무사히 도착할 수 있었다. 금상첨화로 아들 녀석은 공원 구석에서 굵은 철사를 주워 왔다. 대나무를 빼내고 이 철사를 끼웠더니 돌아오는 길엔 부러질 걱정 없이 자전거 페달을 굴릴 수 있었다.

없을 것 같은 방법을 결국엔 찾아냈던 이와 같은 경험이 누구에게나 있을 것이다. '이게 될까?' 갸우뚱했지만 '이게 되네' 끄덕였던 크고 작은 일들은 일상의 모든 순간마다 일어날 수 있다. 고객으로부터 실마리를 풀어내고 상품을 파헤쳐 뚫기 작업의 7부능선에 이르렀다면 이제 어떻게 해서든 뚫어내는 방법을 찾아야 한다.

'열정 페이'는 나쁜 것이다. 급여는 쥐꼬리만큼 주면서 하고 싶은 일을 하게 해줬다고 강변하는 건 노동 착취다. 그렇다고 열정 자체가 나쁜 것은 절대 아니다. 모든 성공과 모든 돌파는 열정 없이 이뤄질 수 없다. 꿈쩍도 하지 않는 바위를 뚫으려면 어떻게 해서든지 방법을 찾아내야 한다. 무슨 수를 써서라도 악착같이 뚫어 내야 한다.

'성공하는 사람은 될 수 있는 방법을 찾고, 실패하는 사람은 안 될 이유를 찾는다.'

자주 들어봤을 이 말은 사실은 절반만 맞는 말이다. 성공하는 사람은 될 때까지 방법을 찾는 것이고, 방법을 찾다가 노력을 멈추는 사람이 포기하는 이유를 불가능에서 가져오는 것뿐이다. 될 때까지 찾는 노력은 방법을 발견하는 순간까지 계속되어야 한다.

스스로 일하게 만드는 것이 최상의 해법이다

신한생명으로 말을 갈아탄 박상신 본부장은 2002년부터 충무지점을 맡았다. 그는 그해 완전판매상과 효율우수상을 수상한 데 이어 2004년에는 영업대상 금상을 수상했다.

사실 새로 옮긴 회사는 이전 회사와 전체적인 특성과 가고자 하는 방향 모두 많이 달랐다. 그러리라 예상하긴 했지만 박 본부장 역시 적응하기가 쉽지 않았다. 삼성생명은 보험 매출액 중심의 양을, 신한생명은 손익 중심의 질을 더 중시했다. 철저한 관리를 강조하는 삼성은 지점장들 역시 통제를 많이 하는 반면, 신한은 지점장 중심의 문화를 바탕으로 사업의 방향과 운영방식에 자율권이 많이 있었다. 본사에서 요구하는 리포트의 양은 물론 회의의 횟수와 시간도 차이가 났다. 영업문화가 완전히 달랐던 것이다. 이에 따라 신한생명은 회사 전체의 분위기와 시스템보단 지점장의 능력이 곧바로 지점의 성과와 직결되었다. 본사 차원의 운영관리 대신 지점 단위의 비즈니스를 강조하는 사업방향에 따른 당연한 결과였다.

"지점장의 역량이 곧바로 지점의 성과가 된다는 사실을 깨달았습니다. 이전 회사에서도 성과가 좋긴 했지만 그건 제가 잘했기 때문이라기보다는 회사가 잘해서 그랬던 거구나 하는 생각까지 들었죠. 그러면서 지금까지 쌓아온 여러 경험들, 특히 살아있는 현장에서 쌓은 경험들이 지점장에게 얼마나 가치 있는 재산인지 알게 되었습니다."

그런데 이보다 더 중요한 새 회사의 특징이 하나 있었다. 바로 지점들을 손익분석으로 평가하기 때문에 지점들이 독립채산제로 운영된다는 점이었다. 독립채산제는 지점의 자율권을 최대한 보장하되 성과에 대해서는 정확히 평가하는 방식이었다. 모든 수입과 지출은 지점 단위로 계산되었다. 다른 회사들이 수입이 되는 성과만 지점별로 계산하는 것과는 전혀 다른 방식이었다. 이에 따라 각 지점은 일정 기간마다 이익을 냈는지, 손해를 기록했는지 알 수 있다. 피 말리는 방식이지만 확실히 지점을 활발하게 움직이도록 만드는 강력한 힘이기도 했다.

이와 같은 상황에서 박 본부장이 좋은 성과를 낼 수 있었던 해법은 크게 세 가지다. 첫째, 그는 절대로 전임 지점장의 잘못을 지적하지 않았다. 일반적인 회사에서도 새로운 리더는 조직을 자신의 방식대로 바꾸려고 한다. 그런데 독립채산제로 운영되기 때문에 이런 경향이 더욱 강했다. 따라서 '이전 방식은 한물 간 방식, 전임 지점장은 옛날 스타일…' 하는 식으로 깎아내리는 경우가 많았다. 남을 낮춰 자신을 높이려는 거였다.

그러나 그는 작은 것 하나라도 전임 지점장에 대해 부정적인 말을 삼갔다. 그렇다고 영혼 없이 칭찬만 했다는 것은 아니다. 좋은 것은 극찬하며 계승했고, 나쁜 것은 아무 말 없이 바꿔 갔다. 'FC들은 누군가가 말하지 않아도 이미 전임의 좋은 점과 나쁜 점을 알고 있다. 그걸 지적하는 것은 누워서 침 뱉는 꼴이다'라고 생각하며 천천히, 그러나 꾸준히 지점을 바꿔갔다.

둘째, 신나는 문화를 만들기 위해 힘썼다. 보험은 무엇보다 사기(士氣)가 중요하다. 특히 이번 달의 MVP가 다음 달에는 역적이 될 수 있는 독립채산제에서는 사기가 하늘을 찌르다가도 하루아침에 바닥을 헤맬 수 있다. 박 본부장은 지점 전체에 언제나 신바람이 멈추지 않도록 노력했다. 건전하면서도 뜨거운 놀이문화를 만들었고 아무리 바빠도 1년에 두 번씩 야유회를 개최했다. 또한 월 1회 매니저 회식을 통해 지점의 살림과 FC 한 사람 한 사람의 작은 변화도 놓치지 않기 위해 노력했다.

그는 흔히 5학년이라고 부르는 50대 FC들에게 정성을 많이 쏟았다. 한창 일할 수 있음에도 불구하고 노땅으로 취급받을 수 있는 연령대이기 때문에 이들을 더욱 극진히 대접하며 격려했다. 이런 모습을 통해 40대나 30대 FC들은 자연스럽게 선배를 존중했고 50대 역시 후배들을 진심으로 아껴주었다. 함께 일하는 사람들의 어울림을 통해 신나는 문화를 만들고 지속하여 성과로 이어지도록 노력했다.

셋째, 사업가 마인드를 심어주기 위해 노력했다. 지점의 성과가 모여 회사 전체의 성과가 되듯 FC들의 성과가 모여 지점의 성과가 된다. 이 말은 여느 조직보다 보험회사 영업 조직에 꼭 필요한 말이었다. 그는 FC 한 사람 한 사람이 누가 시켜서가 아니라 스스로 일할 수 있도록 지원했다.

싸우지 않고 이기는 것이 가장 훌륭한 승리라고 한다. 마찬가지로 스스로 일하게 만드는 것이 가장 뛰어난 리더십일 것이다. 명령하고, 지시하고, 닦달하고, 통제하고, 푸념하고, 읍소하고, 달래주고, 보고 받고, 풀어주고 하는 일들은 사실 매우 피곤하고 소모적인 일이다. 이런 일들을 하지 않고 스스로 일할 수 있게 한다면 그것보다 좋은 해법은 없다. 그는 예나 지금이나 사업가 마인드가 스스로 일하기 위해 가장 중요한 요소라고 생각한다. 따라서 조회 때마다 사업가 마인드를 공유하기 위한 노력을 지속했고, 개별 미팅을 통해서도 스스로 움직일 수 있도록 격려하고 자극하고 있다.

환경이 바뀌면 해법도 바꿔라

이 같은 해법을 바탕으로 박 본부장은 DB를 활용한 대면 영업조직에 재무설계 기법을 접목해 담당 지점을 신한생명 내 인당 생산성 최고 지점으로 만들었다. 또한 지점을 활성화하여 2개 지점으로 분할하기도 하는 등 우수한 성과를 지속적으로 창출했다. 2007년 봄, 다시 일반 지점으로 복귀한 그에게 한 통의 전화가 걸려왔다. 삼성생명 재직 시절 국장으로 모신 바 있고 평소에도 ROTC

선배로 존경해왔던 에이플러스에셋그룹 곽근호 회장이었다. 당시 곽 회장은 임원으로 삼성생명을 퇴직한 직후 보험 판매를 전문으로 하는 독립 법인 대리점을 막 설립한 상태였다.

"올 것이 왔구나 하는 생각이 들었습니다. 곽 회장님의 근황을 계속 듣고 있었고 조만간 회장님으로부터 연락이 올 것 같다고 예상했기 때문입니다."

당시 박 본부장은 '롱런을 위해서는 변화해야 한다. 변화의 핵심은 영업 패턴이다'는 생각을 자주 하고 있었다. 선택과 집중을 통해 조직의 효율성을 극대화하기 위한 노력이 보험업계에도 필요하며 머지않아 판매에만 몰입하는 조직이 보험 세일즈의 대세가 될 것이라고 전망하고 있었기 때문이다. 곽 회장은 회사의 비전과 보험의 가치를 이야기하며 새로운 대세가 될 독립 법인 대리점으로 합류할 것을 제안했다. 그의 제안을 예상하고 있던 박 본부장은 며칠 동안 고민한 끝에 또 다른 변신을 결심했다.

"대다수 사람들은 지금 먹을 것을 놓지 못해 더 좋은 먹거리를 잡지 못합니다. 쥐고 있는 덫 안의 바나나를 놓지 못해 다가오는 사냥꾼을 보면서도 잡혀버리는 원숭이와 마찬가지죠. 상황과 환경이 바뀌면 해법 역시 바뀌게 되어 있습니다. 저는 세일즈에만 집중하는 독립 법인 대리점이 새로운 환경에 통할 새로운 해법이 될 것이라 확신했습니다."

계속해서 왼쪽을 공략해 좋은 득점 찬스를 만들고 있는 축구팀에 맞선 상대팀은 왼쪽 수비를 강화하기 위해 선수를 교체하고 포메이션도 바꿨다. 그렇다면 이 팀은 계속 왼쪽만 노려선 안 된다. 오른쪽도 노려보고 스루(through) 패스도 시도해야 한다. 그래야 골을 넣을 수 있는 가능성이 높아진다. 이처럼 환경이 바뀌면 해법도 바뀐다. 변화된 환경에 맞게 해법을 바꿔야 이전과는 다른 결과를 이끌어낼 수 있다는 사실 역시 부정할 수 없다. 이전의 성공을 만들었던 방법이 이제는 올바른 해법이 아닐 수 있다는 의심에서 변화는 시작된다.

2007년 에이플러스에셋에 둥지를 튼 박 본부장은 본격적으로 사업가 점포를 인큐베이팅(incubating)하기 시작했다. FC를 스스로 움직이는 사업가로 키우는 것이 보험영업을 위한 가장 좋은 해법이라는 생각을 행동으로 옮겨갔다. DB 영업 조직인 복합점포를 만들어 100명 조직으로 키우는 한편, 변화된 상황과 환경에 따라 DB에만 의존하는 기존의 행태를 지양하고 DB 활용 조직 중 일부를 일반영업으로 전환시켰다. 그 결과 23명으로 시작한 지점을 1년 만에 65명으로 만들어 다시 분할했다. 변화되는 환경에 맞춰 자리를 바꾸고 바뀌어가는 상황에 따라 사업가 중심 점포에 역량을 집중한 해법이 보기 좋게 맞아 떨어진 것이다.

동행(同幸)을 위한 동행(同行)

박 본부장이 사업단장이나 지점장 같은 영업 관리자들에게 자신 있게 권하는 해법 중 하나는 동행이다. FC들이 고객과 미팅을 할 때 관리자들이 함께 가는 동행은 가공할만한 위력을 갖고 있다. 그런데 사실 FC들이나 관리자들 모두 선뜻 동행을 요구하거나 제 안하긴 힘들다. 바쁜 와중에 일정을 맞추기도 힘이 들뿐더러 FC 입장에서는 본인의 능력 부족을 스스로 드러내는 게 아닌가 걱정할 수 있다. 관리자 역시 괜한 오버로 FC를 부담스럽게 하거나 계약 성사에 대한 책임감 때문에 동행을 꺼린다.

"그러나 동행은 힘이 없고 부족해서 가는 것이 아닙니다. FC의 수준을 떨어뜨리는 것도 결코 아닙니다. 동행은 혼자 싸울 자신이 없으니까 싸움을 더 잘하는 친구를 데려가는 것이 아니라 고객에 대한 최선의 존중이자 FC에 대한 최고의 협력입니다."

FC와 동행하여 고객을 만날 때마다 박 본부장은 '제가 모셔온 분의 고객에게 잘 보이려고 동행했습니다' 라는 말로 상담을 시작한다. FC에 대한 신뢰와 고객에 대한 예절을 함께 강조하는 것이다. 이와 같은 말 한마디만으로도 FC를 보는 고객의 눈빛은 조금씩 달라진다. 그저 그런 '보험쟁이'가 아니라 유능한 전문가라고 생각하기 때문이다. 열정을 다해 미팅에 임하면 계약에 실패하더라도 FC는 함께 해준 관리자에게 고마움을 느낀다. 또한 고객은 FC의 유능함과 관리자의 진심을 인정한다. 여기에 계약까지 이뤄진다면 FC의 로열티는 크게 올라간다.

동행이라는 밑질 것 없는 해법의 위력은 여기서 끝이 아니다. 관리자와 FC는 동행을 통해 서로를 더욱 알게 된다. 나란히 동승한 자동차 안에서 두 사람은 각자의 인생관을 터놓고 살아온 길과 살아갈 길을 이야기한다. FC를 더 깊이 아는 것만큼 중요한 영업 관리의 해법이 없는데 동행은 이것을 자연스럽게 이뤄준다.

"동행을 하고 난 후 반성을 할 때도 많습니다. 미처 몰랐던 FC의 가정환경이나 성장 배경을 알게 되면 내가 했던 말 한마디가 이 분에게는 상처가 되었겠구나 하고 후회하기도 합니다. 경우에 따라서는 진심으로 사과할 때도 있습니다. 그렇지 않더라도 이후에는 상처가 될 수 있는 말은 절대로 하지 않으려 노력합니다."

그는 고객에게만 맞춤형 재무 설계가 있는 것이 아니라 FC를 육성할 때도 맞춤형 트레이닝이 있다고 말한다. 그리고 동행은 맞춤형 트레이닝을 위한 매우 중요한 사전 작업이라고 이야기한다.

"예를 들어 방문할만한 고객이 없는 FC에게 자꾸 부자 마케팅을 강조한다면 부담을 넘어 상처가 될 수밖에 없습니다. 그러나 동행을 하면서 주고받는 이야기를 통해 FC의 상황을 알게 되면 가능성도 없는 부자 마케팅 대신 가망고객을 늘려드리는 지원을 할 수 있습니다. 고객 DB를 공급해드리고 DB를 활용하는 방법을 알려 드리며 새로운 고객을 발굴할 수 있도록 트레이닝 하는 것입니다. 개인 고객으로는 한계에 부딪힌 FC라면 중소기업을 중심으로 법인 영업을 할 수 있도록 트레이닝 합니다. 이때 역시 바뀐 환경에 맞도록 해법을 바꿀 필요가 있음을 강조합니다."

박 본부장의 실속 있는 전략인 동행은 동행(同幸)을 위한 동행(同行)이다. 그는 고객과 FC와 자신 모두의 행복을 위해 계속해서 FC를 동행해 고객들을 만나고 있다.

다양하게 그래도 빠르게

최정식 본부장이 강조하는 해법은 'various but quick', 즉 '다양하지만 빠르게'다. 느리지만 꾸준한(slow but steady) 자세로 일하되 해법은 다양하면서도 신속하게 내놓아야 한다는 것이다.

수입자동차 고객들은 말 그대로 각양각색이다. 재산이 많고 직업이 좋은 사람만 있는 것은 아니다. 돈은 별로 없지만 차는 폼 나게 타야 한다고 생각하는 사람도 있고, 직업상 어쩔 수 없이 비싼 자동차가 필요한 사람도 있다. 고객의 상황은 더욱 다양하고 복잡하다. 주변에 빌려달라는 사람이 많아 돈이 엄청 많은데 겉으로는 빈털터리인 사람, 견실한 사업체를 운영하지만 한 번 망했다 재기한 거라 회사가 본인 명의가 아닌 사람, 이혼이나 혼외 자식 등으로 가족관계가 복잡한 사람 등….

"좋고 나쁨을 떠나서 일반적인 생활을 하시는 분들보다는 조금은 특수한 상황에 계신 분들이 많은 것이 사실입니다. 오르막과 내리막이 가파른 분들이라고 생각할 수 있죠. 신용불량자인데 집안 금고에 현금이 가득한 분도 있고, 법적으로 직업이 실제 소유하고 있는 초호화저택의 경비원으로 되어 있는 분을 만난 적도 있습니다."

다양한 사람들은 다양하게 요구하고 다양한 요구를 충족하려면 더 다양한 해법이 준비되어 있어야 한다. 특히 차를 타고 싶은 마음이 간절한데 이런저런 이유로 방법을 모르는 고객들을 위해서는 좋은 차를 고르는 방법보다 차를 합리적으로 타는 방법이 필요하다. 차가 마음에 꼭 드는데 현금이 없다고 하면 금융상품을 이용하도록 안내하면 된다. 그러나 이런 경우는 문제도 아니다. 현금이 없거나, 있긴 하지만 현금으로 살 생각이 전혀 없는데 금융을 이용할 수도 없는 고객들이 문제다.

신용등급이 낮아서, 증빙 소득이 적어서, 본인 명의 재산이 없어서, 자기 회사가 법률상 자기 회사가 아니라서 발생한 '금융상품 이용불가' 라는 문제를 해결할 수 있는 한 방이 필요하다.

"사실 이런 얘기들이 편하게 털어놓을 내용들은 아닙니다. 사연이 무엇이든 정상적인 경우는 아니니까요. 따라서 대화를 하는 과정에서 고객의 자존심을 건드린다거나 하지 않아도 될 질문을 하지 않도록 유념해야 합니다. 가끔 급하고 초조한 마음에 친절하긴 하지만 취조하듯 상담하는 딜러들을 보게 되는데, 유쾌하지 않은 얘기를 덤덤하게 풀어가지 못하면 고객은 금방 대화의 창을 닫아버립니다.

고객의 상황을 알아야 해법을 제시할 수 있는데 창을 닫아버리면 당연히 게임은 패배로 끝나게 되어 있습니다. 따라서 답변이 정확히 나오도록 질문하는 것이 중요합니다. 노골적이진 않지만 왜 묻는지 알도록 한 후에 질문하는 것도 중요하고요. 왜 묻는지 알아야 기분이 나쁘지 않기 때문입니다."

그래서 최 본부장은 항상 '서류로 평가한다.' 는 말을 강조한다. 고객이 실제로는 차를 구입할 수 있는 능력이 충분하지만 서류로는 그렇지 않으므로 증빙할 수 있는 방법을 함께 찾아보자고 이야기하는 것이다. 이와 같은 경우 보통 그는 먼저 여러 금융상품 중 가능한 상품을 함께 찾는다. 그것도 여의치 않으면 다른 사람 명의로 계약하는 하는 방법이나 법인사업체를 활용하는 방법 등을 강구한다. 일시적인 현금 흐름에 문제가 있는 고객에게는 예약을 권유해 지금 당장 사고 싶은 마음과 고려해야 할 현실 사이의 절충으로 해결한다. 또는 사고자 하는 자동차의 금액을 약간 하향해 실용성 있는 선택이 현명하다고 조율한다. 이때 역시 고객의 자존심에 흠집이 나지 않도록 각별히 유의한다.

수학을 잘하고 싶어 하는 학생에겐 수학 문제를 잘 풀 수 있는 학습방법이 필요하다. 영어 단어를 잘 외우고자 하는 학생에겐 효과적인 단어 암기법이 필요하다. 마찬가지로 차를 사고 싶은데 방법이 마땅치 않아 발을 동동 구르는 고객에게는 합리적인 방법을 반드시 찾아드리는 것이 필요하다. 타고 싶어 하는 고객에게 가능한 방법을 끝까지 찾아드리는 건 반드시 차를 팔겠다는 의욕만이 아니라 고객의 필요를 반드시 채워드리겠다는 마음가짐이 있을 때 가능하다.

그런데 다양한(various) 해법일지라도 반드시 신속(quick)하게 일 처리를 해야 한다. 가짓수가 많아지면 일이 더뎌질 수밖에 없다. 반찬 종류가 많아지면 조리 시간이 길어지고, 자질구레한 일들이 많아지면 퇴근이 늦어지는 것은 어쩔 수 없는 일이다. 그럼에도 불구하고 신속해야 한다. 말을 빠르게 하고 행동을 서두르는 것이 아니라 업무의 내용과 일의 프로세스를 척척 진행해야 한다는 것이다.

방송에 자주 나오는 외식 사업가가 했다는 비슷한 말을 선배로부터 전해들었던 적이 있다. 집에서 요리를 잘하는 사람은 주변에 널려 있다. 한 가지 메뉴를 차근차근 하는 것은 어렵지 않기 때문이다. 그러나 식당에 취업한 그에게 여러 팀의 손님들이 몰려와 갖가지 메뉴를 한꺼번에 시키면 집에서 먹던 맛을 내긴 힘들다. 손님들의 속도에 맞춰 빠르게 만들기는 더욱 어렵다. 가족들은 하염없이 기다려줄 수 있지만 손님들은 몇 분만 지나도 언제 나오느냐 재촉하고 불평하기 때문이다. 따라서 훌륭한 요리사가 되려면 열 명이 와서 열 가지 메뉴를 시켜도 집에서 만든 음식 맛을 성질 급한 사람들의 속도에 맞춰 만들 수 있어야 한다.

자동차 세일즈도 마찬가지다. 다양한 고객들이 여러 가지 요구를 하면 충실하게 처리하면서도 빠르게 해결해야 한다. 그렇지 않으면 결정 장애가 있는 고객들은 어느새 옆길로 빠져 나가고 만다. 또한 고객들은 말로는 천천히 해도 된다고 하지만 사실은 항상 바쁜 사람들이다. 수천만 원을 훌쩍 넘는 자동차일지라도 구매를 위해 써야 할 시간을 다른 곳에 사용하길 원하는 사람들이다.

그래서 빠르기가 무엇보다 중요하다. 최 본부장은 때론 사는 방법을 제시하고, 때론 사야 할 이유를 설득하고, 때론 사도 괜찮은 명분을 만들어주며 빠른 일처리를 위해 노력한다.

뒤통수가 가려운 걸 참으며 여러 명이 함께 음식점에 가서 각각 다른 메뉴를 주문했는데 맛있는 음식이 빨리 나오기까지 한다면 말하지 않아도 그 음식점의 팬이 될 것이다. 다양한데도 빠른 'various but quick'의 해법은 고객이 스스로 또 다른 고객을 소개하고 추천하게 만드는 효과 만점의 마법이다.

과정을 파헤쳐 해법을 찾아라

수습을 떼고 영업을 시작하기 전 두세 달 동안 오 신입은 통관 업무를 담당했다. 공항이나 항만에 있는 세관에 나가 외국으로부터 수입한 진단의약품을 받아오는 일이었다. 방사선동위원소가 주요 구성품이라는 제품의 특성상, 다른 품목과는 달리 수입 의약품들은 당일처리가 원칙이었다. 이에 따라 아침에 우리나라에 도착한 물품들을 일과가 끝날 무렵에는 수령할 수 있었다. 그런데 사실 아침부터 저녁까지 회사에서 세관으로 나가 있는 직원이 할 일은 거의 없었다. 회사에서 의뢰한 관세사 직원들이 알아서 다 하는 걸 곁에서 지켜보며 일이 생기면 살짝 거들어주기만 하면 되었기 때문이다.

그러나 그는 지루함을 이겨내기 위해 시간을 죽이는 대신 의미 있는 관찰과 고민을 하기 시작했다. 무엇보다 통관이 진행되는 절차가 궁금했다. 이에 따라 물품이 도착할 때부터 그 물품을 회사로 가는 트럭에 싣기까지 절차 하나하나를 세심히 관찰했다. 세관 공무원들은 공정마다 찾아와 질문과 재촉을 하는 그에게 '관세사무소 직원에게 맡기지 않았어요?' 하면서 핀잔 아닌 핀잔을 주면서도 다른 회사 사람들과는 달리 업무를 꼼꼼히 살피는 그의 요구를 들어주었다. 그 결과 밤 8시나 되어야 물품을 갖고 돌아오던 이전 담당자와 달리 그는 오후 5시쯤이면 사무실로 복귀할 수 있었다.

"빨리 퇴근하고 싶어서 그랬던 것도 있었겠죠. 그런데 그것보단 기다리는 동안 우두커니 있는 것보다는 일이 돌아가는 프로세스를 알고 싶었습니다. 그래야 조금이라도 속도를 높여 성과를 개선할 수 있다고 생각했기 때문입니다. 절차를 잘 따져보니 어느 부분에서 시간이 오래 걸리는지, 그 공정을 담당하는 어떤 사람에게 부탁을 하면 통관이 빨리 진행될 수 있을지 알 수 있었습니다. 가끔 마음씨 좋은 세관원을 만나면 제가 귀찮기도 하고 안쓰럽기도 해서인지 전수 검사가 아닌 경우 임의로 검사 개수를 줄여주기도 했죠."

사무실에서 손톱만한 부품을 잃어버린 적이 있다. 분명히 서랍 속으로 떨어지는 것을 봤는데 서랍에 담긴 물건을 들춰가며 찾아도 보이지 않았다. 그렇게 몇 분을 허비하다 결국엔 서랍을 완전히 뒤집어 물건을 모두 책상 위로 꺼내놓았다. 그러자 아무리 찾아도 보이지 않던 부품을 아주 손쉽게 찾을 수 있었다. 아무리 찾아도 해법이 보이지 않을 때는 뒤집어야 한다. 파헤쳐야 한다. 서랍을 뒤집고 잡동사니들을 파헤쳐 원하는 물건을 찾듯 절차를 나누고 과정을 쪼개면 그토록 애타게 찾던 해법을 만날 수 있다.

고급 사기꾼의 이중 플레이?

'당신은 고급 사기꾼 같아!'

'5년 후 매출 100억'이라는 약속을 지키기 위해 피땀 흘리던 오수림 부장에게 어느 대학병원 교수가 농담반 진담반으로 건넨 말이었다.

"싸구려가 아니고 고급이라 다행이었지만 그래도 사기꾼이니까 기분이 좋을 리는 없었습니다. 그런데 나중에 알고 보니 비난보다는 칭찬에 가까운 말이었습니다."

유명 대학병원의 명망 있는 교수가 실험장비 구매를 고민하며 오 부장을 찾았다. 이때 역시 그는 먼저 옆 방 채널을 통해 교수가 사용할 수 있는 예산이 정확히 2억이란 사실을 확인했다. 그러나 고객이 원하는 장비는 2억 3,000만 원가량 이었다. 가격을 깎아주자니 품질이 걱정되었고 품질을 맞춰주자니 돈이 모자랐다. 하지만 뾰족한 수가 없어 고민하던 그는 제조사에서 가져오는 가격을 낮추는 해법밖에 없다고 결론지었다. 장비 자체를 가격을 낮춰 사온 다음 소속회사의 적정 이윤을 확보해 고객이 원하는 가격에 맞춰 납품을 하는 것이었다. 이를 위해 그는 우선 있는 그대로의 상황을 교수에게 털어놓았다.

"교수님! 원하는 장비를 보시고 나니까 다른 것들은 눈에 들어오지도 않으시죠? 그렇다고 가격에 맞추시면 쓰실 만한 수준의 장비를 세팅하시긴 힘듭니다. 그래서 제가 생각한 방법이 있습니다만, 교수님의 협조가 필요합니다. 도와주실 거죠?"

그는 먼저 정공법을 해법으로 생각했다. 장비를 사고자 하는 병원의 거래를 지속해야 한다는 점을 공급사에 이야기하며 가격을 깎는 방법이었다. 계속 거래해왔고 이후에도 계속 거래할 병원이니까 이번에는 좀 깎아달라고 말하는 것이다. 그러나 이 방법은 자신에게나, 공급사 담당자에게나 모두 부담스러운 방법이었다.

다음으로 생각한 해법은 동료교수의 남아 있는 연구비를 활용하는 것이었다. 예를 들면 A교수가 2억을 쓰고 B교수가 남은 연구비 중 3,000만 원을 보태 구매한 후 장비를 나눠서 사용하는 방법이다. 이전에도 몇 번 활용했던 좋은 방법이었지만 이번에는 불가능했다. 두 교수의 관계가 이런 협업을 할 수 있을 정도로 매끄럽지 못했기 때문이었다.

마지막으로 생각한 해법은 구매를 희망하는 교수의 영향력을 강조하는 방법이었다. 돈 한 푼 받지 않고 음식점을 자랑하고 다니는 사람처럼 이 교수가 인맥도 넓고 연구 활동도 왕성하게 한다, 지금 하고 있는 연구 프로젝트도 큰 성과가 기대되는데 프로젝트에 성공하기 위해서는 이 장비가 반드시 필요하다, 만약 프로젝트가 성공적인 결과를 내면 예닐곱 군데는 어렵지 않게 영업할 수 있다는 등의 프로모션을 통해 가격 할인을 할인이 아닌 투자로 설득하는 것이다.

오 부장은 세 번째 방법으로 가격 때문에 꽉 막힌 업무 정체를 뚫어내기로 결심했다. 이와 같은 방법으로 먼저 공급사 담당자를 설득함과 동시에 상대방 교수에게는 사용 후기를 자세하게 작성해 줄 것과 지금까지의 연구 성과와 향후 계획을 정리해서 보내줄 것을 요청했다. 자신의 강변과 읍소에 고객의 행동을 더해 가격을 깎아주는 할인이 아니라 더 큰 수요를 만들어내기 위한 선행 투자임을 입증해야 했기 때문이었다. 이 해법은 완벽히 통했고 교수는 예산 범위 안에서 보기만 해도 기분이 좋아지는 장비를 구매하는 데 성공했다. 오 부장 역시 품질과 이윤 모두를 얻어냈음은 물론이다. 그러자 교수는 원칙을 지키면서도 적합한 해법으로 고객의 진퇴양난을 풀어내는 그의 노력에 감탄하며 농담반 진담반으로 고급 사기꾼이라는 별명을 붙여준 것이다.

도무지 방법이 없어 보이는 경우 대부분 사람들은 둘 다 가질 수는 없으니 하나를 포기할 생각을 하게 된다. 그러나 길이 없어 보일지라도 계속해서 찾아보는 것이 잘 뚫는 사람들의 공통점이다. 구약성경 속 모세의 이야기를 알 것이다. 이집트 왕의 명령으로 새로 태어난 모든 유태인 사내아이를 다 죽이는 상황, 아기를 살릴 수 있는 방법이 없어 보이는 가운데서도 아기의 가족들은 갈대로 정성껏 상자를 만들어 아기를 그 안에 눕힌다. 그리고 우연하게라도 누군가에게 전달되는 기적을 바라며 아기를 태운 갈대상자를 강물에 띄운다. 그러자 거짓말처럼 갈대상자는 그 나라의 공주에게 발견되었고 아기는 이집트의 왕자로 자라나게 된다. 다 꺼진 것 같아도 불씨를 살릴 수 있는 방법을 두 눈을 씻고 찾아봐야 막힌 곳을 시원스레 뚫을 수 있다.

모든 묘수는 정수에서 나온다

바둑이나 장기에는 묘수와 정수가 있다. 묘수(妙手)는 생각해 내기 힘든 좋은 수인데 반해, 정수(正手)는 속임수를 쓰지 아니하고 정당하게 두는 기술을 말한다. 바둑이나 장기뿐만 아니다. 회사에서든 가정에서든 많은 사람들은 묘수를 찾는다. '몸이 허한데 어디 힘 받는 거 없나?' 하며 건강식품은 찾는 사람들처럼 문제를 한 번에 해결할 묘수를 고민한다.

물론 묘수는 있고 또 필요하다. 기가 막힌 묘수는 분명히 존재하며 그 이상의 누구도 예상치 못한 신의 한 수가 필요한 순간은 반드시 찾아온다. 그러나 모든 묘수는 정수로부터 나온다. 생각해 내기 힘든 좋은 묘수는 속임수 없이 정당하게 두는 기술로부터 나온다. 정수가 쌓여 묘수를 만들 힘을 만들고 그 힘으로 정수를 살짝 비튼 것이 묘수일 뿐이다. 따라서 묘수는 정수의 아류이고 정수는 묘수의 뿌리이다.

그러나 정수를 다 알기도 전에 묘수를 바라선 안 된다. 정수의 참 모습과 정수가 가진 깊은 맛을 안 뒤에야 묘수를 찾아야 하고 찾을 수 있다. 그렇지 않으면 찾은 줄 알았던 묘수는 꼼수가 되고 자충수가 될 뿐이다. 막힌 곳을 뚫기 위해서도 묘수가 필요하다. 그러나 묘수는 분명히 정수로부터 나온다. '기본으로 돌아가자 (Back to the basic)'는 말은 지키기 어려운 정수, 나아가 잊기 쉬운 정수를 기억하자는 외침이자 묘수보다 더 중요한 정수에 대한 각성이다. 그런데도 많은 사람들은 묘수만 찾고 정수를 잊는다. 묘수를 위해 정수를 헌신짝처럼 취급한다.

단언컨대 정수 없는 묘수는 없다. 전문가들의 해법(resolution) 역시 묘수보다는 정수에 가깝다. 이들의 이야기 속에서 무언가 기발한 묘수를 찾기 원했다면 실망했을지도 모른다. 그러나 묘수가 아닌 정수를 찾는 마음으로, 정수로부터 묘수를 끄집어내는 자세로 세 명의 이야기를 곱씹는다면 그 과정에서 다른 사람의 정수를 나의 정수로 만들 수 있을 것이다. 또한 그렇게 만들어낸 나의 정수를 나만의 묘수로 바꿀 수 있는 힘을 얻게 될 것이다.

PARTY

CORE SUMMARY

상대방과 아이템으로부터 실마리를 풀어
최적의 해법을 찾아낸다

- 존중감과 애착을 바탕으로 고객이 누구이고 어떤 특성이 있는지 깊게 파헤친다

- 업무 관련 지식을 넓히고 트렌드를 파악하기 위해 다양한 방법으로 학습한다

- 분명히 방법이 있다는 믿음으로 기존 방식을 뛰어넘는 더 좋은 방법을 찾는다

TOUCH

마음을 만진다

TOUCH

—

마음을 만진다

2016년 가을 보건복지인력개발원에서 복지 마인드 워크숍을 진행할 때였다. 이쪽 분야 공무원들은 업무 특성상 상대적 박탈감 같은 상처를 갖고 있는 분들을 많이 응대하기 때문에 다른 공무원에 비해 악성 민원인을 많이 만난다. 참석한 사회복지 공무원들에게 '본인이 만난 최악의 민원인'을 주제로 토론을 요청했다.

할머니 마음이랑 내 마음이랑 똑같아

진솔한 '뒷담화'가 자연스럽게 전개되며 곳곳에서 웃음과 탄성이 흘러나왔다. 토론이 어느 정도 이뤄진 후 조별로 한 명씩 발표를 해달라고 요청했다. 서로 하지 않겠다고 미루던 다른 주제와는 달리 발표는 순조롭게 진행되었다. 그러다 한 조에서 40대 초반의 여성 공무원이 앞으로 나와 발표를 시작했다. 수도권 어느 시청에서 근무하고 계신 분이었다. 그녀는 몇 시간 동안 억지를 부리며 민원해결을 요청하셨던 할머니 얘기를 시작했다.

시청으로부터 매달 생활보조금을 계속 받고 계신 할머니는 지금 받는 금액보다 몇 만 원이라도 더 줄 수 없느냐 하소연하셨다. 담당공무원이 무슨 말씀인지는 알겠지만 규정상 그럴 수 없다고 답변하자 할머니는 그 자리에 앉아있는 공무원 모두를 돌아가며 계속 졸라대기 시작하셨다.

단순한 요청뿐 아니라 본인이 살아온 얘기, 지금까지 한 고생, 죽은 남편과 자식과 친척들까지 할머니의 말씀은 밑도 끝도 없었다. 아무리 만류를 해도 얘기가 그치지 않자 참다못한 공무원들이 약간 서운한 소리를 했다. 그러자 할머니는 설움에 북받쳐 이젠 악다구니까지 부렸다. '니들은 애비, 애미도 없냐? 망할 것들' 수준까지 간 것이다. 직원들 모두가 어떻게 하면 할머니를 댁으로 돌려보내드릴 수 있을까 고민했지만 방법이 없어 보였다.

그때 사회복지공무원들을 도와주는 환갑이 거의 다 되신 여성 사회복지사 한 분이 외근을 나갔다 돌아왔다. 상황을 파악한 사회복지사는 자리에 앉지도 않고 할머니에게 다가갔다. 못 보던 얼굴이 나타나자 할머니는 이제 이 분에게 몇 시간째 읊었던 레퍼토리를 시작하려고 했다. 그러자 할머니 말씀을 몇 마디만 듣고는 사회복지사가 큰 목소리로 얘기했다.

"할머니! 내가 할머니 마음 알아요. 무슨 말씀인지도 잘 알아요. 그러니까 이제 돌아가셔서 쉬세요. 할머니 마음이랑 내 마음이랑 똑같아요. 아셨죠?"

그러자 몇 시간째 사무실에서 농성 중이던 할머니는 서럽게 잠깐을 우시더니 사회복지사에게 고맙다고 인사한 후 귀가를 하셨다는 얘기였다. 앞 사람들이 몇 시간동안 번갈아가며 한참을 설명하고 또 한참을 들어드려도 자기 말만 하시던 할머니의 고집은 사회복지사의 한마디에 눈 녹듯 풀렸다. 이런 게 바로 공감이다. 할머니는 어쩌면 몇 만 원이 아니라 자기 마음을 알아줄 사람이 필요했던 것이다. 공무원들의 설명과 경청은 친절하고 반듯했지만 할머니의 마음을 만지지는 못했다. 그러나 사회복지사의 따뜻한 한마디는 할머니의 마음을 깊숙이 만질 수 있었고 할머니가 그토록 바라던 공감을 이뤄냈다.

마음을 만지면 막힌 곳이 뚫린다. 건드림은 응어리를 뚫고, 어루만짐은 케케묵은 두 사람 사이의 장벽을 뚫는다. 마음을 만질 수만 있다면 상대방과 나 사이에는 이미 널찍한 터널이 완전히 개통된 것과 다름없다. 꽉 막힌 곳을 속 시원하게 뚫는 네 번째 마법은 마음을 만지는 것, '터치(Touch)'다.

마음으로 마음을 움직인다

LPG 승합차를 빌려 여름휴가를 간 적이 있다. 충남 태안의 잘 알려지지 않은 바닷가에서 즐거운 시간을 보낸 뒤 집으로 돌아오는 길에 문제가 생겼다. 출발할 때 연료가 얼마 남지 않아 고속도로를 타기 전에 가스 충전을 해야겠다고 생각했는데, 톨 게이트에 진입할 때까지 충전소가 하나도 없었던 것이다.

'반대 방면에 있던 충전소라도 갔어야 했는데' 하며 뒤늦게 후회해봤자 소용없었다. 내비게이션에 표시된 다음 충전소는 몇 십 킬로나 가야 했고 자동차에 주유 표시등이 들어온 지는 이미 오래였다. 익숙하지 않은 자동차라 얼마나 더 갈 수 있을지도 잘 몰라 '이러다 정말 고속도로 한 복판에서 멈추면 어떻게 하지?' 걱정하며 차를 몰았다. 다행히 다음 충전소에서 가스를 가득 충전해 무사히 위기를 넘기긴 했지만, 어떤 종류의 연료를 사용하는지가 자동차를 운전할 때 정말 중요한 사실이라는 점을 새삼 확인할 수 있는 기회였다.

가스차는 가스를 넣어야 움직인다. 가스차에게 기름은 아무 쓸모없다. 경유차에는 경유를 넣어야 하고, 휘발유차는 휘발유로 움직인다. 이처럼 자동차마다 그 차를 움직이게 하는 연료는 서로 다르다.

그렇다면 사람은 어떤 연료를 넣어야 움직일까? 사람은 자동차와 비교할 수 없을 만큼 복잡하기 때문에 개인마다 적합한 연료가 다를 것이다. 주로 돈으로만 움직이는 사람도 있고, 인정과 칭찬을 연료로 달리는 사람도 있다. 압박이 들어가야 시동이 걸리는 사람도 있는 반면, 조금만 푸시(push)를 해도 휘발유 넣은 경유 차처럼 탈이 나는 사람도 있다.

그러나 스타일 구분 없이 모든 사람을 움직이는 연료가 있다. 바로 마음이다. 마음은 모든 사람을 움직이는 만능 연료다. 가고 싶은 마음을 넣으면 가도록 할 수 있고, 하고 싶은 마음을 넣어주면 하게 만들 수 있다. 평안감사도 저 싫으면 그만이다. 마음을 넣지 못하면 꽃보직이어도 억지로 시킬 수 없다는 거다. 거꾸로 마음을 넣으면 목숨이 위태로운 전쟁터도 내보낼 수 있다. 마음을 제대로 넣어줘야 상대방을 자신이 원하는 곳으로 움직이게 할 수 있다는 말이다.

살다보면 내 마음대로 할 수 있는 게 별로 없다는 걸 실감한다. 다른 사람 마음이 내 마음 같지 않다는 사실도 자주 느낀다. 모두 상대방에게 맞는 마음의 연료를 투입하지 못해 그 사람의 마음을 움직이는 데 실패했다는 의미다. 일을 잘 풀어내려면 그 일과 관련된 사람들의 마음을 움직여야 한다. 문제를 뚫고 장벽을 뚫으려면 문제와 장벽이 되는 사람들에게 마음이란 연료를 투입해 스스로 비켜주도록 만들어야 한다. 나와 같은 방향으로 뛰고자 하는 마음, 같은 가치를 이뤄가고자 하는 마음을 함께 품을 수 있도록 만들어야 한다.

곳간에서 인심 나고 만남에서 공감 난다

상대방의 마음을 얻기 위해서는 자신이 먼저 상대에게 마음을 집어넣어야 한다. 고스톱을 칠 때 현금이 오고 가야 치는 맛이 나는 것처럼, 마음을 주거니 받거니 해야 서로가 공감이라는 한 단계 높은 수준의 관계로 발전할 수 있다.

오수림 고문은 마음을 얻는 방법은 내가 먼저 마음을 주는 것임을 잘 알고 있다. 그리고 신입 때부터 지금까지 고객에게 마음을 넣어주기 위해 노력하고 있다. 이를 위해 그는 무조건 사람들을 많이 만난다. 만나야 마음을 주고 또 마음을 받을 수 있기 때문이다. 신입 때는 말할 것도 없었고 100억을 훌쩍 넘는 매출을 만들던 때를 지나 50세가 될 때까지는 영업을 계속한다고 생각하며 뛰었던 40대 후반 때도 최대한 많은 고객들을 직접 만나는 일에 힘을 모았다.

그의 고객사는 주로 연구소나 대학병원들이었다. 모두 규모가 매우 큰 조직이기 때문에 그가 다루는 아이템들과 관련된 사람들이 한 곳에 적어도 20~30명, 많게는 200~300명씩 모여 있었다. 이들은 업무 특성상 외근도 거의 없기 때문에 자리를 지키고 있는 경우가 많았다. 오 고문은 이런 특성들을 활용해 한 번 방문을 하면 만날 수 있는 사람들을 최대한 많이 만났다. 미팅으로 두세 명을 만난 후에는 같은 부서의 다른 연구원들을 만났고, 이후에는 연구실을 돌아다니며 연구소와 병원에 있는 사람들을 모두 만나며 한두 마디라도 얘기를 나눴다. 바빠서 얘기 나눌 시간이 없는 사람들에게는 눈빛으로라도 인사를 건넸다.

"하루에 100명까지 만났던 것이 최고 기록입니다. 함께 미팅을 한 사람, 만나서 얘기까지 나눈 사람, 상품안내서를 건네며 악수만 한 사람, 그것도 아니면 가볍게 인사만 나눈 사람까지…. 잠깐 인사만 나눈 분은 아마 저를 만난 걸 기억하지 못할 수 있습니다. 그러나 무의식적으로라도 저를 상기시킨 것은 분명합니다."

직접 만나지 않고도 소통을 할 수 있는 방법은 매우 많다. 이젠 전화도 번거롭고 비효율적인 수단으로 취급 받는 시대가 되었다. 수많은 스마트한 채널들을 통해 빠르고 간편하게 다른 사람과 소식을 주고받을 수 있기 때문이다. 그러나 이와 같은 온라인 채널들은 사람과 사람이 만나 얼굴을 맞대고 이야기하는 오프라인 미팅을 완벽히 대체하진 못한다. 여전히 휴대전화 메시지 한 개보다는 스쳐 지나가는 것처럼이라도 직접 눈도장을 찍는 게 공감을 위해 더 좋은 방법이다.

곳간에서 인심 나듯 만남에서 공감이 일어난다. 온라인으로 입금하는 것보다는 봉투를 전달하는 것이, 그리고 무엇보다 직접 찾아가는 것이 경조사를 챙기는 가장 좋은 방법임이 분명하다. 마음을 나누는 공감은 돈이나 문자로만으론 할 수 없는 것이기 때문이다. 눈길과 몸짓으로 마음을 먼저 건넬 때 상대방은 마음으로 화답할 것이다. 그리고 그렇게 하나가 된 마음은 서로의 마음을 움직이는 고성능 연료가 될 것이다.

공감보다 강력한 프러포즈는 없다

수많은 경우 이성적인 판단보다 마음이 어디로 움직이는지가 사람의 선택에 더 큰 영향을 끼친다. 머리로 생각하면 A가 맞는 선택인 게 분명해도 마음이 내키지 않으면 결국 A 대신 B를 선택하게 된다. 머리보다 마음이 끌리는 것을 선택한다는 것이다. 엿장수도 그렇다. 머리로는 엿을 정확한 크기로 잘라 팔고 싶지만 상냥한 말투의 손님에게는 마음이 끌려서 더 주게 되고 까칠한 사람에게는 덜 주게 된다.

그래서 여러 격언들은 중요한 판단에 있어 감정을 최대한 배제하고 냉정하게 이성적으로 판단하라고 주문한다. 맞는 말이다. 감정에 치우쳐 냉철한 판단을 하지 못하는 일은 없어야 한다. 그런데 좀 더 생각해보자. 이성이 마음보다 꼭 적합한 기준일까? 생각해보면 반드시 그렇지만은 않다. 방대한 자료를 분석하고 차가운 이성을 발동해 결정했지만 얼마 지나지 않아 잘못된 선택이었음을 뒤늦게 깨닫는 경우가 부지기수다. 이성은 무조건 좋은 기준이고 마음은 언제나 그릇된 기준인 것은 아니란 얘기다. 더군다나 정도의 차이는 있겠지만 사람들은 결국은 자기의 마음에 따라 결정하게 된다. 직관일 수도 있고 육감일 수도 있다. 어쨌든 마음이 가는대로 결정한 게 좋은 결과로 이어지는 경우도 많다는 것은 분명하다.

박상신 본부장은 마음의 이끌림에 따라 회사를 옮겼다. 처음 회사를 옮길 때도, 지금 회사에 합류할 때도 그를 움직인 건 다름 아닌 마음이었다. 물론 감정에 휩쓸려 중요한 결정을 치밀한 고민 없이 했다는 말은 아니다. 중대한 선택을 위해 여러 가지 변수들을 고민하고 또 고민했다. 그러나 선택을 이끈 결정적인 한 방은 결국 마음이었다는 뜻이다.

당연히 회사를 옮기는 중대한 결정을 감정적으로 해서는 안 된다. 생각에 생각을 거듭해 신중하게 결정해야 한다. 그러나 그래도 결국엔 마음이 당겨야 이직이 이뤄진다. 박 본부장 역시 함께 힘을 모아 좋은 회사를 같이 만들어가자는 사장의 마음이 자신의 마음이 되자 지체 없이 이직을 실행했다. 이처럼 공감은 성공확률이 가장 높은 프러포즈가 된다.

"당시 사장님은 저에게 신한생명이라는 회사나 자신의 경력에 대한 얘기는 한마디도 하지 않았습니다. 연봉을 얼마 주겠다거나, 직급을 어떻게 해주겠다는 얘기도 전혀 없었습니다. 대신 자신이 꿈꾸고 있는 회사의 비전을 얘기하며 비전을 이루기 위해서는 저 같은 사람이 필요하다고 말했습니다. 조직문화와 영업방식을 바꾸고 싶다, 그래서 보험의 가치를 새롭게 하고 싶다, 그러니 나 좀 도와 달라…. 이런 내용뿐이었습니다."

처음 합류 제안을 받았을 때 그는 정중히 거절했다. 회사를 옮길 생각도 별로 없었고 만약 회사를 그만둔다고 해도 다른 회사로 옮기는 것이 아니라 샐러리맨 생활을 끝내고 싶었기 때문이다. 실제로 개발이 시작되고 있던 고향 서산에 내려가 중고차 매매단지를 만들어 보겠다는 구상을 부친과 하고 있던 중이었다. 그러나 박 본부장의 마음을 얻으려는 고 사장의 노력은 끈질겼다. 전화를 걸어와 보험의 가치와 새로운 회사의 비전을 이야기하며 '어떻게 이직 고민은 계속 하고 있느냐, 당장 결정하라는 것은 아니다, 그러나 언젠가는 같이 일하고 싶다…' 이런 얘기를 큰 부담 가지 않게 반복했다.

몇 주 동안 몇 번 그렇게 통화를 하게 되자 그의 마음이 조금씩 움직이기 시작했다. 새 술을 새 부대에 담아야 하듯 새로운 회사에서 보험의 새로운 역사를 만들고 싶다는 의욕이 생겼다. 고 사장의 마음이 박 본부장의 마음이 되는 공감이 이뤄진 것이다. 결국 그는 첫 회사를 나와 공감에 성공한 사장이 이끄는 회사로 이직을 하게 되었다.

프러포즈는 자신의 마음을 상대방에게 집어넣는 행위다. 그래서 상대방도 나처럼 마음먹게 만드는 절차다. 그런데 프러포즈를 잘 못하면 내가 집어넣은 마음이 상대에게 들어가지 않거나 들어가기는 했는데 소화가 되지 않는다. 그러면 상대방은 여전히 나와 다른 마음을 품고 있을 뿐이므로 이런 프러포즈는 100% 실패다.

마음과 마음을 잇는 프러포즈, 내 마음이 곧 네 마음이 되는 이심전심의 프러포즈를 위해서는 부담은 되지만 다음 논의를 위한 여지를 남겨두는 여유, 단 칼에 끝내려는 조바심을 이겨내는 진득함, 그러면서도 상대방을 자꾸 고민하게 만들어 결국 빠져나올 수 없도록 만드는 매력이 필요하다. 나와 같은 마음이라는 사실을 느끼게 하는 것, 즉 공감을 확인하도록 만드는 데 성공했다면 시기가 문제일 뿐 프러포즈는 이미 성공한 것이나 다름없다.

환심은 사는 것, 공감은 못 사는 것

약 20년 전부터 최근까지 박 본부장과 함께 활동한 D FC란 분이 있다. 70대 초반이 되신 지금도 계속 보험 영업을 하고 계신 D여사는 공감에 대한 박 본부장의 롤 모델 중 한 명이다. D여사는 우선 활동량이 엄청나다. 그녀는 승용차는커녕 버스나 지하철도 이용하지 않고 이른 새벽부터 늦은 오후까지 종로, 을지로, 퇴계로 같은 서울 시내 한복판 곳곳을 오로지 도보로 누비고 다닌다. 교통비를 아끼려고 그러는 것이 아니다. 신도시에 빌딩을 세 채나 갖고 있는 알짜 재력가다. 그럼에도 불구하고 D여사가 고객을 만나러 갈 때 반드시 뚜벅뚜벅 걸어서 가는 이유는 무엇일까? 거기에는 허튼 곳에는 1,000원짜리 한 장 쓰지 않는 근검절약 정신보다 더 중요한 이유가 있다.

D여사의 고객은 대부분 고층 빌딩을 청소하는 환경미화원들이다. 그래서 고층빌딩이 밀집한 도심이 D여사 구역이다. 일부러 걷는 고생이라도 하고 가야 자신의 마음이 편하고, 고된 일을 하는 고객들과 공감할 수 있기 때문에 D여사는 동장군이 매서운 한겨울이든 폭우가 쏟아지는 장마철이든 언제나 걸어서 고객을 만나러 다닌다. D여사는 50~60대 여성이 대부분인 고객들에게 저축보험이나 상해보험을 주로 안내한다. 이 보험들이 많지 않은 수입

을 갖고도 목돈을 만들 수 있는 방법이자 몸이 아프면 아무 일도 할 수 없는 분들을 돕는 길이라 확신하기 때문이다. 동시에 그녀는 선입견과 잘못된 가치관으로 남들에게 대우 받지 못하는 고객들을 진심으로 존중한다. 다른 사람이 볼 땐 허드렛일이지만 수십 층짜리 고층빌딩도 청소가 제대로 이뤄지지 않으면 흉물이 될 뿐이라는 점을 강조하며 하는 일에 대해 자부심을 가질 수 있도록 진심으로 응원한다.

"사실 판촉물이 새로 나오면 D여사님은 옆에서 보기에 심하다 싶을 정도로 챙깁니다. 부채나 휴지 같은 작은 것까지도 더 가져가려고 엄청나게 노력하십니다. 잘 모르는 분들은 너무 욕심을 부린다고 오해하지만, 주위의 눈총을 받으면서도 그러시는 이유를 저는 잘 압니다. 고생하는 고객들에게 하나라도 더 전달하려고 하는 인정이기 때문입니다."

그래서 박 본부장은 그럴 때마다 가셔서 더 많이 나눠 드리고 더 격려해드리라는 말씀과 함께 D여사에게 판촉물들을 더 챙겨 드린다. 고객과 D여사의 공감은 박 본부장과 정 여사의 공감으로 이어지고 있다. 몇 백 원 짜리 플라스틱 부채를 받아도 주는 사람의 따뜻한 마음이 느껴질 때가 있고, 몇 만 원 짜리 한정식을 대접 받아도 정성이 느껴지지 않을 때가 있다. 마음은 마음을 집어넣을 때만 나오는 것, 마음은 마음으로만 얻을 수 있는 것이기 때문이다. 환심은 돈으로 살 수 있다. 잠깐의 기쁜 마음은 선물로 살 수 있다. 그러나 공감은 아무리 거금이라고 해도 돈으로 살 수 없다. 마음은 오직 마음으로만 얻을 수 있다.

뉴 페이스의 호감보다 중요한 기존 고객의 공감

최정식 본부장은 새로운 고객을 더 많이 찾는 것이 중요한 게 아니라고 믿는다. 이에 따라 그는 가망 고객 리스트를 만들거나 여러 방법을 통해 새로운 잠재고객을 늘려가는 일을 하지 않는다. 기존 고객만으로 충분하니까 부릴 수 있는 가진 자의 여유라고 생각할 수 있다. 어느 정도 맞는 말이다. 그러나 기존 고객이 몇 명 되지 않을 때도 그는 뉴 페이스를 찾아 그들에게 좋은 인상을 주는 일보다 이미 고객이 된 사람들을 위해 더 많은 시간과 에너지를 투자했다. 뉴 페이스의 호감보다 기존 고객의 공감을 이끌어내는 것이 중요하다고 여겼기 때문이다.

물론 전시장 방문객이나 친구나 가족의 추천으로 만나게 된 사람들까지 일부러 피했다는 말은 아니다. 그와 같은 경우에는 성실하고 전문적인 상담을 통해 새로운 고객으로 만들기 위해 노력했다. 그러나 최 본부장은 신규 고객을 만들기 위해 전단지나 판촉물을 뿌리거나, DB를 확보해 이 메일이나 우편물을 보내는 랜덤 마케팅을 제대로 한 적이 한 번도 없다. 남들이 다하는 걸 나만 하지 않는다는 생각에 불안하기도 하고 걱정도 되었지만, 이런 노력에 필요한 힘을 기존 고객들을 위해 쏟아 부었다.

"같이 일하는 동료들을 보면 간혹 전단지나 판촉물을 통해 상담을 요청 받는 경우도 있긴 합니다. 그러나 정확히 계산을 해보진 않았지만 확률이 1%도 되지 않을 거예요. 전단지 1,000장 뿌린다고 상담 요청하는 사람이 몇 명이나 오겠습니까? 온라인 이벤트도 마찬가지입니다. 이벤트 내용들을 읽어 보기는 하겠지만 실제 행동으로 옮겨지는 일은 가뭄에 콩 나듯 할 겁니다. 게다가 더러 상담까진 한다고 해도 구매계약까지 이어질 가능성은 더욱 없습니다."

무엇인가 안하면 안 될 것 같은 불안감, 어떤 것이라도 해야 한다는 의무감이 성공 확률이 극히 적은 줄 알면서도 랜덤 마케팅을 하게 만든다. 가능성은 낮지만 이를 통해 호감을 얻어 성과로 연결할 수도 있다. 그러나 그 노력을 기존 고객에게 투자하면 조금 더디더라도 공감을 통해 저절로 새로운 고객들을 늘려갈 수 있다. 딜러와 고객의 공감이 기존 고객과 새로운 고객의 공감으로 이어지고, 그건 다시 딜러와 새로운 고객의 공감으로 확대되기 때문이다.

호감은 냄비지만 공감은 뚝배기다. 호감은 금방 식지만 공감은 오래간다. 공감을 위한 사전 단계로서 호감은 반드시 필요하지만, 공감으로 이어지지 못하는 호감은 좋다가 마는 일처럼 아무 짝에도 쓸모가 없다. 호감을 공감으로 만들려면 무엇보다 인내가 필요하다. 참을 줄 알아야 호감이란 불씨를 공감이란 군불로 지필 수 있다.

자동차를 타다 보면 정비소 신세를 지게 되는 일이 종종 발생한다. 아무리 좋은 자동차라고 해도 예외는 아니다. 타고난 건강 체질이라고 해도 일 년에 한두 번은 병원을 가게 되는 것처럼 자동차 역시 크고 작은 문제가 생기면 정비를 받아야 한다. 그런데 요즘은 대부분 거의 하루도 빠짐없이 자동차를 이용하기 때문에 정비소에 차를 맡길 때는 정비가 언제 끝날지를 가장 염려한다.

특히 고가의 수입자동차를 타는 사람들은 정비 소요시간에 더욱 민감하다. 성능에 이상이 생겨 부품을 교체할 때는 물론 간단한 소모품을 바꿀 때도 직영 A/S 센터로 가기 때문이다. 그렇게 급하면 동네 카센터를 이용해도 되련만 고객들은 대부분 신주단지 모시듯 소중히 여기는 애마를 확실히 믿을 수 있는 정비소에만 맡긴다. 따라서 정비소에 차량을 입고하는 순간부터 차를 '언제' 출고할 수 있는지에 대해 촉을 높이 세운다.

더 늦게 차를 넣어도 더 빨리 찾아오는 비결

그런데 이와 같이 중요한 정비 소요시간이 매우 짧다는 점은 고객들이 극찬을 아끼지 않는 최 본부장의 장점이다. 그는 정비소에 더 늦게 입고한 차를 먼저 입고된 차보다 더 빠르게 출고해 고객에게 전달하는 마법을 부린다. 이 능력 역시 사람을 움직이는 마음에서 비롯된다. 최 본부장은 전시장보다 정비소에 친한 사람들이 더 많다. 전시장에서 자신과 같이 세일즈를 하는 사람도 중요하지만, 고객을 위해서는 정비소에서 차량을 수리하는 분들과 마음을 주고받는 것이 더 중요하기 때문이다.

"정비를 하시는 분들이 볼 때 저처럼 차를 파는 사람이 어떻게 보일까요? 아마 곱게 보이진 않을 겁니다. 기생오라비처럼 옷만 말쑥하게 입고 다니며 따따부따 말발로 고객을 꼬드기는 사람이라고 생각할 수 있습니다."

그는 정비사들과의 인간적 교류를 위해 우선 이와 같이 부정적인 생각들을 깨뜨리는 것이 급선무라고 생각했다. 그래서 처음 시도한 것이 외모의 변화다. 전시장에서는 누구보다 세련된 슈트를 입지만 정비소에 갈 때는 작업용 점퍼로 갈아입는다. 정비사들과 비슷한 복장으로 변신하는 것이다. 외모가 전부는 아니지만 외모에서부터 거리감을 주지 않아야 마음을 열 수 있다고 생각했기 때문이다. 이것이 습관이 되어 그는 지금도 항상 트렁크에 작업용 복장들을 넣고 다닌다. 언제든지 필요한 순간에는 정비소 모드로 변신하기 위해서다.

옷만 비슷하다고 정비사들의 마음을 열 수는 없었다. 양복을 입은 다른 딜러들에 비해 약간 느슨해졌을 뿐 정비사들은 여전히 쌍심지를 켠 눈으로 그를 경계했다. 이에 그는 자신의 또 다른 강점인 자동차 기술 지식을 활용했다. 이때 주의할 점은 아는 것과 모르는 것을 명확히 구분해야 한다는 것이다. 정비사가 볼 때 상대방이 자동차 기술에 대해 자기보다는 모르지만 얘기가 통할 정도로는 알고 있다고 생각하게 만들어야 한다. 이를 위해서는 어디까지 알고 어디부터 모르는지를 정비사가 알도록 해주는 것이 매우 중요하다.

딜러가 자동차 기술에 대해 아무리 잘 알아도 정비사만큼 잘 알수는 없다. 제작이 아닌 정비의 영역에서는 더욱 그렇다. 그런데 잘 알지도 못하면서 아는 척 하는 걸로 보이거나, 몰라도 한참 몰라서 말을 해줘봤자 소귀에 경 읽기일 거라고 여겨진다면 정비사는 입을 굳게 다물 수밖에 없다. 그는 자신이 아는 범위 내에서 자세히 질문하며 조심스럽게 의견을 피력했고, 자신이 모르는 부분에 대해서는 정비사의 말을 100% 신뢰하며 호기심을 갖고 경청했다. 그러자 '입만 살아있는 사람'은 아니라는 인정을 받게 되었고 조금씩 정비사들의 마음을 열어갈 수 있었다.

그러자 최 본부장은 다른 딜러들보다 빠르게 정비소 안으로 들어갈 수 있었고, 더 수월하게 정비사들과 얘기를 나눌 수 있었다. 점점 정비사들은 딜러 같지 않은 딜러의 들어줄 수 있는 부탁들을 들어주기 시작했다. 그런 노력들이 쌓여 가끔은 늦게 들여보낸 차량을 더 빨리 빼낼 수 있는 내공으로 발전한 것이다.

"그렇다고 법꾸라지처럼 편법을 쓰거나 친하니까 신경 좀 써달라고 연줄을 댄 건 아닙니다. 그래서 다른 고객들에게 상대적으로 불편이 가는 건 공정하지 못하니까요. 대신 저는 정비사들과의 공감을 바탕으로 다른 딜러들도 알 수 있는 정보를 더 빠르고 더 정확하게 파악했을 뿐입니다."

환자가 급하니까 빨리 해달라고 재촉을 한다고 해도 병원은 해야 할 검사들을 건너 뛸 수는 없다. 빨리 하는 것보다 정확하게 하는 것이 환자를 위해 더 중요하기 때문이다. 그러나 검사 장비를 1시간 동안 점검해야 한다거나 방사선 촬영기사가 잠깐 자리를 비웠다는 정도의 얘기는 병원 직원을 통해 귀띔 받을 수 있다. 최 본부장은 이런 방법을 활용했다.

어차피 입고를 해도 작업이 2시간 후에 시작되는 상황에는 고객에게는 바로 말고 2시간 후에 방문할 것을 안내했다. 지금 바로 오나 2시간 후에 오나 정비가 시작되는 시간은 똑같기 때문에 1시에 차를 가져온 다른 딜러 고객의 차량이나 3시에 도착한 최 본부장 고객의 차량이나 같은 시각에 정비를 시작하게 되는 것이다. 그러다 보면 어디를 정비하느냐에 따라 그가 맡긴 차량이 10~20분 정도 먼저 나오는 경우가 생긴다. 그러면 2시간 전에 차량을 맡긴 딜러 입장에서는 자신이 입고한 차보다 최 본부장 차량이 몇 십 분이 아니라 2~3시간이나 빨리 나오는 것처럼 느끼게 된다.

또한 정비소 특성상 사전 예약한 고객이 취소를 하거나 시간을 변동하는 경우도 많다. 이렇게 되어도 정비사들이 마냥 쉴 수 없는데 최 본부장은 이런 경우를 파고들어 고객 차량이 그 시간동안 정비를 받을 수 있도록 했다. 이 방법을 쓰면 차량이 늦게 입고되어 야근을 할 뻔했는데 다행이라며 정비사들도 좋아했고, 자신의 차량을 신속하게 정비 받을 수 있으니 고객들은 더 좋아했다.

마트 계산대에서 종종 비슷한 일을 겪는다. 여러 계산대에 한 명씩 앉아있는 계산원들이 계산을 돕고 있는데 한 쪽 계산대에는 옆 계산대를 이용해달라는 푯말이 놓여있다. 줄을 서서 차례를 기다리며 잠깐 한눈을 파는 사이, 자리를 비웠던 계산원이 돌아와 이쪽으로 오라고 안내하면 나보다 뒤에 있던 사람이 그곳으로 빠르게 이동해 먼저 계산을 하고 나가는 경우다. 계산원은 물론 새치기 아닌 새치기를 한 사람도 잘못한 건 없다. 단지 그 광경을 속절없이 바라보고만 있는 나만 억울할 뿐이다. 이처럼 다른 사람들은 최 본부장의 센스 있는 행동 때문에 억울할 수는 있다. 그러나 엄연히 자신의 노력 부족이기 때문에 불공정하다고 항변할 수는 없다. 그는 정비사들에게 얻은 마음으로 조그만 정보를 하나 더 얻어내고 그 정보로 고객에게 더 많은 마음을 쓰고 더 좋은 서비스를 하는 것뿐이다.

마음먹기에 달려 있다

'마음먹다'는 단어가 있다. 무엇을 하겠다는 생각을 한다는 뜻이다. 종종 무슨 일을 하든 마음먹기에 달렸다고도 말한다. 그런데 여러 표현들 중에서 왜 마음을 '먹는다'고 하는 걸까? 무엇을 하겠다는 생각을 굳건히 하려면 품는 수준을 넘어 마음을 꼭꼭 씹어 먹어야 하고, 다른 사람과 공감을 하려면 주고받는 수준을 넘어 상대방의 마음을 꿀꺽 삼켜야 그 마음이 내 마음이 되기 때문이라고 생각한다. 마음의 간만 보거나, 마음을 한 입만 슬쩍 맛보는 것이 아니라 제대로 먹어 소화를 시켜야 마음이 내 것이 되어 공감을 할 수 있다는 뜻일 것이다.

요지부동처럼 느껴지는 담벼락을 뚫어내며 시원하게 일하기 위해서는 반드시 상대방의 마음을 만질 수 있어야 한다. 또한 남의 마음을 만지려면 공감을 나눠야 한다. 그리고 공감을 위해서는 상대방의 마음을 먹어야 한다. 큰 수저로 밥을 왕창 퍼서 입 안 가득 넣고 씹어야 상대방의 마음이 내 마음이 된다. 그래야 나와 너는 같은 마음, 같은 기분, 같은 생각을 함께 나눌 수 있게 된다.

작은 것이 큰 것이다

'정말로 행복한 나날이란 멋지고 놀라운 일이 일어나는 날이 아니라 진주알들이 하나하나 한 줄로 꿰어지듯, 소박하고 자잘한 기쁨들이 이어지는 날들인 것 같아요.'

삐쩍 마른 몸매에 주근깨까지 가득하지만 누구보다 맑고 상상력이 풍부한 빨간 머리 앤의 이야기다. 거액의 복권에 당첨되고, 화려한 옷을 입고, 입이 쫙 벌어지는 경치를 즐기는 날이 아니라 부부가 고즈넉하게 동네를 산책하고, 꼬마 아이가 한글을 떼며, 10장을 다 모은 쿠폰으로 공짜 치킨을 시켜 먹는 일들이 모여 행복이 만들어진다는 의미다. 다른 사람이 내 마음을 알아주고 있는지 느끼게 되는 것 역시 기상천외한 방법과 깜짝 놀랄만한 일들로 이뤄지지 않는다. 자잘한 마음 씀씀이 하나, 아주 작은 배려 하나가 마음을 만지고 이런 것들이 모여 진주처럼 아름다운 만남을 이루고 지속하게 한다. 사실 좋았던 관계가 틀어지는 것 역시 엄청나게 큰 사건 때문만은 아니다. 사소한 실수와 별 것 아닌 말 한마디가 상처를 내고 믿음을 무너뜨린다.

따라서 항상 작은 게 작은 것이 아니라는 점을 잊지 않는 것이 중요하다. 하찮아 보이는 것이 갖고 있는 위력을 정확히 가늠하는 자세가 필요하다. 값비싼 보석이 있어야만 아름다운 목걸이를 만들 수 있는 것은 아니지만, 진주알 하나하나를 잘 고르고 깨끗이 닦아야 귀중한 목걸이를 만들 수 있음을 명심해야 한다. 작은 것을 크다고 여기는 마음을 바탕으로 작은 것에게도 정성을 다할 때 작은 것은 커다란 감동이 되어 상대방의 마음을 움직일 것이다.

작은 노력으로 만들어주는 새 차 같은 느낌

새 자동차를 사서 처음 탈 때의 기쁨은 표현하기 힘들 정도로 크다. 반짝이는 외면은 물론 새 차 냄새가 물씬한 실내의 곳곳이 좋다 못해 아름다워 보일 것이다. 차만 그런 것이 아니다. 새 운동화를 처음 신을 때, 새 옷을 처음 입을 때, 새 집에 처음 입주할 때의 느낌 역시 참 신선하고 짜릿하다. 그런데 꼭 새 것을 사야만 그런 기분을 느낄 수 있는 것은 아니다. 전에는 자주 쓰다 최근엔 장롱 속에 처박아 두었던 핸드백을 깨끗하게 손질해 다시 맬 때도, 살이 쪄서 버릴까 하다 놔뒀던 양복을 깔끔하게 드라이클리닝 한 후 처음 착용할 때 역시 신선함을 느낄 수 있다.

자동차 역시 그렇다. 잔 흠집이 가득했던 범퍼가 매끈하게 변하고, 퀴퀴했던 실내가 티끌 하나 없이 깨끗하게 탈바꿈하면 앓던 이빨이 빠진 것처럼 후련하고, 땀으로 범벅이 된 몸을 샤워한 것처럼 개운하다. 최정식 본부장 역시 이 느낌을 잘 안다. 새 차를 처음 받았을 때보다 중고차가 새 차처럼 깨끗해지고 반짝반짝 빛나게 되었을 때의 만족감이 더 크다는 사실을 잘 알고 있다. 그래서 그는 고객의 자동차가 계속 새 차 느낌을 간직할 수 있도록 노력한다. 작은 노력으로 새 차 같은 느낌을 만들어 고객의 마음을 기쁘고 흐뭇하게 만드는 것이다.

잘 알고 있는 것처럼 자동차 부품들 중에는 소모품이 많다. 타이어나 엔진 오일 같은 윤활유 종류는 물론 패드나 필터들도 모두 닳아 없어지는 소모품이다. 이런 것들은 보통 교체 주기가 살짝 지나더라도 차가 움직이는 데 큰 지장을 주진 않는다. 그런데 거꾸로 제대로 바꿔주면 또 그만큼 바꾼 티가 난다. 소리가 조용해지고, 쏠림 현상이 줄어들며, 제동거리가 짧아진다. 최 본부장은 고객 차량의 소모품들을 주기를 정확히 맞춰 교체한다. 이는 알아서 해주는 관리의 기본이다. 또한 실내 클리닉이나 하부 세차로 부지런한 사람만 누릴 수 있는 청결의 기쁨을 고객에게 선사한다. 가끔은 액세서리를 새로 장착하거나 시트나 휠을 교체하기도 한다.

"연애처럼 차도 오래 타다 보면 싫증이 납니다. 몇 년은 타야 싫증이 나는 게 보통이지만 몇 달만 타도 벌써 새로운 무언가를 바라는 분들도 있죠. 이런 분들에게는 꼭 차를 바꾸지 않더라도 새 차 느낌을 찾아드리기 위해 노력합니다. 새 차를 사고 싶다고 하지만 지금 타는 차를 더 타도 좋은 상황이거나, 차를 바꾸고 싶지만 바꿀 여력은 부족해 보이는 분들에게 해드리는 특별 서비스입니다."

이로 인해 그는 고객들에게 뒤늦게 그때 고마웠다는 말을 자주 듣는다. 그때 차를 바꿨으면 후회할 뻔했는데 덕분에 1~2년 더 잘 탔다는 얘기다. 권태기에 빠진 남녀를 다시 사랑에 빠지게 해주는 특별 이벤트처럼 자동차에 대한 애정을 회복하게 해주는 작은 노력은 결코 작지 않은, 고객의 마음을 만지는 커다란 비법이다.

먼발치의 고객이 눈앞의 상대보다 중요하다

회사에서 회의를 하거나 다른 사람과 중요한 얘기를 나누고 있는데 휴대전화가 걸려온다면 어떻게 하는가? 전화를 받자마자 짧게 통화를 할 수 없다는 얘기만 할 수도 있다. 그럴 수도 없는 상황이라면 보통은 전화를 끊어버릴 것이다. 요란하게 흔들어대는 진동 소리가 회의나 이야기를 방해하기 때문이다. 그런데 그 다음에 취하는 동작은 크게 두 종류로 나뉜다. 전화를 건 상대방에게 아무런 조치도 하지 않는 사람과 문자로 나중에 전화를 하겠다고 알리는 사람.

요즘은 전화를 바로 끊으면 자동으로 양해 문자가 전송되는 방법을 설정해놓을 수도 있긴 하다. 하지만 이런 통화 불가의 상황에서 최 본부장은 흔하지 않은 동작을 취한다. 직접 만나고 있는 사람을 놔두고 멀리서 전화를 준 사람과의 통화에 집중하는 것이다. 물론 먼저 앞에 앉아있는 고객에게 걸려온 전화를 받겠다고 말하며 정중하게 양해를 구한다. 그 다음에는 미팅을 하고 있는 고객이 최대한 신경 쓰지 않고 다른 행동을 할 수 있도록 편안한 분위기를 만든 후 통화에 집중한다. 가급적 통화가 짧게 끝나도록 노력하긴 하지만 미팅 후에 바로 전화를 하겠다거나 자세한 얘기는 있다 하자거나 하면서 무리해서 전화를 끊으려 하지 않는다. 먼발치의 고객이나 눈앞의 고객이나 똑같이 중요하다고 생각하기 때문이다.

"상담 중인 고객은 제게 전화를 건 고객을 통해 상담 이후에는 자신도 저에게 전화를 걸게 될 것이라는 생각을 하게 됩니다. 그런데 제가 고객의 전화를 성의 없이 받는다면 상담 고객은 나중에 자신의 전화 역시 건성으로 받을 거라고 추측할 것입니다. 따라서 진심의 양해를 구한 뒤에는 상담 전화에 집중하는 것이 전화를 건 고객은 물론 본의 아니게 상담을 멈춘 고객을 위해 바람직한 태도라고 생각합니다."

어렸을 때부터 친하게 지낸 죽마고우가 새로 알게 된 친구에게 마음을 주면 질투가 나기 마련이다. 구입 후 탑승을 하는 순간부터 모든 새 자동차가 중고차가 되듯 계약을 하는 순간부터 모든 신규 고객은 기존고객이 된다. 그런데 신규고객을 위해 자신을 소홀히 대한다면 기존고객은 서운하다 못해 괘씸할 수밖에 없다. 새 친구 때문에 오랜 친구인 자신이 찬밥 신세가 되어버렸기 때문이다.

"고객은 이런 작은 행동, 작은 자세 하나하나를 자세히 관찰하며 제게 마음을 얼마나 주는 것이 합당한지 판단합니다. 계약할 때는 뭐든지 다 해줄 것 같다가 계약을 한 후에는 이런저런 이유로 안 된다는 말만 할 사람일지, 처음부터 끝까지 자신을 오랜 친구처럼 한 결 같이 대할지 예측하는 거죠."

하나를 보면 열을 안다는 속담이 딱 이럴 때 쓰는 말이다. 새로운 만남을 위해 애쓰는 것보다 이전의 관계를 위해 힘쓰는 자세 역시 작지만 마냥 작지만은 않은 마음을 쓰다듬고 어루만지는 방법이다.

육안이 아닌 심안으로 상대방을 관찰하라

몸담았던 그룹의 회장은 기회가 날 때마다 '관심의 눈'을 강조했다. 쉽게 생각하면 사람은 육안(肉眼)으로 사물과 현상을 보는 것 같지만 사실은 심안(心眼)으로 본다는 것이다. 그래서 남자 고등학생의 심안에는 여고생이 많이 보이고 할머니는 잘 안 보인다. 따라서 이 심안, 곧 관심의 눈으로 새로운 사업이나 회사의 발전을 위한 방법을 계속 관찰하라는 얘기였다. 마음을 만지는 작은 행동을 실천하기 위해서는 육안이 아닌 심안을 통해 관찰해야 한다. 육안으로는 볼 수 없는 작은 차이와 미세한 감정 변화들도 마음의 눈을 통해 자세히 들여다보면 조금씩 윤곽이 드러난다. 그리고 이런 작은 것들을 찾아내야 상대방의 마음을 만지고 움직이고 사로잡는 방법들을 실천할 수 있다.

육안은 선천적으로 차이가 난다. 함께 일하는 여성 직원이 머리핀만 바꿔도 금방 알아채는 사람이 있는 반면 부인이 머리를 잘라도 못 알아보는 남편도 있다. 어떤 50대 여성은 반대하는 남편 몰래 비상금으로 쌍꺼풀 수술을 했는데 남편한테 걸리기는커녕 알아보지도 못해서 웃어야 할지 울어야 할지 모르겠다며 씁쓸해 했다고 한다. 이처럼 몸의 눈은 사람에 따라 좋을 수도 나쁠 수도 있다.

그러나 심안은 분명히 후천적이다. 마음의 눈은 무엇에 관심을 갖느냐에 따라 달라지며 본인의 노력에 따라 월등히 좋아진다. 몇 번을 지나쳤는데도 보지 못했던 회사사옥이 그 회사로부터 강의 요청을 받은 후에는 눈에 쏙 들어온다. 대중교통을 타고 다니게 되니까 승용차로 출퇴근할 때는 눈길도 안 가던 버스정류장 전광판을 유심히 살펴보게 된다. 무엇에 관심을 갖기 시작하고 관심을 의도적으로 키워 가면 심안의 동공은 점점 확대되어 평소 보지 못했던 것들을 속속들이 볼 수 있게 된다.

박상신 본부장은 함께 일하는 FC들을 향해 계속해서 심안의 시력을 키워가고 있다. FC는 파트너라는 생각을 바탕으로 한 사람 한 사람에게 관심을 기울이며 FC들의 일거수일투족을 심안을 통해 관찰한다. 또한 FC들을 전체적인 집단이 아닌 한 명 한 명의 개인으로 대하며 인격적인 만남을 갖기 위해 노력한다.

"FC들을 관찰할 때 계약 여부나 성과를 먼저 보면 더 중요한 것들이 보이지 않습니다. 물론 이런 것들을 안 볼 수는 없죠. 하지만 다른 것들을 먼저 본 다음 가급적 나중에 보려고 의도적으로 노력한다는 얘기입니다."

그의 말에서 블라인드(blind) 면접이 떠올랐다. 블라인드 면접은 면접을 할 때 필연적으로 발생하는 면접관의 스키마(schema, 구조화

된 지식)와 고정관념을 줄이기 위한 방법이다. 지원자에 대한 사전 정보를 최대한 제한적으로 제공함으로써 면접관이 정보를 통해 만들어지는 고정관념에 빠지지 않도록 돕는다. 지원자의 이름 이외에는 아무 정보도 주지 않기도 하고 심지어 얼굴도 가리고 음성도 변조하여 면접을 진행하기도 한다.

장점과 단점이 분명히 모두 있지만 블라인드 면접의 핵심 의도는 덜 중요한 보이는 것 때문에 더 중요한 보이지 않는 것을 놓치는 일을 줄이자는 것이다. 이는 육안으로만 보면 놓치는 것들을 심안을 통해 관찰해야 한다는 말과 일맥상통한다. 더불어 숫자로 나타나는 성과를 보기 전에 FC의 상황과 심리 상태를 먼저 관찰하고자 하는 박 본부장의 노력과도 방향을 같이 한다. 그는 FC들의 배우자는 물론 자녀들의 상황, 친구관계, 성장배경과 사회생활 경력 등을 하나라도 더 알기 위해 노력한다. 사무실에서도 기회를 만들어 티타임을 갖고, 고객 미팅을 동행하게 되면 서너 시간 이상씩 FC와 속 깊은 얘기를 나눈다.

"이런 것들을 알아야 FC의 태도와 행동이 이해됩니다. 사람에 대한 상처가 아직 남아 있어서 인상이 어색했구나, 부모를 일찍 여읜 후 여러 언니들 밑에서 자라서 나이차가 많이 나는 선배들과도 편하게 지내는구나 하는 것들 말이죠."

그는 심안으로 보는 관찰을 통해 옷차림이나 액세서리부터 표정의 작은 변화, 나아가 감정의 변화까지 파악한다. 이를 통해 100%는 아니더라도 높은 적중률로 FC들과 마음을 주고받으며 공감대를 형성한다. 그리고 이에 따라 각자에게 적합한 방법으로 동기를 부여하고 코칭한다.

동기부여의 방법은 사람마다 다르다. 예를 들어 엄한 아버지 밑에서 자란 사람은 비교적 강하게 압박을 해도 스트레스를 받기 보다는 긍정적인 자극으로 해석한다. 반면 자율을 중시하는 부모의 지도를 받으며 성장한 사람은 강한 압박을 잘 견뎌내지 못한다. 압박을 긍정적인 자극이 아니라 의심과 간섭으로 받아들이기 때문이다. 박 본부장 역시 세밀한 관찰을 통해 FC의 특성을 파악하고 이에 따라 효과적인 방법으로 코칭을 실행한다.

육안으로 보면 상대방의 단점은 용납할 수 없는 골치 덩어리다. 그러나 육안이 아닌 심안으로 바라볼 때 상대방의 단점은 이해하고 보듬어줄 수 있는 대상이 된다. 육안으로 보면 곱게 보이지만은 않는 상대의 장점 역시 심안으로 볼 때 진정한 인정과 존경의 대상으로 변한다.

동(洞) 자 하나로 만져주는 고객의 마음

박 본부장은 고객도 마음의 눈을 통해 관찰해야 한다고 말한다. 심안을 통해 고객이 어떤 생각을 갖고 있고, 어떤 미래를 꿈꾸는지 알아야 보이지 않는 무형의 상품인 보험을 그 고객에 맞게 안내할 수 있기 때문이다. 그는 이런 관찰을 통해 아주 작은 변화부터 실천하고 있고 이를 통해 고객의 마음을 움직이고 있다. 현재 그가 맡고 있는 본부는 사업단 5개와 지점 3개, 합이 8개인 하부 조직으로 구성되어 있다. 일반적으로 보험회사 지점 명칭은 크게 지역의 이름을 활용하거나 구성원들의 지향점을 표현하는 경우로 나뉜다. 지역 이름을 쓰는 지점들은 보통 연희지점, 상계지점, 잠실지점처럼 동이나 구의 이름을 따라가는 경우가 많고, 지향점을 나타내는 지점들은 에이스지점, 사랑지점, 스마트지점 같은 경우다.

그런데 박 본부장이 이끄는 희망본부 산하 지점들의 이름은 각각 삼성동지점, 청담동지점, 대치동지점, 도곡동지점이다. 동(洞)이라는 한 글자가 붙어있는 것이 특이했다. 그 이유를 묻자 그는 물어주길 바라고 있었다는 표정으로 대답했다.

"동(洞) 자 하나만 붙여도 느낌이 달라지기 때문입니다. 이 동네 고객들은 자신들이 살고 있는 지역에 대한 자부심이 강합니다. 여러 경험과 수많은 상담을 통해 부자 동네에 사는 부자로 인정받고 싶다는 마음을 갖고 있다는 것을 확인했습니다. 그래서 삼성지점이나 도곡지점 대신 삼성동지점, 도곡동지점이라고 이름을 붙였습니다. 심안을 통해 관찰된 이너서클(inner circle, 핵심층)에 대한 배

타적 욕구를 동(洞) 자 하나를 붙여 충족시켜 주려는 의도입니다."

'청담지점이나 청담동지점이나 그게 그거지, 무슨 차이가 날까?' 하고 생각할 수 있다. 그러나 동 자 하나 더 붙이는 것은 부자 동네에 산다는 걸 알아주기 원하는 고객의 미세한 감정과 말하기 힘든 요구를 티 나지 않게 채워주려는 노력이다. 부자 동네에 산다는 걸 은연중에 자부하는 고객들의 마음을 동네 이름을 그대로 붙인 지점 명칭을 통해 만져주는 것이다.

박 본부장은 스스로 자신은 금융 전문가가 아니라고 말한다. 대신 영업 전문가라고 자부한다. 그리고 금융 전문가는 돈의 움직임을 집요하게 추적하며 다음엔 어디로 갈지 정확히 예측해야 하고, 영업 전문가는 사람의 마음을 치밀하게 관찰하며 고객이 어디에 마음을 줄 것인지 알아내야 한다고 말한다.

포병이었던 선배로부터 들은 얘기다. 박격포를 조준할 때 0.01mm만 오차가 발생해도 포탄을 발사하면 몇 m가 아니라 몇 십 m, 때로는 100m도 넘게 표적을 빗나간다고 한다. 코앞의 먼지만한 차이가 눈덩이처럼 불어났기 때문이다. 분명히 작은 노력은 엄청난 결과의 차이를 만들어낸다. 그리고 '동' 자 하나 더 붙인 전문가의 미세한 노력은 벌써부터 결과의 차이를 만들어 내고 있다.

꺼진 불도 다시 보고 숨은 맘도 다시 보자

오수림 고문이 하루에 고객을 100명까지 만나며 신나게 일을 하던 부장 때의 일이다. 오 부장의 전문성과 성실함에 대한 믿음이 쌓여가면서 그를 반갑게 맞아주는 사람들이 많아졌다. 오 부장이 언제 또 오는지 기다리는 고객들도 늘어났다. 그도 그럴 것이 연구원들을 능가하는 전문성은 기본이고 애프터서비스야 말로 성실함을 검증할 수 있는 가장 좋은 기준인데, 그는 장비 납품은 늦어지더라도 사후관리는 절대로 늦어지는 일이 없도록 각별히 노력했기 때문이다. 이에 따라 그에 대한 신뢰가 연구원들 사이에 퍼져갔고, 이 중에서는 특히 그를 인간적으로나 업무적으로 좋아하는 사람들이 생겨났다.

그중에서도 특히 오 부장을 신뢰하는 연구원들이 많은 대형 민간 생명과학 연구소가 있었다. 그런데 이 연구소에서 새로운 제도를 하나 만들었다. 연구소 직원들이 방문객을 만날 때는 반드시 건물 1층에 마련한 접견실을 이용하도록 한 것이다. 그는 이곳을 몇 년 째 안방 드나들 듯 수시로 방문을 하고 있었지만, 새로 생긴 제도와 규정에 따라 접견실에서 고객을 만나려고 했다.

그런데 미팅이 약속된 연구원이 잠깐 옆 건물에 갔다 오는 길에 접견실에 앉아 자신을 기다리고 있는 오 부장을 발견했다. 연구원은 그냥 자기 자리로 가서 얘기를 하자고 말하며 그를 사무실 안으로 데려갔다. 오 부장은 찜찜했지만 접견 규정이 생긴 지 얼마 되지 않은데다가 호의를 거절하기 힘들어 연구원을 따라 들어갔다. 그런데 이게 문제가 되었다. 이 연구원이 규정 위반을 이유로 상사의 질책을 받음은 물론 추후 규정을 준수하겠다는 서약서까지 제출하는 일이 벌어진 것이다. 연구원의 잘못이 크지만 오 부장으로서는 고객에게 의도치 않게 큰 불편을 끼친 셈이 되었다.

이 경험을 통해 그는 꺼진 불도 다시 보듯 자신의 행동을 통해 어떤 부작용이 생길 것인지 잘 헤아려야 한다는 교훈을 얻었다. 또한 작은 것을 결코 작게 여기지 않겠다고 다짐했다.

그러나 몇 년 후 그는 본의 아니게 비슷한 일을 다른 연구소에서 또 겪게 된다. 당시 그는 새로운 장비가 출시되면 상품안내서를 신속하게 업데이트해서 고객들에게 일일이 나눠줬다. 그러면서 잠깐 이야기도 나누고 얼굴도 보는 일도 의미가 있기 때문에 다른 방법도 있지만 일부러 연구원들의 자리로 직접 찾아갔다. 그런데 그를 유별나게 좋아하던 고참 연구원 한 명이 그 광경을 보더니 큰 소리로 외쳤다.

"오 부장님! 바쁘고 힘든데 뭣 하러 그렇게 일일이 안내서를 나눠주세요? 이리 와서 잠깐 앉으세요."

연구원은 오 부장을 자기 자리 옆 탁자로 안내했다. 그러더니 멀리 떨어져 있는 다른 연구원들에게 내선전화를 걸어 자기 자리로 오라고 했다. '오 부장님이 오셔서 새로 나온 상품안내서 나눠주고 있으니까 와서 받아가라'는 얘기였다. 고참이었기 때문에 동료나 후배들에게 편하게 연락한 것이다. 오 부장은 이래도 되나 싶었지만 상대방의 친절을 무시하기도 어색하고, 달리 생각하면 지금까지 불쑥불쑥 나타났던 자신이 업무에 몰두하고 있는 사람들에게 방해가 되었을 수도 있었겠다 싶어 물끄러미 지켜만 보고 있었다.

잠시 후 전화를 받은 연구원들이 줄줄이 도착하자 고참 연구원은 오 부장이 손쓸 겨를도 없이 재빠르게 팸플릿을 나눠주는 일까지 대신했다. 전화를 받고 찾아와 팸플릿을 받아가는 연구원들은 대부분 반갑게 인사하며 농담을 건넸다. 그러나 오 부장은 그중 몇 명은 겉으론 웃고 있지만 속으론 불편함과 어색함을 감추고 있다는 사실을 알아차렸다.

"제가 실수한 게 분명했습니다. 열에 아홉은 좋아해도 좋아하지 않는 한 명이 있다면 그 사람의 마음을 배려해야 했는데 그러질 못했던 겁니다. 호의를 베푼 고객의 마음도 중요하지만, 고객한테 오라 가라 한다고 못마땅하게 여기는 마음도 중요한데 말입니다."

겉으로 드러난 마음만 보고 상대방의 숨은 마음을 보지 못한 실수를 깨달은 그는 이후부터는 원래대로 연구원 한 사람 한 사람을 찾아다녔다. 또한 같은 일이 반복되는 사태를 미리 막기 위해 상품안내서 배포를 자처했던 고참 연구원 자리를 맨 끝에 방문했다. 똑같은 호의를 정중히 거절하는 것도 방법이지만, 아예 가야 할 곳을 모두 들른 다음 맨 뒤에 가서 문제가 생길 수 있는 소지를 원천봉쇄한 것이다.

마음 자체는 보이지 않는다. 말과 행동이 되어 겉으로 드러날 때 마음을 볼 수 있다. 그런데 말과 행동으로도 마음을 알 수 없을 때가 적지 않게 있다. 마음을 애써 감추거나 진짜 마음을 숨기기 위해 가짜 마음을 겉으로 드러낼 때가 그렇다. 이 작은 낌새를 놓치지 말아야 한다. 특히 여러 명을 한꺼번에 대할 때는 더욱 주의해야 한다. 집안이 비슷한 온도 같아도 주방은 더운데 안방은 춥고, 온도는 적당한데 바닥은 차가운 경우가 있다. 세심한 관찰을 통해 사람마다 다른 온도차를 정확히 측정하고 그에 맞는 터치를 해야 하는 이유다.

복기(復棋)와 준비로 마음을 들여다보라

숨긴 마음을 알아내는 방법은 하나밖에 없다. 더 고민하는 것이다. 상대방은 무슨 마음을 품고 있을까, 내가 이렇게 하면 고객은 어떤 마음이 들까 하는 물음을 자신에게 던져가며 더 고민해야 꽁꽁 숨긴 상대방의 마음을 조금이라도 더 알 수 있다. 대형 제약사에서 오랫동안 일하다 얼마 전 팀장으로 퇴직한 고등학교 동창이 있다. 최근 약품 유통회사를 설립한 이 친구에게 들은 얘기다.

제약영업은 보통 의사들을 상대로 하기 때문에 대기시간이 무척 길다고 한다. 쉴 새 없이 진료를 하는 의사를 만나기 위해서는 언제 생길지 모르는 쉬는 시간까지 계속 기다리거나, 아예 환자처럼 대기표를 뽑고 자기 순서를 기다려야 한다. 그래서 몇 십 분은 기본이고 길게는 두세 시간까지 대기하는 일이 생긴다. 그런데 영업을 잘 뚫는 사람과 못 뚫는 사람은 이 대기시간에 무엇을 하는지부터 다르다. 대부분은 외래환자 대기실에서 스마트폰으로 인터넷을 보거나 게임을 하면서 시간을 죽인다. 그러다 갑자기 들어오라는 호출을 받으면 제안하고자 하는 내용을 미처 정리하지도 못한 채 썰렁한 날씨 얘기나 무미건조한 안부로 소중한 기회를 써버린다. 사실 이런 해피 콜(happy call) 같은 방문은 자신에게는 물론 꿀 같은 휴식시간을 자신을 위해 내어준 고객에게 큰 실례가 되는 매너 없는 방문일 뿐이다.

그러나 잘 뚫는 사람은 대기시간 동안 고객의 마음을 헤아린다. 먼저 지난 미팅을 떠올린다. 대국을 처음부터 한 수 한 수 다시 놓아보는 바둑 기사처럼 이전 만남에서 나눴던 얘기들을 다시 한 번 되새기는 것이다. 그러면서 '하루 종일 진료실에서 입에 단내가 날 정도로 많은 얘기를 하는 의사도 많이 피곤하겠다, 잠깐이라도 쉬고 싶을 텐데 그 시간을 내가 뺏는 것이므로 고객에게 반드시 도움이 되어야 한다'고 다짐한다. 그 후 미팅에서 할 내용들을 다시 한 번 점검하며 더 철저하게 준비한다.

이처럼 잘 뚫어내는 사람은 대기시간까지 상대방의 마음을 들여다보는 데 활용한다. 작은 것 하나라도 놓치지 않으려는 노력, 상대방의 미세한 감정까지도 배려하려는 자세가 모여 상대방의 마음을 조금 더 알 수 있게 되고 그 마음을 조금 더 따뜻하게 만질 수 있게 된다. 작은 것에 욕심내다 큰 것을 잃는 소탐대실(小貪大失)은 항상 경계해야 한다. 그러나 작은 것을 살펴 큰 열매를 맺는 소찰대실(小察大實)을 위해서는 늘 힘써야 한다. 작은 것을 작다고 지나치지 않고 크다고 생각해야 그 작은 것을 크게 키워 상대방의 마음을 포근하게 만질 수 있다.

진짜 마음으로 가짜를 쫓아낸다

'나쁜 화폐가 좋은 화폐를 쫓아낸다.'

16세기 영국의 금융인 토마스 그레샴(Thomas Gresham)이 주장한 '그레샴의 법칙'이다. 이 법칙은 원래의 경제 범위를 넘어 무엇이든 나쁜 것이 좋은 것을 몰아낸다는 의미로도 쓰인다. 실제로 많은 경우 나쁜 것이 좋은 것을 몰아낸다. 미꾸라지 한 마리가 시냇물을 흐려 다른 물고기들을 쫓아내고, 썩은 사과 한 알이 상자 안 모든 사과를 썩힌다. 그러나 꼭 그런 것만은 아니다. 좋은 것이 나쁜 것을 쫓아낼 때도 많이 있다. 문제 학생들만 가득한 교실이 훌륭한 교사의 헌신으로 건강해지고, 코를 찌르는 화장실 악취가 방향제 한 방에 사라지기도 한다.

마음을 만져 막힌 곳을 뚫기 위해서는 좋은 것이 나쁜 것을 몰아낸다는 믿음을 굳건히 지켜야 한다. 진심의 위력을 의심하면 상대방의 마음을 볼 수도 없고 건드릴 수도 없고, 만질 수도 없다. 모양은 달라도 모든 열매의 중심에는 진심이라는 씨앗이 단단히 박혀 있다. 그렇다고 이 말이 진심이면 무엇이든지 다 할 수 있다는 말은 아니다. 진심이 중요하고 강력한 위력을 갖고 있는 것은 분명하지만 진심 자체가 만능은 아니다. 진심이 잘못 해석되고 진심이 장벽에 막히는데도 '진심은 반드시 통한다.'는 말을 가문에 전해 내려오는 보물 칼처럼 기계적으로 외우기만 할뿐 정작 오해를 풀고 장벽을 허무는 노력을 게을리 하는 과오를 범해서는 안 된다. 진심이 결국은 이긴다는 믿음을 갖되 진심을 지키며 진심을 이루기 위해 노력해야 한다.

입맛을 나누며 다지는 인정(人情)

현재 박상신 본부장이 맡고 있는 본부는 설립 2년 만에 약 250명의 FC들이 함께 하고 있다. 40~50대 여성이 제일 많지만 20~30대나 60대 이상의 여성과 남성 FC들도 적지 않다. 이들의 현재 상황은 물론 과거 경력도 서로 다르다. 이렇게 뷔페 메뉴처럼 다양한 사람들로 구성된 조직을 원활하게 이끌기 위해서는 무엇보다 하늘을 찌르는 열정을 다 같이 갖도록 하는 것이 중요하다. 특히 보험영업 조직은 성과를 정확히 측정할 수 있으며 그에 따라 수입의 차이도 분명하다는 특징을 갖고 있다. 게다가 FC들이 각각 자기 일에만 집중하면 되는 구조라 섞어찌개가 아니라 따로국밥처럼 움직인다. 보통 회사들처럼 기획, 개발, 생산, 영업, 지원 같은 기능들이 유기적으로 연결되지 않고 리더가 작전을 짜면 FC들은 그에 따라 각개전투를 벌이는 방식이다. 이에 따라 자연스러운 협력이나 싫어도 어쩔 수 없이 협업을 해야 하는 경우는 매우 드물다.

구성원들끼리 뭉치기 힘든 구조인데 열정과 팀워크 같은 정신력이 중요하다는 역설을 해결할 수 있는 방법은 진심을 나누는 것밖에 없다. 좋은 성과도 중요하고 높은 소득도 필요하다. 그러나 함께 일하는 사람들과 진심을 주고받지 못한다면 열정은 꺼져버리고 팀워크는 와해된다. 할 맛이 나지 않으면 잘해낼 재간이 없다. 이에 따라 그는 무엇보다 진심의 교류를 통해 FC들이 서로 격려하고 아끼며 동기를 부여하는 분위기를 만들기 위해 늘 노력한다. 특히 따뜻한 정과 사람 냄새 나는 문화를 통해 동아리 같은 회사를 만들기 위해 노력한다.

"가족 같은 회사라는 말도 많이 하지만 전 가족보다 동아리 같은 회사가 더 바람직하다고 생각합니다. 가족이 되면 좋겠지만 일하려고 모인 회사가 가족처럼 될 수는 없습니다. 가족을 지향하다 보면 부작용도 많고요. 대신 동아리 같은 회사를 만들기 위해 노력합니다. 동아리에서는 회원 중 누구 한 사람이 잘한다고 질투만 하지 않습니다. 서로 잘하도록 격려하고 자극하며 못하는 사람을 진심으로 도와줍니다.

그래서 5km도 못 뛰었던 회원이 10km, 하프, 풀코스 마라토너가 되는 방법을 알려주고 동기를 부여하고 자신감을 심어줍니다. 그 과정에서 더 잘하는 회원 역시 자연스럽게 발전을 이뤄내고요. 일정한 규칙이 있어야 움직인다는 점도 가족보다는 동아리가 회사에 어울리는 것 같습니다. 가족과 회사의 중간 정도 위치에서 두 개의 장점을 모두 살릴 수 있기 때문입니다."

이를 위해 그가 애용하는 방법은 나눠먹기다. 나누는 문화와 먹는 문화를 자연스럽게 조성해 동아리 같은 회사를 만들기 위해 노력하고 있다. 박 본부장부터 아침 미팅 때마다 자신이 챙겨 온 김밥을 내놓는다. 다른 FC들도 샌드위치와 떡 같은 음식들을 꺼내며 즐겁고 든든하게 하루를 시작한다. 그러면 어느새 추가적으로 따뜻한 커피가 나타나고 시원한 식혜가 탁자 위로 올라오기도 한다. 여름에는 시시때때로 수박과 아이스크림 파티가 열리고, 겨울에는 사무실에 뜨끈뜨끈한 오뎅바가 차려지기도 한다. 먹을 것을 나누면서 마음을 나누고 생각을 나누고 열정을 나누는 것이다.

이렇게 함께 일하는 사람들끼리 음식을 나눠 먹으면 첫째로는 민생 문제를 해결해서 좋고, 둘째로는 서로 정이 쌓여 좋고, 셋째로는 이 과정을 통해 더 열심히 하자는 열정이 생겨서 좋다. 진심으로 나누는 음식을 통해 질투와 시기 같은 나쁜 마음을 털어버리는 것이다.

싸울 때도 진심으로, 풀 때도 진심으로

그럼에도 불구하고 사람이 모이면 갈등이 있기 마련이고 박 본부장이 이끄는 조직 역시 예외는 아니다. 함께 일했던 사람 중에 그의 기도를 저절로 나오게 만드는 A라는 FC가 있었다. 동료 FC들과 너무나 자주 갈등을 일으켰기 때문이다.

그 FC는 실력이 뛰어났다. 계약건수가 항상 상위권이었고 봉사활동도 열심이었다. 다른 사람에 대한 배려도 남달랐다. 그런데 문제는 이 배려가 지나치다는 점이었다. 남을 위한 배려라기보다는 자신의 기준을 맞추기 위한 배려로 보였다. 다른 사람이 아니라 자기중심의 배려였다. 자기중심적인 생각이 너무 강하다는 점이 그녀의 가장 큰 문제였다. 자기중심으로 일하니까 성과는 좋았지만 소통도 자기중심으로 하니까 관계는 엉망이었던 것이다. 주는 것 없이 미운 사람이 있고 받는 건 많아도 싫은 사람이 있는데 배려를 해도 자기를 위해서 배려를 하니까 이 FC가 딱 주는 것 없이 미운 사람 짝이었다.

인원 변동이 생기거나 분위기 쇄신을 위해 자리를 바꿀 일이 생기면 박 본부장은 항상 FC들의 의견을 수렴한다. 같은 라인에 꼭 붙여주길 원하는 사람이나 옆 자리에 앉기 싫은 사람을 무기명으로 쪽지에 적어 제출하게 하기도 한다. 이때마다 이 FC는 몰표를 받았다. 같이 앉고 싶은 사람이 아니라 절대로 옆 자리에 앉기 싫은 사람으로.

먼저 박 본부장은 A와 최대한 많은 대화를 나눴다. 소문대로 그녀는 열정이 넘쳐났다. 어떻게 생각하면 그녀의 열정이 너무 뜨거워서 다른 사람들이 가까이 다가오지 못하는 것일지도 모른다는 생각이 들 정도였다. 그러나 마찬가지로 들었던 얘기대로 자기중심적인 성향이 지나쳤다. 상대방은 나와 다를 수 있다는 점, 다른 사람이 볼 때는 나도 독특해보일 수 있다는 점을 이해하지도 수용하지도 못했다.

탐색전을 어느 정도 거친 후 그는 전매특허인 맞춤형 트레이닝을 시작했다. FC의 특성에 맞춰 코칭한 것이다. 또한 고객미팅을 갈 때 다른 FC들보다 동행을 더 많이 했다. 그러면서 안 되는 것은 안 된다는 원칙을 이야기했고 상대방의 얘기를 진정성 있게 경청하기도 했다. 그러나 효과는 미미했다. 자신의 얘기를 전혀 받아들이지 않자 박 본부장도 언성이 높아지기 시작했고 FC 역시 감정이 상했다. 박 본부장은 리더로서 마땅히 할 만한 얘기를 했다고 생각했지만 그 FC는 왜 유독 나한테만 그러느냐 생각했던 것이다.

싸우면서 크는 형제들처럼, 티격태격하면서 사랑을 키우는 연인처럼 박 본부장과 A는 애증을 오가면서도 서로를 포기하지 않았다. 또한 진심을 유지하며 협업을 지속했다. 그러면서 차츰 서로를 알아가며 조금씩이나마 갈등을 줄여갔다. 또한 다른 FC들과 그녀의 관계도 더디지만 개선이 이뤄졌다. 박 본부장과 그 FC의 진심이 다른 사람들에게까지 천천히 전이된 것이다.

지금도 그는 좌석 배치를 할 때 붙어 있고 싶은 사람과 떨어지고 싶은 사람을 한 명씩 요구할 수 있도록 하고 있다. 그러나 그때마다 누군가는 자신을 떨어지고 싶은 사람으로 생각할 수 있다는 점을 잊지 말 것을 당부한다. 또한 그 사람을 정말 잘 알아서 떨어지고 싶어 하는 건지, 아니면 잘 모르면서 떨어지고 싶어 하는지 다시 한 번 고민할 것을 요청한다. 진정성을 기준으로 본인의 의견을 한 번 더 검증해달라는 뜻이다.

박 본부장이 고수하는 좌석배치 원칙이 하나 더 있다. 서로 너무 친한 두 사람은 옆 자리로 붙여주지 않는다는 것이다. 친한 사람들이 옆에 꼭 붙어 있으면 다른 사람과의 교류가 방해될 뿐만 아니라 두 사람 사이도 도리어 멀어질 수 있기 때문이다. 그는 주행 중인 자동차끼리도 적당한 안전거리를 유지해야 하는 것처럼 사람 사이에도 적절한 거리가 필요하다고 생각한다.

"크게는 어떤 제도를 만들거나 운영을 할 때도, 작게는 일상에서 얘기를 나눌 때도 지금 내가 하고 있는 말과 행동이 진짜 내 마음인가 그런 척하는 가짜 마음인가 항상 돌아봐야 한다고 생각합니다. 진심을 다해 실천한 후 진심은 통한다고 믿어야지, 진심을 다하지 않았으면서 진심을 통한다고 말하는 건 자기 합리화일 뿐입니다."

지레짐작이 낳은 110% 짜리 견적서

오수림 고문의 고객 중 대형병원 구매과의 P 과장이 있었다. P 과장은 정직하고 성실하게 실험 장비를 제안하는 오 부장이 맘에 들었고 오 부장 역시 점잖은 성격에 전문성까지 갖춘 P 과장을 신뢰했다. 두 사람이 몇 년 간 좋은 관계를 지속하던 중, P 과장은 설립한 지 얼마 되지 않은 대형병원에 스카우트 되어 자리를 옮기게 된다. 그런데 이 병원은 협력회사와 거래할 때마다 가격을 많이 깎기로 유명한 곳이었다. 약이든 장비든 견적서 대비 40% 정도는 쉽게 후려치는 걸로 소문이 자자했다.

소위 '갑질' 잘하는 이 병원에 자리를 잡은 지 얼마 안 되어 P 과장이 실험장비 견적을 요청했다. 오 부장은 고민에 빠졌다. 가격을 기본으로 40%씩 깎는 병원, 수익을 15%~20%는 챙겨야 하는 상황, 오랫동안 진심을 주고받은 P 과장. 깊은 고민 끝에 그는 '그동안 정직하게 해드렸던 걸 잘 알고 계시니 다른 회사보다는 덜 깎겠지' 하고 짐작하면서 일반 제안가격에 10%를 더해 110%의 가격으로 견적서를 제출했다.

'보통 40% 깎는 병원이지만 자신에게는 30% 정도만 깎을 것 같다. P 과장 자신은 10~20%만 깎고 싶겠지만 새로 영입한 사람에게 병원에서 거는 기대 때문에 P 과장 역시 30% 정도는 깎아야 할 것이다.'

오 부장은 복잡한 계산을 통해 110% 짜리 견적서를 제출했고 P 과장은 오 부장의 회사를 선택했다. 그런데 문제가 생겼다. 그의 예상과는 전혀 다르게 P 과장은 110% 금액으로 제출한 견적서에서 한 푼도 깎지 않고 그대로 수용한 것이다. 그만큼 자신을 확실히 신뢰한다는 의미였지만 빗나간 예상으로 인해 오 부장은 크게 당황할 수밖에 없었다. 정가보다 10%를 더 받게 되는 셈이기 때문이다. 그러나 지금 와서 자초지종을 얘기할 용기는 나지 않았고 고객의 요구도 없는데 알아서 금액을 깎아주는 것도 우스운 꼴이었다. 어떻게 해야 하나 갈피를 잡지 못해 망설이는 사이 일은 착착 진행되어 계약이 체결되고 납품이 되었다. 계산서까지 발급되었다.

'어쩔 수 없었다, 나중에 기회를 잡아 사실을 밝히며 양해를 구해야지' 생각하고 있는 오 부장에게 얼마 후 전화가 걸려왔다. P 과장이었다. 같은 부서 다른 직원을 통해 실제 금액보다 비싸게 견적이 들어왔다는 걸 알게 된 P 과장은 그의 말대로 견적을 높여 들어온 게 맞느냐 물었다. 그는 진작 얘기하지 못해 죄송하다는 말을 되풀이하며 이유를 설명했지만 이미 엎질러진 물이었다.

"P 과장은 말은 그렇게 하지 않았지만 오 부장은 다를 줄 알았는데 다른 사람들과 똑같구나 하고 생각하는 것 같았습니다. 가격에 대해서, 고백할 시기에 대해서 두 번이나 지레짐작을 잘못해서 만들어진 참혹한 결과였습니다."

70% 짜리 신뢰를 다시 100% 짜리 믿음으로 바꾸다

100% 믿었던 오 부장에게 70% 짜리 신뢰를 받고 있다는 사실을 확인한 P 과장의 상처는 좀처럼 아물지 않았다. 그렇다고 거래가 끊기거나 관계가 단절된 것은 아니었지만 오 부장은 어떻게 하면 자신의 실수를 만회할 수 있을까 깊은 고민에 빠졌다. 하지만 뾰족한 수도 없었고 덜 달라붙은 딱지를 떼어내듯 억지를 쓸 수도 없었다. 그렇게 몇 달이 지나갈 무렵 돌발 상황이 일어났다. 몇 십 년만의 엄청난 폭우로 P 과장 병원이 있는 동네 전체에 물난리가 난 것이다. 엎친 데 덮친 격으로 배수펌프까지 고장 나 병원 지하는 완전히 물에 잠겼다. 이에 따라 문제가 된 실험장비와는 별도로 이전에 오 부장 회사에서 납품해 지하에 쌓여 있던 대량의 시약들도 물에 잠겨 쓰레기가 되었다.

오 부장은 못 쓰게 된 시약 전량을 물류비용만 받고 완전 신품으로 교체해주기로 마음먹었다. 그것이 지난 실수에 대한 만회임과 동시에 수해를 입은 고객을 위해 해줄 수 있는 배려라고 생각했기 때문이다. 먼저 오 부장은 사장의 승인을 받아 해외의 제조사에게 인도주의적 차원의 도움을 요청했다. 그러자 제조사는 생긴 지 얼마 되지도 않은 병원이 천재지변을 당해 어려움에 빠졌으니 함께 도와주자는 제안을 받아들였다. 덕분에 오 부장은 목표한 대로 무상으로 시약을 모두 새 제품으로 바꿔주는 데 성공했다.

이 일을 통해 이전 사건으로 새로 옮긴 조직에서 위축될 수밖에 없었던 P 과장은 다시 어깨를 펼 수 있었고, 오 부장에 대한 서운함도 거의 다 풀어냈다. 나아가 오 부장은 이후 3년 동안 견적 가격에서 1원도 안 깎이고 거래를 하게 되는 우대까지 받게 되었다.

"그렇게라도 P 과장의 신뢰에 대해 보답을 할 수 있어서 무척 기뻤습니다. 저 때문에 주눅 들었던 P 과장 역시 저희 회사를 병원 안에서 당당하게 대접해줄 수 있게 되었죠. 원래 이렇게 좋은 회사다, 원래 이렇게 정직한 사람이다, 물난리 났다고 한두 푼 어치도 아닌 제품을 완전 교체해주는 회사가 또 어디 있겠느냐, 이 정도로 협조를 해줬는데 견적도 정직하게 넣을 것이다, 그러니까 견적대로 거래하겠다 자신 있게 말할 수 있었던 것입니다."

의도하지 않은 방향으로 왜곡되었던 진심은 하늘의 도움과 각고의 노력 끝에 제자리를 찾았다. 진심의 힘으로 70% 짜리 신뢰가 다시 100% 짜리 믿음으로 원상회복된 것이다.

먼저 연락하기보다 연락이 왔을 때 진심을 다한다

해마다 생일이 되면 여러 웹사이트로부터 축하 문자나 이메일을 받는다. 아마도 자동 발송 프로그램으로 축하 메시지를 보냈을 것이다. 다른 사람들과 마찬가지로 그런 축하는 하나도 기쁘지 않다. 내가 입력한 정보가 내 생일을 기억하는 것이지 그 회사가 나를 축하하는 것이 아니기 때문이다. 그런데 생일을 축하하듯 드문드문 문자나 전화를 하는 곳들이 또 있다. 주로 미용실이나 잡지 사인데 이용을 하며 적립카드를 만들었거나 정기 구독했던 경력 때문에 연락처를 알고 있다고 추측할 뿐이다.

머리를 깎는 일이나 잡지보다야 크긴 하지만 마찬가지로 자동차를 한 번 구매했다고 수시로 오는 연락을 반가워하는 고객이 얼마나 있을까? 바쁘게 살아가는 삶 속에서 친한 친구도 특별한 용건 없이 연락을 하면 몇 마디하고 말게 되는데 한참 전에 자동차를 판 사람이 불쑥 연락을 해오면 보통은 고객관리 매뉴얼에 따라 영혼 없이 연락하는구나 생각할 것이다.

그래서 최정식 본부장은 고객에게 먼저 연락하지 않는다. 정기적인 해피콜이나 명절과 연말의 안부문자는 진심이 아닌 가짜 관심일 뿐이라고 생각한다. 이런 형식적인 인사는 고객이 반가워하지도 않을뿐더러 고객을 결코 기쁘게 할 수 없기 때문이다. 대신 그는 고객으로부터 연락을 받으면 진심을 다해 대응한다. 고객이 자신에게 연락을 한 것은 분명한 이유와 목적이 있어서다. 잘 지내는지, 요즘 차가 잘 팔려 먹고 살만한지 궁금해서 연락을 했을 리 없다. 이유는 다양하겠지만 고객은 진심의 필요에 의해서 자신에게 전화를 했을 것이다. 따라서 이 진심에 대해서는 진심으로 대응해야 한다. 이와 같은 생각을 바탕으로 그는 요청의 내용이 무엇이든 고객으로부터 연락을 받으면 가장 짧은 시간 안에 가장 좋은 방법으로 최선을 다해 처리한다.

다른 사람과의 관계에서 기분이 크게 상하는 경우는 언제일까? 자존심을 건드릴 때도 기분이 나쁘고, 자신에게 소홀하다는 생각이 들 때도 불쾌할 것이다. 그리고 또 하나, 진심을 숨길 때 기분이 크게 상한다. 좋은 일이 생기자 질투라는 진심을 숨긴 채 축하한다고 말하면, 복잡한 문제를 상의하자 '네가 알아서 해. 그런 걸 왜 나한테 말해' 라는 진심을 감추고 '어떻게 하면 좋을까? 잘 생각해볼게. 꼭 해결하길 바라' 하고 말하면 상대방에 대한 섭섭함이 생긴다.

진심을 위해서는 진짜 마음이 아닌 것들을 버려야 한다. 진짜로 보고 싶을 때만, 진짜로 도와주고 싶을 때만 연락을 해야지 별로 보고 싶지도 않고, 그다지 도와줄 마음이 없을 때는 차라리 연락을 하지 않는 게 낫다. 그래서 진심을 들키지 않는 것이 차라리 더 좋다. 이게 최 본부장이 꼭 필요한 경우가 아니고서는 고객에게 먼저 연락하지 않는 이유이다.

사람과 사람 사이에 기분이 크게 상하는 경우가 또 하나 있다. 자신은 진심으로 다가섰는데 상대방이 진심이 아닌 가짜 마음으로 반응할 때다. 정말 어렵고 급해서 부탁을 했는데 일부러 농담으로 받아들이거나, 진심을 담아 충고를 했는데 의도적으로 화제를 바꿔버린다면 진심에 대해 가짜 마음으로 반응하는 것이다. 최 본부장은 고객의 연락을 받으면 만사를 제쳐놓고 요청 받은 내용을 처리하기 위해 노력한다. 진심에 대해 진심으로 반응하기 위해서이다.

진심의 고백에 진심의 응원으로 화답하다

최 본부장이 아우디 이태원 지점장으로 가기 몇 해 전 그에게 랜드로버를 구매했던 S 사장이 있었다. 용산에서 조립 컴퓨터 사업을 하면서 돈을 많이 번 50대 초반의 남성이었다. S 사장은 최 본부장이 자리를 옮긴 직후에 차를 다시 아우디로 바꿨다. 물론 최본부장을 위해서 일부러 그랬던 것은 아니었지만 어쨌든 아주 고마운 고객이었다. 그런데 어느 날 S 사장으로부터 모처럼 연락이 왔다.

"최 지점장님! 제가 지금 검찰 조사를 받고 있습니다. 급하게 도와주실 일이 생겼네요."

S 사장의 목소리는 많이 잠겨 있었다. 전화기 너머로 듣게 된 사연은 이랬다. S 사장의 사업체는 예전만큼은 아니지만 그래도

별 문제없이 굴러가고 있었다. 그런데 3년 전 가족들과 함께 캐나다로 이민을 갔다 돌아온 형님이 사업을 시작하겠다며 동생인 S 사장에게 돈을 융통해달라고 했다. 여유자금으로는 마련할 수 없는 큰 금액이라 그는 자신의 사업체 명의로 대출을 받아 형님을 도왔다. 그러나 형님의 사업이 완전히 실패하면서 S 사장까지 큰 곤란을 겪게 된 것이었다.

구치소로 들어가기 직전이었던 S 사장은 아직 리스 기간이 남아있는 차량을 처리하기 위해 최 본부장에게 연락을 했던 거였다. S 사장으로부터 차가 어디에 있는지, 열쇠는 어떻게 받아야 하는지, 이후 처리는 어떻게 해야 하는지에 관해 설명을 들은 그는 무슨 말을 해야 할지 몰랐지만 "전화를 주셔서 감사하다, 차량은 잘 정리하겠다, 건강히 잘 지내시길 바란다"는 정도의 얘기를 두서없이 건넬 수밖에 없었다.

"사실 그분은 저한테 연락을 하지 않고 구치소로 들어갈 수도 있었을 겁니다. 가끔 그런 분들이 있는 것도 사실이고요. 그렇게 되면 차량 수배와 명의자 신원 확인, 그밖에 채권채무관계 확인 등을 모두 딜러가 처리해야 합니다. S 사장님은 저의 이런 번거로움을 조금이라도 덜어주기 위해 진심을 담아 연락을 하셨던 겁니다."

S 사장의 협조로 어렵지 않게 문제를 해결했던 최 본부장은 얼

마 전 수 년 만에 S 사장으로부터 다시 전화를 받았다. 이번에는 아주 밝고 힘찬 목소리였다. 며칠 후 최 본부장을 만나기 위해 전시장에 찾아 온 그는 지난 몇 년 동안 있었던 일을 이야기했다. 구치소에 들어가기 직전 최 본부장과 통화한 후 반년이 흘러 S 사장은 출소했다. 재산을 거의 다 날린 상태였기에 S 사장은 작은 카센터 직원으로 취업해 3~4년을 열심히 일했다. 그 뒤 이리저리 돈을 마련해 작은 카센터를 가까스로 개업했는데 다행히 장사가 잘되어 빚도 다 갚고 좋은 자동차도 탈만한 여유가 생겼다. 최 본부장에게 모처럼 연락한 이유는 다시 수입자동차를 마련하기 위해서였다.

10년 이상 알고 지낸 고객을 5년여 만에 만난 자리에서 최 본부장은 벅차오르는 감정을 참느라 애를 많이 먹었다. 끔찍한 고난을 이겨낸 이야기의 감동과 자신을 잊지 않고 다시 찾아준 고마움 때문이었다. 그리고 무엇보다 구치소에 들어가기 직전 숨기고 싶은 현실, 말하지 않아도 되는 이야기들을 진심을 다해 털어놓았던 S 사장과 다시 진심을 담은 이야기를 함께 나누고 있다는 사실 때문이었다.

"구치소에 들어갈 때 정리할 게 자동차만이 아니었죠. 다양한 것들을 정리하기 위해 여러 명에게 전화를 해야 했습니다. 그런데 꽤나 친하다고 생각했던 사람들도 제 사정을 얘기하자 목소리가 금세 차갑게 변하더군요. 감방에 들어가게 된 제 처지 때문이었겠죠. 그런데 최 지점장은 그렇지 않았어요. 이게 제가 다시 최 지점장을 찾은 이유입니다."

S 사장은 진심으로 고백했고 최 본부장은 진심으로 응원했다. 최 본부장은 상대방이 잘나가는 사장이든지, 콩밥 신세를 지게 된 사람이든지 변함없이 진심의 자세로 소통했다. 진심의 고백에 진심의 응원으로 화답하자 진심의 행진이 계속 이어지고 있는 것이다.

시를 쓸 땐 시만, 커피를 만들 땐 커피만 생각하라

어느 토요일 이른 아침, 강의를 위해 지방으로 이동하던 차 안에서 라디오를 들은 적이 있다. 시사 프로그램이었지만 주말이라 정치나 경제가 아닌 문화계 인물을 특별히 초청해 인터뷰를 하고 있었다. 초대 손님은 《사평역에서》로 유명한 곽재구 시인이었다. 거의 10년 만에 시집을 발간한 시인에게 사회자는 왜 이렇게 오랜만에 시집을 내는지 물었다. 라디오로 들려오는 시인의 낮고 부드러운 대답이 나에겐 천둥소리처럼 들렸다.

"제가 10여 년 전부터 대학교에서 강의를 했습니다. 시인은 시만 써야한다고 생각했기 때문에 강의를 하면서 시를 쓸 수는 없었습니다. 아니 정확히는 그동안도 시를 쓰긴 했지만 그 시를 책으로 엮어 독자들에게 내놓을 수는 없었습니다. 그러다 몇 달 전부터 안식년이 시작되어 강의를 하지 않게 되었죠. 그래서 시만 생각하며 시를 썼습니다. 이번에 나오는 시집에 수록된 시들은 모두 안식년 동안 쓴 것들입니다."

비슷한 얘기를 이후에 페이스 북에서도 읽은 적이 있다. 지긋한 연세의 할아버지께서 운영하는 커피숍을 찾은 사람이 커피를 주문했다. 커피숍 주인은 능숙한 솜씨로 차분하게 커피를 잔에 담았다. 커피를 받으려는 순간, 노신사는 잔에 담긴 커피를 싱크대에 쏟아 부었다. 그러면서 당황하는 손님에게 차분히 말을 건넸다.

"죄송합니다. 커피를 따르는 동안 저도 모르게 잠깐 다른 생각을 했네요. 다시 따라 드리겠습니다."

시를 쓸 때 시만 생각하고 커피를 만들고 따를 땐 커피만 생각하는 것이 진심일 것이다. 마음을 만지려면 오직 진심만을 생각해야 한다. 막힌 곳을 뚫으려면 진심만을 담아야 한다. 상대방과 부딪히는 모든 순간, 상대방과 함께 만드는 모든 장면마다 진심을 사수하기 위해 노력해야 한다. 진심만이 상대방의 마음을 만질 수 있다.

일의 시작과 끝인 사람의 마음을 온기를 담아 만진다

- 환심을 사려는 자세를 지양하고 공감을 나눌 수 있는 방법을 찾아 실천한다

- 마음의 눈으로 상대방을 관찰하여 작은 일들까지 진심으로 배려한다

- 진심의 승리를 확신하며 다른 사람과의 관계 속에서 항상 진심을 유지한다

YARD

정원을 가꾼다

모바일 메신저를 쓰다 보면 친구로 등록된 사람들의 사진과 함께 짧게 적어놓은 글귀들을 보게 된다. 전화번호가 바뀌었으니 친구 신청을 해달라는 공지사항도 있고 회사나 가게 이름도 있지만, 가장 많은 글귀는 자신에게 던지는 다짐과 소망의 메시지들이다. '성공보다 승리하는 삶', '머리 쓰기보다 몸 쓰기를 배워야 할 때', '담금질 중', '말려도 막혀도 달려간다!' 지금 들여다보고 있는 내 휴내전화에서 찾은 글귀들이다. 그중 하나에 유독 눈길이 간다.

'삶은 가꿀 때 빛나는 정원이다.'

몇 달 전 칼럼을 기고할 때 알게 된 어느 신문 기자의 모바일 메신저 대문 글귀다. 이 분의 성씨가 가나다순으로 앞쪽에 있어서 자주 보게 되기도 하지만 그보다는 내용 때문에 자꾸자꾸 생각하게 되는 문구이다.

삶은 가꿀 때 빛나는 정원이다. 모든 사람에게는 한 뙈기씩 땅이 있다. 어떻게 하느냐에 따라 그 땅은 황무지가 될 수도 있고 잡초만 무성한 공터가 될 수도 있다. 그리고 정성을 다해 가꾸면 그 땅은 아름답게 빛나는 정원이 될 수도 있다는 뜻일 것이다.

삶을 빛나는 정원, 멋진 마당으로 만들기 위해서는 가꿔야 한다. 열심히 가꿔야 한다. 때마다 땅을 갈아엎고, 고약한 냄새를 참아가며 거름을 주고, 씨를 뿌리고, 김을 매고, 물을 주고…. 이런 땀 흘리는 노력이 있어야 삶은 쓰레기장이나 후미진 뒷골목이 아닌 멋진 앞마당이 될 수 있다. 또한 이렇게 가꾼 정원일지라도 언제 다시 폐허로 변할지 모른다. 사람의 손길이 조금만 뜸해져도 뜰에는 금세 잡초가 자라고 새똥이 쌓여 더러워진다. 따라서 마당을 가꾸는 노력에는 끝이 없다. 그 노력이 줄어들면 마당 역시 볼 품이 없어진다.

답답하고 피곤한 일상을 즐겁고 신나게 뚫어내는 놀라운 마법은 자신만의 마당을 가꾸는 일로 완성된다. 꽉 막힌 곳을 속 시원하게 뚫고 있는 사람들은 모두 삶을 빛나는 정원으로 만들기 위해 부단히 노력하고 있다. 좋은 감정이 지나쳐 다른 꽃들을 불편하게 하거나 나쁜 감정이 뿌리를 뻗지 않도록 애쓴다. 상황을 긍정하되 무분별한 긍정을 살충제처럼 살포하지 않고 자존감이 다른 사람에게 상처가 되지 않도록 주의한다. 또한 마당을 가꾸기 위해 부지런히 학습한다. 쌓아온 경험들이 '해봐서 아는데'의 재료가 되지 않도록 경계하고 변화를 위해 변함없이 노력한다. 이를 통해 내공을 길러 자신만의 마당을 깊고 넓고 예쁘게 가꾸고 있다.

'신참은 전략을 논하고, 노병은 병참을 걱정한다.'

나폴레옹의 이 말은 경험이 적은 군인은 전략 자체만 고민하는 반면 산전수전 다 겪은 베테랑은 작전에 필요한 인원과 물자까지 헤아린다는 뜻이다. 열심히 뚫고 정신없이 파다보면 결국 힘이 뒷받침되어야 한다는 걸 알게 된다. 아무리 목적이 분명하고 해법이 기가 막혀도 힘이 없으면 끝이기 때문이다. 빛나는 정원은 막힌 곳을 뚫어낼 수 있는 에너지의 샘이다. 깊고 넓은 마당은 업무 체증을 격파할 수 있는 든든한 배경이다.

S 라인보다 아름다운 감정의 균형을 잡는다

얼마 전 60대 중반의 유명 여성 탤런트가 세상을 떠났다. 반세기 가까운 시간동안 영화와 드라마에서 명연기를 펼쳤던 고 김영애 씨는 때론 화려한 왕비와 세련된 커리어 우먼으로, 때론 모진 삶을 꿋꿋이 이겨나가는 어머니로 시청자들에게 감동을 선사했다. 마지막 작품이 된 주말 드라마를 촬영할 때 그녀의 몸은 이미 췌장암이 재발되어 만신창이나 다름이 없었다고 한다. 그럼에도 불구하고 투혼을 발휘하여 별세하기 직전까지 온 힘을 다해 드라마를 찍은 김영애 씨는 마지막 가는 길까지 깊은 울림을 주었다. 그녀의 이야기를 접하며 처음 들었던 생각은 대단하다는 정도였다. 그러나 좀 더 생각해보니 고인이야말로 무엇인가를 뚫어내는 데 일가견이 있는 분이었다는 사실을 깨달았다. 그녀는 일에 대한 열정, 작품에 대한 사명감, 동료와 시청자들에 대한 책임감으로 무서운 병마를 뚫어내며 삶의 끝자락을 슬픈 해피엔딩으로 마무리했다.

나는 몸이 조금만 아프면 마음이 나빠진다. 토끼처럼 귀여웠던 아이들이 처키 인형처럼 보이고 아내의 따뜻한 배려도 괜히 비꼬고 싶어진다. 만사가 귀찮고 세상 사람들이 모두 도둑처럼 보인다. 그러나 마지막 촬영을 마치고 동료 탤런트들과 헤어지는 그녀의 모습은 나와는 정반대였다. 뼛속까지 아팠을 텐데도 한 사람 한 사람과 따뜻하게 포옹했다. 그녀의 마지막이 눈부시게 아름다웠던 것은 나쁜 마음 대신 좋은 마음, 잘못된 감정 대신 사랑과 감사의 좋은 감정을 유지했기 때문에 가능했을 것이다.

사실 나쁜 감정이 생기지 않는 사람은 없다. 일을 하다보면 누구나 부정적인 감정을 만나게 된다. 그러나 어떤 사람은 그런 감정을 빨리 가라앉히고 다른 사람은 감정을 계속 갖고 가며 스스로 증폭한다. 좋은 감정 역시 무조건 바람직한 것은 아니다. 시기와 장소에 따라 적절하게 조절하지 못하면 좋은 감정 역시 뚫기를 위한 레버리지가 아니라 장애물로 변해 버린다. 과유불급(過猶不及)의 진리는 좋은 감정에 있어서도 예외가 아니기 때문이다.

어떻게 생각해 보면 나쁜 감정과 좋은 감정을 양분하는 시도 자체가 그릇된 일일 수 있다. 감정에는 좋은 것도 나쁜 것도 없다. 균형이 잡힌 감정과 균형을 잃은 감정만 있을 뿐이다. 자신의 마당을 아름답게 가꾸기 위해서는 반드시 감정의 균형을 잡는 일에 성공해야 한다. 균형 잡힌 감정은 S 라인 보다 아름답고 완벽한 감정의 밸런스는 서슬 퍼런 도끼보다 강하다.

완벽한 감정 밸런스로 영원불멸 진상고객의 마음을 훔치다

최정식 본부장에게 징확히 13년 전에 있었던 일이다. 전시장으로 40대 후반 남성이 들어왔다. 그는 성심껏 상담을 진행했고 고객은 디스커버리(Discovery) 모델에 관심을 보였다. 이 고객은 자신이 중소기업을 경영하는 K 사장이고 현재 볼보를 타고 있다고 말했다. K 사장은 성격이 다소 급하고 의심이 많았지만 최 본부장은 이전에도 비슷한 고객들을 몇 번 만난 경험이 있었기 때문에 별 탈 없이 상담을 마무리할 수 있었다. 며칠 후 K 사장에게 전화가 왔다. 두 사람은 전시장 상담으로 충분하지 않았던 내용들에 대해 한참 동안 이야기를 나눴다.

그후 오랫동안 연락이 없던 K 사장이 몇 주 후 사전 연락도 없이 전시장을 다시 찾았다. 다행히 최 본부장은 자리를 지키고 있어 두 번째 내방 상담을 할 수 있었다. 상담을 통해 K 사장은 차량을 구매하기로 결정했고 가계약까지 했다. 이 과정에서 K 사장은 몇 가지를 요구했다. 지금 타고 있는 자동차를 신차 인수와 동시에 깔끔히 정리해 달라, 계약금 외의 차 값은 카드로 지불하겠다, 내일 바로 계약해야 하며 자택인 안산으로 와라…. 무리한 요구도 있었지만 들어주지 못할 정도는 아니었기에 최 본부장은 동의했다.

"그러나 한 방에 처리하지 못하면 거래가 깨질 거란 느낌을 강하게 받았습니다. 그래서 만반의 준비를 한 후 다음날 볼보를 매입할 중고차업자 2명, 캐피탈 직원 1명, 여기에 저에게 트레이닝을 받고 있던 신입직원 1명에 저까지 모두 5명이 한꺼번에 차 한 대로 안산으로 내려갔습니다."

약속한 11시 반쯤 도착한 최 본부장 일행이 K 사장 자택으로 들어가려는 참이었다. 낯선 중년여성이 딸로 보이는 젊은 여성과 함께 다가오더니 다짜고짜 큰 소리를 쳤다.

"우리 남편한테 차 팔러 오신 분들이죠? 차 살 생각 없으니까 돌아가세요. 대신 여기까지 오셨으니 식사 대접은 할게요. 짜장면 시켜드릴 테니까 여기서 드세요."

자동차만 보고도 누구인지를 짐작한 K 사장의 부인은 아파트 놀이터에서 배달음식만 먹고 그냥 돌아가라고 쌀쌀맞게 얘기하더니 집안으로 들어가 버렸다. 일행들은 동그란 눈으로 최 본부장을 쳐다봤고 최 본부장도 당황하긴 마찬가지였지만 심호흡을 몇 번한 후 K 사장에게 전화를 했다. 그러자 K 사장은 아무것도 모른다는 듯 집으로 들어오라고 얘기했다. 그러나 집안에서도 범상치 않은 광경이 벌여졌다. 5명의 건장한 남자들이 소파에 나란히 앉아 계약을 진행하려 했지만, K 사장 부인은 계속 구매를 만류했고 집에서 키우는 달마시안 강아지는 정신 사납게 계속 돌아다녔다.

남편과 아내와 강아지와의 사투 끝에 어렵사리 업무를 진행해 드디어 대금 결제만 남은 상황, 또 다른 복병이 터졌다. K 사장은 현금과 할부 금융과 카드 3장과 중고차 매가금액으로 7,500만 원의 차량 가격을 나눠서 결제하기 원했다. 그러나 카드들은 모두 한도 초과였고 할부 역시 K 사장의 대출이 많아 승인이 떨어지지 않았다. 돈이 진짜로 없어서가 아니라 돈을 빌려달라는 주위 사람들에게 없는 척 하기 위해 K 사장이 일부러 대출을 왕창 받아놓고 카드한도도 적게 묶어두었기 때문이었다.

최 본부장은 금융사에 일일이 전화를 걸어 복잡한 문제들을 풀어가며 4시간 만에 결제처리를 끝냈다. 집안에 들어왔다 10분 만에 나가 볼보를 살핀 후 3시간 넘게 기다린 중고차 업자들은 "고객도 대단하지만 최 매니저는 더 대단하네요. 나 같으면 저런 분에게 차 안 팔아요"라며 이구동성으로 말했다. 점심은 물론 아침도 못 먹고 4시간을 떠들어댄 최 매니저가 지친 기색을 감추며 대답했다.

"저는 음식도 안 가리고 사람도 안 가립니다. 진상도 고객이니까요. 좋은 고객은 잘 대해드리고 진상고객에겐 막 대한다면 저도 그 고객에겐 진상이 된다고 생각합니다."

음식처럼 사람도 가려서는 안 된다

몇 달 후 K 사장에게 전화가 왔다. 처음엔 특별한 용건은 아닌 듯했다. 그냥 차가 좋은 것 같다, 잘 샀다고 생각한다는 얘기였다. 짧게 통화가 끝나는가 싶었는데 K 사장이 말을 이어갔다.

"그런데 궁금한 게 하나 있어요. 사실 나도 내가 특이한 사람인 걸 잘 압니다. 그런데 저처럼 모진 사람한테 어떻게 기분 나쁜 표정도 한 번 안 짓고 차를 파셨나요? 지금 와서 하는 말인데 어디까지 참나 테스트 해보고 싶어서 일부러 더 까다롭게 했던 것도 있거든요. 아무튼 감동 받았습니다."

일부러 더 진상을 부렸다는 말에 감정이 욱하고 올라왔지만 이번에도 최 본부장은 감정 조절에 성공했다. 고맙다는 말과 함께 안전하게 타시라는 덕담으로 통화를 마무리했다. 그후 K 사장은 최 본부장에게 고가의 차량을 2대나 더 구입했다. 그것도 이전과는 정반대로 일사천리로 신속하게. 감정의 균형으로 역대 최대의 진상고객의 마음을 훔친 결과였다.

"그전에도 그랬고 그 이후에도 그렇게 부정적인 고객은 만나지 못했습니다. 무슨 말을 해도 부정적으로 반응했고 좋은 얘기는 하나도 하지 않더군요. 저 역시 감정이 많이 흔들렸지만 어려운 퀴즈를 푸는 것처럼 이 고객에게 반드시 팔겠다는 오기를 발동시켰습니다. 힘든 고객을 만나 잘 마무리했을 때의 성취감은 점잖은 고객과의 거래 때와 비교할 수 없을 정도로 크죠."

타고난 천성도 있고 환경의 영향도 있겠지만 진상 고객들은 대부분 평소에 다른 사람들로부터 진심이 담긴 인정과 칭찬을 받지 못하는 사람들이 많다고 한다. 집이나 회사에서, 가족이나 친구들에게 인정을 받지 못해 서운한 감정을 그들에게 표출하지 못하고 애꿎은 사람들에게 쏟는다는 분석이다. 그러나 위기에 직면할 때 진짜 실력이 나타나듯 이런 고객들을 만났을 때 감정을 다스리는 실력이 드러난다. 홀대를 받을 수 있는 고객에게 더 잘해주려는 의도적인 노력, 고객의 작은 장점이라도 찾으려는 노력, 진상을 부릴 때마다 '나는 저런 고객이 좋아요'라며 자신에게 마법을 거는 노력을 통해 위기를 극복하고 감정 조절의 혹독한 연습에 성공해야 한다.

사명은 감정 균형의 회복제

오수림 고문은 고등학교 2학년 때 친구로부터 《논어》를 선물 받았다. 어려운 내용이었지만 선물로 받은 걸 읽지 않을 수 없어 그 책을 꾸역꾸역 완독했다. 그러자 적지 않은 고민들이 꼬리에 꼬리를 물며 이어졌다. 가슴 떨리는 울림이 있었던 것이다. 그때부터 시작해 지금까지 반복적으로 논어를 읽고 있는 그는 '정직, 관계, 가치'라는 좌우명을 마음에 새겼다. 사회에 진출한 후에는 좌우명을 좀 더 구체적인 사명서로 만들어 이를 실천하기 위해 노력하고 있다.

- 세상을 정직하게 살아갈 수 있는 용기와 인내를 갖는다
- 자기수양을 통해 늘 다른 사람을 배려하고 우정을 간직한다
- 책임감 있는 행동으로 신뢰를 얻고 노동이 아닌 일과 행동을 통해 삶의 가치를 창조한다

위의 사명서는 나 자신과 가족에 대한 사랑에 그 바탕을 둔다

20대 중반에 만들어 50대 중반이 된 지금까지 30년 가까운 시간 동안 지키고자 노력하는 오 고문의 사명이다. 그는 자신이 하는 일이 단순히 돈만을 벌기 위한 노동이 되지 않기 위해 노력한다. 돈만 만들어내는 노동이 아니라 돈과 함께 돈보다 더 고귀한 가치를 창조하기 위해 일하고 행동하기 위해 힘쓴다.

　"솔직히 이런 고상한 사명서의 내용과 달리 저 역시 하루에도 몇 차례씩 끓어오르는 감정 때문에 힘든 것이 사실입니다. 다른 업종보다 덜한 것은 인정하지만 일을 하는데 어떻게 화나는 일, 서운한 일, 억울한 일이 없겠습니까? 20~30대는 주로 고객이 감정을 흔들더니 요새는 함께 일하는 직원들이 저의 감정을 요란하게 흔들어댑니다. 그러나 흔들릴 수는 있지만 넘어져선 안 된다고 생각합니다. 이를 위해서는 무엇보다 한결 같은 모습을 지켜가는 것이 중요한데, 그것을 위해 가장 힘이 되는 것이 바로 이 사명서입니다."

　오 고문은 감정의 균형이 위협을 받을 때마다 좌우명과 사명서의 내용에 대한 사명감을 다시 한 번 생각한다. '내가 지금 한 행동은 정직이란 잣대에 맞는 행동인가? 상대방에게 어떻게 하는 것이 배려와 우정을 지키는 일인가? 지금 이 제안은 돈을 위한 노동인가, 아니면 가치를 위한 일인가?' 이런 질문들을 자신에게 던지고 스스로 대답하는 과정을 통해 왼쪽으로 쏠리던 자신을 정중앙으로, 오른쪽으로 기울어지던 자세를 똑바로 가다듬는다.

감정은 시시각각 변한다. 째지도록 좋았던 감정이 얌체처럼 끼어들기 하는 운전자 때문에 감쪽같이 사라지기도 하고, 우울했던 기분이 달달한 코코아 한 잔에 풀리기도 한다. 하지만 사명은 꿈쩍도 않는다. 열심히 찾아간 음식점 출입문에 금일휴업 딱지가 붙어 있어도, 거의 다 도착해가는 길인데 미팅을 연기하자는 고객의 전화를 뒤늦게 받아도 내가 살아가야 하는 이유와 내가 지켜가야할 가치는 한 치의 흔들림도 없다.

움직이는 것을 움직이지 않게 하려면 고정된 것이 필요하다. 트렁크에 실은 짐들이 흔들리면 고정된 자동차 차체에 단단히 묶어야 한다. 금이 간 뼈가 움직여서 문제라면 깁스로 단단히 붙들어둬야 한다. 흔들리는 감정 역시 흔들리지 않는 물체에 묶어야 한다. 조변석개(朝變夕改)로 뒤바뀌는 감정은 변함없는 원칙에 고정해야 한다. 그것이 바로 사명(mission)이다.

우리집 거실 한 가운데는 커다란 액자가 걸려 있다. 그 안에는 다섯 식구가 같이 정하고 함께 만든 가훈이 적혀 있다. 사랑하는 가족끼리라도 수많은 감정이 현란하게 교차한다. 좋았다 싫었다, 미웠다 예뻤다, 귀여웠다 끔찍했다, 불쌍했다 치사했다 한다. 그러나 언성을 높이며 감정이 한참 올라가다가도 가훈의 두 번째 토

막 '서로 힘써 사랑하며'를 보게 되면 '이러면 안 되지, 그럴만한 이유가 있겠지' 하는 생각을 애써 갖는다.

먹으면 곧바로 효과가 나는 직방까진 아니지만 분명히 사명은 불균형 상태를 균형으로 되돌리는 효과를 갖고 있다. 사명서에 담긴 내용들을 다시 한 번 읽는 과정을 통해 성급한 행동 대신 한 번 더 고민하게 되고, 섣부른 판단 대신 입장을 바꿔놓고 생각하게 된다. 또한 빛바랜 편지들을 읽어보며 지난날의 아름다운 추억을 떠올리듯, 사명서를 작성했던 경험을 떠올리며 지금을 점검하고 다음을 위해 신발 끈을 고쳐 맬 수 있을 것이다.

마이너스일 땐 플러스를 만나고, 오버일 땐 언더를 생각한다

보험 FC는 대표적 감정 노동자다. 사람 장사인 보험을 세일즈 하다 보면 감정이 상하는 경우를 자주 만나게 된다. 몇 달 동안 공을 들여 거의 다 되었다 싶던 계약이 막판에 와장창 깨지거나 부도덕하고 비윤리적인 고객을 만나면 감정에 커다란 구멍이 생긴다. 함께 일하는 동료들과 갈등이 일어나거나 관리자와 의견이 맞지 않을 때도 감정의 골이 깊이 파인다. 여기에 FC들은 대부분 일과 가사를 병행하기 때문에 여기서 오는 부담과 위협도 만만치 않다.

그러나 이런 것들보다 더 위험한 감정에 대한 도발은 바로 '거절'과 '변심'이다. 인생 설계를 함께 해보자는 제안을 선입견 때문에 거절하고, 여러 상황을 고려할 때 딱 좋은 보험 권유를 억측 때문에 변심하면 상대방에 대한 마음은 딱딱하게 굳어버리고 뜨거웠던 열정은 싸늘하게 식는다. 평소 자주 왕래하던 친척들이 보험 얘기를 할까봐 거리를 두고 허물없이 지내던 친구가 서서히 연락이 뜸해지면 '이러려고 내가 보험을 하고 있나?' 하는 자괴감까지 들게 된다.

박상신 본부장은 거절이나 변심 때문이든 다른 이유에서든 감정이 하향곡선을 타는 일이 생기면 재빨리 다시 끌어올리기 위한 노력을 시작해야 한다고 얘기한다. 마이너스 요소가 생기면 플러스 요소를 집어넣어야 한다는 의미다. 그래서 그는 마음이 안 맞는 FC 때문에 기운이 빠지고, 별 것 아닌 걸로 민원을 만든 고객 때문에 감정이 상하면 곧바로 자신에게 기를 불어넣어주는 사람들에게 연락을 한다.

"퇴직한 선배에게 오랜만에 전화를 걸기도 하고, 파이팅이 넘치는 FC와 앞당겨 미팅을 하기도 합니다. 이런 분들과의 대화를 통해 용기를 회복하고 다시 마음을 가다듬습니다. 통화나 미팅을 하다보면 언제 그랬냐는 듯 목소리에 점점 힘이 생기고 표정이 밝아집니다. 그러면 시작 때와는 달리 저도 그분들에게 힘을 드리게 됩니다."

물이 너무 차가우면 뜨거운 물을 섞어 적당한 수온을 만들 듯, 감정 역시 마이너스가 생기면 플러스를 넣어줘야 균형이 잡힌다. 거절로 생긴 상처에는 호의라는 약을 발라주고, 짜증으로 생긴 구멍은 웃음으로 메우면 된다. 일본의 유명한 보험왕의 이야기를 읽은 적이 있다. 고객의 싸늘한 거절은 보험왕이라고 해도 예외가 없다. 그리고 몇 억을 버는 세일즈 전문가여도 거절을 당하면 기분이 상하고 열정이 식는다.

이 보험왕은 거절을 당해 마음이 씁쓸해질 때마다 자신의 줄기찬 권유로 마지못해 보험을 가입했는데 얼마 지나지 않아 불의의 사고를 당한 고객을 찾아간다. 이 고객은 보험왕의 권유가 없었더라면 경제적으로나 정신적으로 엄청난 위기에 빠져 허우적대고 있을 사람이다. 그러니 이 고객에게 보험왕은 은인이나 다름없고, 보험왕 역시 이 고객을 보기만 해도 보람과 기쁨을 느낄 것이다. 이 보험왕 역시 마이너스가 생겼을 때 플러스를 채워 곧바로 균형을 맞추는 것이다.

거꾸로 욕조 물이 너무 뜨거울 땐 찬 물을 섞어주면 되듯 열정이 너무 뜨거워 과부하가 걸렸다면 차분하게 페이스를 조절해야 한다. 즉, 긍정적인 감정이 너무 넘치는 오버(over)의 상황엔 아래인 언더(under)를 돌아보며 균형을 회복하는 것이다. 요새 일이 너무 잘 풀려서 가는 곳마다 계약에 성공하면 열정이 지글지글 끓게 된다. 높은 의욕은 좋은 것이지만 지나친 의욕은 의욕이 아니라 과욕일 분이다. 페이스 조절에 실패하면 결코 마라톤을 완주할 수 없다. 이때는 찬물이 필요하다. 박 본부장은 자신이 사용하고 있는 오버에 대한 언더의 대처법을 소개했다.

"이럴 때는 평소 바빠서 놓쳤던 것들을 돌아보는 것이 좋습니다. 하고 있는 일의 가치를 되새겨보거나 잘되고는 있지만 지금 하고 있는 방법이 최선인지 차분히 생각하는 것입니다. 밀린 계산서 처리 같은 일상적인 업무를 하는 것도 의욕이 너무 앞서나갈 위기에서 오버 페이스를 막을 수 있는 방법 중 하나입니다."

찌개를 끓이는데 너무 더디면 가스 불을 키워야 하고 펄펄 끓어 넘치려고 하면 얼른 달려가 꺼야 함은 당연한 이치다. 마찬가지로 마이너스일 땐 플러스를, 오버일 땐 언더를 생각하면 쉽고 빠르게 불균형을 균형으로 되돌릴 수 있다.

회복탄력성으로 감정의 균형을 지켜라

평균대에 올라 두 팔을 벌리고 균형을 잡았던 어린 시절의 경험을 떠올려 보자. 균형을 잠깐 잡는 것은 어렵지 않다. 그러나 균형을 오랫동안 유지하는 것은 매우 어렵다. 한 번도 균형을 잃지 않는 사람은 없다. 중요한 것은 깨져버린 감정의 균형을 얼마나 빨리 균형 상태로 되돌리느냐 하는 문제다.

영어 단어 'resilience'를 우리말로 번역한 회복탄력성이라는 말이 있다. 원래는 충격을 받거나 부상을 당한 후 회복하는 힘인 회복력이란 뜻과 구부러뜨렸던 물체가 다시 제 자리로 돌아가는 힘인 탄력의 뜻의 두 의미인데 심리학이나 사회학 분야에서는 두 의미를 하나로 합쳐 회복탄력성이라고 이야기한다. 회복탄력성은 어려움을 오히려 성장의 계기로 삼아 더 높이 튀어 오르는 힘을 말한다.

탄력이 낮은 골프공에 비해 장난감 탱탱볼은 탄성이 엄청 강하다. 물체마다 탄성에 차이가 나는 것처럼 사람마다 회복탄력성도 다르다. 어떤 사람은 감정의 균형을 깨뜨린 충격을 견뎌내지 못하고 계속 불균형 상태에서 우왕좌왕 하지만, 어떤 사람은 강한 회복탄력성을 발휘해 균형 상태로 돌아옴은 물론 이전보다 더 강한 에너지를 발산한다. 불균형을 극복하여 감정의 균형을 유지하는 힘이 바로 회복탄력성이다. 지속적으로 발전하는 조직이나 한 분야에서 일가를 이뤄가는 사람들은 모두 회복탄력성이 강하다. 강한 회복탄력성을 발휘해 어려움을 이겨내고 과욕을 경계해서 균형을 되찾는다. 기운이 빠졌을 때는 빠르게 더해주면 된다. 거꾸로 의욕이 지나칠 때는 신속히 빼주면 된다. 이것이 회복탄력성을 높여 균형을 되찾는 합리적인 방법이다.

‘남을 아는 사람은 지혜롭지만 자기를 아는 사람이 더욱 명철하고, 남을 이기는 사람은 강하지만 자신을 이기는 사람이 더욱 강하다.’

노자의 이 이야기는 자신의 특성과 소질을 객관적이고 정확히 파악하는 것이 얼마나 중요한 것인지에 대해 지적한다. 또한 감정 조절의 중요성을 강조한다. 자기를 이긴다고 할 때 이겨야 하는 주적이 바로 감정이기 때문이다. 감정을 잘 조절하는 사람이 강한 사람이고 감정 조절에 실패하는 사람이 약한 사람이다. 사람의 강하고 약함이 감정 조절에 달려 있다는 말이다.

그런데 본질적으로 감정은 고정된 것이 아니라 자꾸자꾸 움직이는 경향이 있다. 차이는 있겠지만 모든 사람의 감정에는 기복이 있고 부침이 있다. 따라서 흔들린다고 불안해할 필요는 없다. 중요한 것은 원래 흔들리고 움직이는 감정을 얼마나 잘 관리하느냐 하는 문제이기 때문이다. 결국 자신의 감정을 다스리는 장치들을 얼마나 적절하고 준비해두는지, 또한 감정을 조절하는 방법들을 얼마나 능숙하게 연습해두는지가 감정을 다스려 자신을 이기기 위한 관건이다. 그리고 감정을 제어하는 수단과 방법을 미리미리 준비하고 연습하여 필요한 시기에 적절하게 써먹을 수도 있도록 하는 것이 감정 균형을 위한 최선책이다.

해맑게 긍정하되 매섭게 관리한다

자신을 바라보는 시각에 있어서 균형은 더욱 중요하다. 자아에 대한 객관적 인식이 사물과 현상과 다른 사람을 균형 있게 바라볼 수 있는 기초가 되기 때문이다. 그런데 많은 사람들은 자신에 대해 지나치게 긍정한다. 긍정은 무조건 좋은 것이고 부정은 언제나 나쁜 것이라고 착각한다. 조엘 오스틴(Joel Osteen)의《긍정의 힘》이나 론다 번(Rhonda Byrne)의《시크릿》같은 책들은 우리나라에서만 몇 십만 부가 팔린 베스트셀러다. 이 책들의 영향으로 국내 저자들이 쓴 비슷한 내용의 책들도 많이 발간되었다. 이런 책들은 주로 긍정적으로 생각하자, 잘 된다고 생각하면 진짜 잘 된다, 부정적인 사람들과는 가까이 하지 말라 등의 내용을 담고 있다.

물론 매사에 부정적인 것보다는 긍정적인 자세가 좋다. 긍정적인 생각으로 어려움을 이겨낼 수도 있다. 그러나 무조건 긍정은 옳지 않다. 지나친 긍정은 객관적으로 가능성이 거의 없는데 잘될 거라는 최면으로 희망을 고문하기도 하고, 정확한 판단을 흐리게 하며, 근거 없는 자신감으로 막상 더 중요한 실천을 게을리 하게 만들 수 있다.

그렇다고 무조건 부정적인 생각 역시 옳지 않다. '난 안 될 거야, 해봤자 별 수 없어, 설마 내가 되겠어?' 하는 삶의 자세는 무조건 긍정만큼 위험하고 비생산적이다.

'세상에서 같이 일하기 가장 힘든 사람은 가난한 사람들이다. 자유를 주면 함정이라 얘기하고, 작은 비즈니스라 말하면 돈을 별로 못 번다 얘기하고, 큰 비즈니스라 얘기하면 돈이 없다고 말하고, 새로운 것을 시도하자 하면 경험이 없다 하고, 전통적인 비즈니스라 하면 어렵다고 하고, 새로운 비즈니스 모델이라고 하면 다단계라고 하고, 상점을 같이 운영하자고 하면 시간이 없다고 하고, 새로운 사업을 시작하자고 하면 전문가가 없다고 한다.'

입지전적 인물 알리바바 그룹 마윈(Jack Ma) 회장의 말이다. 여기서 말하는 가난한 사람은 단지 돈이 없는 사람만을 의미하지는 않을 것이다. 자신감이 가난하고, 의지가 가난하고, 상상력과 희망이 가난한 사람이 돈이 없는 사람보다 더 가난한 사람이다. 부정적인 생각으로 가득 찬 사람이 가난한 사람이다. 지나친 긍정도 위험하지만 지나친 부정은 더욱 위험하다. 끊임없는 자기비하로 자괴감의 깊은 늪에서 헤어 나오지 못하고 환경과 시대를 자꾸 탓할 뿐 아무 것도 하지 않는 자세는 경계대상 1호임이 분명하다.

업무의 노예가 아니라 일의 주인이 되기 위해서는 긍정 속의 부정, 부정 안의 긍정이라는 역설적 자세가 필요하다. 긍정할 것은 긍정하고 부정할 것은 부정하는 객관적인 태도, 상황은 쉽지 않지만 잘하면 해낼 수 있다는 태도, 이번엔 잘 될 것 같지만 방심은 금물이라는 자세가 업무 체증을 뻥 뚫어내기 위해 반드시 필요하다. 특히 이와 같은 역설적 자세는 자신에 대해 엄격히 적용되어야 한다. '나는 세상에서 제일 잘 난 사람'이라는 생각과 '나는 아무짝에도 쓸모없는 못난 사람'이라는 생각은 모두 옳지 못하다. 부족한 점이 있지만 이 부분만 극복하면 나는 꽤 괜찮은 사람이다, 이런 것들은 나의 강점이지만 거꾸로 저런 단점들을 잘 보완해야 한다는 균형 잡힌 자아 인식의 자세가 바람직하다. 아무런 구김살 없이 해맑게 웃는 어린이처럼 자신에 대해 긍정하면서도, 동시에 혹독하리만큼 엄격히 자신을 관리하는 것이 균형이 완벽하게 잡힌 올바른 자세다.

자존감은 맷집이다

오수림 고문은 학창 시절 줄곧 학급반장과 보이스카우트 활동을 했다. 이를 통해 그는 주변 사람들의 기대감이 자존감의 원천이라는 사실을 많이 체험했다고 한다. 반장이니까 이러이러해야 한다는 기대감, 보이스카우트 대원이니까 다른 친구들보다 잘하겠지 하는 기대감이 그에 따른 책임과 역할을 충실히 수행하게 만들었다는 것이다. 때론 부담이 되지만 그것조차도 긍정적으로 작용해 졸고 싶어도 졸지 않고, 장난치고 싶어도 참아내는 힘이 되었던 경험들이 여러 차례 있었다고 이야기한다. 그리고 이런 기대와 기대에 대한 충족이 쌓여 자신에 대한 신뢰와 자신감으로 이어지고 결국 탄탄한 자존감을 만들었다고 고백한다.

어렸을 때 레너드나 해글러 같은 선수들의 권투 경기를 가끔 봤다. 권투를 보면 주먹세례를 계속 받아도 맷집이 좋은 선수는 다시 일어서지만 맷집이 약하면 상대의 공격이 조금만 들어와도 맥없이 무너져 내린다. 자기 주먹이 얼마나 센가 하는 것과는 별개로 맷집이 좋아야 오래 버틸 수 있고, 기회를 엿볼 수 있고, 마침내 상대를 링 위에 때려눕힐 수 있다. 일과 삶에 있어서 자존감은 일종의 맷집이다. 자존감이 강해야 차디찬 거절이나 매몰찬 냉대 같은 상대의 공격을 이겨낼 수 있다. 자존감이 있어야 자존심을 세차게 건드리는 블랙 컨슈머의 이단 옆차기를 피할 수 있다.

그래서 오 고문은 직원들의 자존감을 높이고 유지시키기 위해 늘 노력한다. 몇 해 전이었다. 소속회사 직원인 Y 대리가 새로 개원한 중형병원으로 상담을 나갔다. 의사를 상대로 미팅을 할 때는 으레 그런 것처럼 Y 대리는 외래환자 대기실에 앉아 의사를 기다리고 있었다. 그러나 간호사는 밀려오는 환자들을 대응하기에도 바빠 미팅을 해야 한다는 메모를 진료실에 넣지도 못하고 있었다. '빨라야 1시간이겠네' 생각하면서 Y 대리는 잠깐 흡연 장소로 나가 담배를 피우고 돌아왔다.

그런데 우연히도 그 순간 의사는 미팅을 하겠다며 Y 대리를 찾았고 미팅에 들어가야 할 사람이 자리에 없자 간호사는 당황했다.

그러는 사이 그가 들어가자 간호사가 왜 자리를 안 지켰느냐 핀잔을 주는 눈초리로 '지금 빨리 들어가시라'고 얘기했다. 급해진 Y 대리가 담배 냄새를 없앨 겨를도 없이 진료실로 들어가자 의사는 강하게 풍기는 담배냄새를 맡았다. 그리고는 인사를 하며 명함을 내미는 그에게 말했다.

"막 담배를 피우고 왔나 봐요?"
"네? 아, 죄송합니다. 대기를 하다가 잠깐…. 처음 뵙겠습……."

당황하며 말을 더듬는 Y 대리의 말을 자르며 의사는 방금 받은 명함을 허공에 던지더니 테이블 위에 있던 방향제를 집어 들었다. 그리곤 난생 처음 만난 상대방 얼굴 근처에 방향제를 뿌려댔다.

"지금 어디 와서 지독한 담배냄새를 풍기는 거죠? 진료 보기에도 바빠 죽겠는데 지금 뭐하는 거예요? 얘기 듣고 싶지도 않으니까 당장 나가!"

그는 처음 만난 의사에게 명함도 건네지 못한 채 큰 망신만 당하고 쫓겨났다. 자신이 실수한 것은 분명하고 기분이 나쁘면 나가라고 할 수도 있지만, 그렇다고 처음 만난 사람 얼굴에 방향제를 살포한 상대방으로 인해 자존감은 땅바닥까지 떨어졌다. 그날 저녁, 낮에 있었던 사건의 자초지종을 알게 된 오 고문이 Y 대리에게 말했다.

"Y 대리! 그 병원 가지마세요! 절대 가지마! 그런 병원이랑은 거래하지 않는 게 좋아! 행여 거래를 시작하더라도 그런 사람은 계속 문제를 만듭니다. 나중에는 방향제가 아니라 살충제를 뿌릴지도 모르죠. 내가 책임질 테니까 절대로 그 병원 가지 마세요!"

퇴근 후 오 고문은 Y 대리와 함께 소주잔을 기울였다. 이런저런 얘기들을 주고받으며 오 고문은 그의 홀쭉해진 자존감을 빵빵하게 만들어주기 위해 노력했다. '담배냄새를 제거하지 못한 것은 분명한 실수다, 그러나 그 실수에 대한 상대방의 반응은 실수가 아니라 무례다, 우리는 기술력을 높여주는 사람이지 단순히 물건을 파는 사람이 아니다, 나는 여전히 Y 대리를 신뢰하며 잘해낼 것이라 기대하고 있다….' 그의 이야기에 Y 대리는 위축된 자존감을 어느 정도 회복할 수 있었다.

맷집이 강해지려면 매도 맞아야 한다. 좀 맞아봐야 맷집도 강해진다. 그러나 너무 아픈 매는 맷집을 약하게 만든다. 그때는 매가 아니라 치료가 필요하다. 긍정과 부정의 균형처럼 강한 훈련과 부드러운 치료가 병행되어야 강한 맷집을 가질 수 있다. 자존감을 위해서도 칭찬과 질책 모두 필요하다.

나 누구랑 계약해야 하나요?

자존감이 너무 많아지면 자만심이 되고 자존감이 너무 줄어들면 자괴감이 된다. 따라서 자신을 해맑게 긍정하면서도 동시에 매섭게 관리하는 노력을 통해 자존감의 균형을 유지해야 한다. 그래서 자존감에 상처를 입었을 때는 충분한 보충이 필요하고 너무 충만할 때는 적절한 제어가 필요하다. 그런데 업종을 불문하고 진상고객은 언제나 자존감의 균형을 무너뜨리는 강력한 적이다. 그러나 진상을 만나 자신에 대한 신뢰와 불신이 바람에 나부끼는 깃발처럼 흔들릴 때에도 긍정과 부정의 양 날개가 필요하다. 자신을 너무 긍정해서 고객을 폄하하는 것이나 너무 부정해서 자신을 비하하는 것 모두 옳지 않다.

"We are the Ladies and Gentlemen serving Ladies and Gentlemen."

세계 최고급 호텔 중 한 곳인 리츠칼튼 호텔의 사명서이다. 리츠칼튼의 모든 고객들은 신사숙녀이다. 또한 이 신사숙녀들을 섬기는 리츠칼튼의 직원 역시 신사숙녀이다. 고객은 신사이고 직원은 머슴도 아니며 손님이 숙녀니까 직원은 시녀인 게 아니다. 거꾸로 직원만 신사숙녀이고 고객 중에 진상들은 대접 받을 자격이 없는 잡것들도 아니다. 모든 손님은 최고의 대우를 받기에 충분한 신사숙녀이고 그들을 섬기는 직원들 역시 세계 최고의 신사숙녀란 의미이다.

최정식 본부장 역시 진상고객을 만날 때마다 애써 '저런 진상을 이겨내는 나는 대단한 사람' 이라는 말을 되새긴다. 좋은 사람이든 나쁜 사람이든 고객을 가리지 말아야 함은 물론이지만 힘겨운 고객에게까지 최고의 서비스를 제공한 자신을 스스로 칭찬하고 격려하는 것이다. 신사숙녀인 고객에게 최선을 다하기 위해 그는 십 수 년 동안 술을 마시지 않는다. 한 방울도 입에 대지 않는 것은 아니지만 고객에게 호출이 오면 언제든 출동하기 위해 맥주 500cc, 소주 한 잔까지만 마시고 있다.

"솔직히 이렇게까지 해야 되나 할 때도 있습니다. 제가 딜러지 SOS 출동기사는 아니잖아요. 그러나 신사숙녀를 서비스하기 위해 불편하더라도 정장을 갖춰 입는 호텔리어의 마음으로 음주를 자제하고 있습니다. 고객뿐만 아니라 저도 소중한 사람이기 때문입니다."

자동차 전시장에는 여러 고객들이 들어온다. 붕 뜬 시간을 때우려고 온 사람, 관심은 있지만 구경만 하러 온 사람, 알아보기만 할 뿐 절대로 사지는 말자 다짐하며 온 사람, 사긴 살 거지만 여기 말고 다른 데서 사야지 하고 온 사람, 자세히 알아보고 신중히 결정하겠다고 온 사람 등등…. 따라서 전시장에 한 번 방문해서 그 자리에서 계약을 끝내고 가는 고객은 극히 드물 수밖에 없다.

최 본부장이 지점장으로 일할 때의 일이다. 어느 토요일 오전 11시쯤 고객 한 분이 전시장에 와서 Y 딜러로부터 상담을 받았다. Y 딜러는 친절하면서도 정중하게 자동차에 대해 설명했고 고객은 감사의 말과 함께 나중에 다시 오겠다며 돌아갔다. 얼마 후 Y 딜러가 점심을 먹으러 자리를 비운 사이 오전에 왔던 고객이 다시 전시장을 찾았다. 리셉셔니스트(receptionist)는 자신과 상담했던 딜러가 보이지 않아 쭈뼛쭈뼛 서 있는 고객을 상담실로 안내한 후 관행에 따라 자리를 비운 Y 딜러 대신 H 딜러에게 상담을 받도록 했다.

H 딜러는 고객이 오전에 Y 딜러와 얘기를 나누고 간 것을 알았기 때문에 초반 상담은 건너뛴 다음, 이후 내용에 대해 상세히 설명했다. 차를 사야겠다는 결심을 굳힌 고객이 계약을 하려고 하는 순간 Y 딜러가 전시장으로 돌아왔다. 그러자 두세 시간 전 1시간 이상 상담을 했던 고객이 다른 딜러와 계약을 체결하려고 하고 있었다. Y 딜러가 급하게 최 본부장에게 말했다.

"지점장님! 오전에 저랑 상담했던 고객인데 제가 계약을 마무리하는 게 좋지 않을까요?"

그러자 Y 딜러가 돌아온 것을 알게 된 H 딜러 역시 상담을 잠깐 멈춰두고 최 본부장에게 말했다.

"지금 거의 다 끝나서 사인만 하시면 되는데 여기서 다른 사람과 상담을 재개하면 안 될 것 같습니다."

사실 이와 같은 애매한 경우는 자동차 전시장에서는 물론 다른 곳에서도 심심치 않게 일어날 수 있는 광경이다. 그런데 자동차 딜러들의 성과는 결국 계약으로 마무리되기 때문에 Y 딜러와 H 딜러의 입장에서는 매우 중요하고 심각한 순간이다. 게다가 두 사람의 얘기에는 모두 일리가 있다. 그렇다면 두 딜러 모두 자신이 계약을 마무리 짓겠다고 하는 상황에서 최 본부장은 어떻게 했을까?

"현재 상담을 진행하고 있는 H 딜러에게 신속하고 깔끔하게 계약 체결을 마무리하라고 이야기했습니다. 당연히 Y 딜러는 저에게 불만을 표시했죠. 제가 말했습니다. 점심을 먹으러 갔느냐 자리를 지켰느냐 하는 것은 중요하지 않다, 이런 일이 생길 것을 대비해 점심을 안 먹을 수도 없고 그렇다고 여기가 무슨 복덕방도 아니고 음식을 배달시켜 먹을 수도 없다. 중요한 것은 고객의 선택이다. 만약 Y 딜러가 상담을 더 잘했다면 고객은 처음 방문했던 오전에 계약을 체결했을 것이다. 그렇지 않더라도 Y 딜러가 더 강한 인상을 남겼더라면 재방문했을 때 Y 딜러를 찾았을 테고 잠깐 자리를 비웠다고 해도 본인을 기다렸을 것이다. 그러나 고객 입장에서 Y 딜러의 상담은 본인이 아닌 다른 딜러에게 차를 사도 괜찮을 정도였던 것 같다. 손님을 뺏고 안 뺏고 또는 밥을 빨리 먹고 늦게 먹고 하는 것이 아니라 나 자신이 더 잘할 수 있는 것이 없었을까 고민하는 것이 바람직한 자세다…. 이 말을 듣자 Y 딜러는 적어도 머리로는 이해를 해줬고 저 역시 비슷한 경우가 일어날 때마다 이 원칙을 지켜갔습니다.”

　

　‘애매한 고객을 놓고 두 딜러가 서로 다툴 때는 고객이 이전 딜러를 다시 찾지 않는 한 최종 상담자와 계약한다.’

　

　최 본부장이 정한 이 원칙에는 계약을 아깝게 놓쳤어도 원인은 밖이 아니라 내 안에 있다는 생각이 담겨 있다. 자존감이 지나쳐 자만하는 사람은 일이 안되면 자신만 탓한다. 속으로는 그렇지 않으면서 ‘다 내가 부족해서 그래, 난 남 탓할 정도로 찌질하지 않아’ 하며 거들먹거린다. 거꾸로 자존감이 너무 낮은 사람은 모든 것들을 남 핑계로 돌린다. 지각을 한 건 택시를 천천히 몬 기사 때문이고, 감기에 걸린 이유는 에어컨을 청소하지 않은 총무팀 때문이라고 생각한다.

그러나 균형 잡힌 자존감을 갖추면 남이 아닌 나에게 주목한다. 내가 해야 할 일에 충실하게 임하며 내가 할 수 없는 것들을 왈가왈부하는 대신 내가 할 수 있는 것에 집중한다. 동시에 나와의 관계성을 기준으로 나 이외의 남과 환경을 객관적으로 살핀다. 계약까지 이르지 못한 경우에도 '저 고객은 좀 있다 다시 금방 올 거면 뭐 하러 갔다가 다시 오는 거야?' 하며 불평하는 대신 '1시간의 상담으로 계약 체결을 못했다면 분명히 나에게 무언가 부족한 점이 있다'는 생각으로 다음을 대비하는 것이 바람직한 자세다. 이것이 올바른 자존감이자 긍정 속의 부정, 부정 속의 긍정이라는 역설적인 균형의 모습이다.

모이면 강하게, 흩어지면 약하게

박상신 본부장은 FC들이 자주 저지르는 실수 중 하나로 고객을 자기 임의대로 될 고객과 안 될 고객으로 가르는 일을 꼽는다. 이 사람은 바빠서 안 되고 저 사람은 고집이 세서 안 될 것 같고, 이 친구는 여윳돈이 있어서 될 것 같고 저 친구는 나를 믿으니까 될 것 같다고 섣불리 구분하는 것이다. 그러나 박 본부장은 될 고객과 안 될 고객을 미리 구분하는 것은 정답을 모르면서 답안을 채점하는 것과 똑같다고 얘기한다.

"사실 이런 구분은 고객에 대한 객관적인 분석이라기보다는 자신의 자존감 상태에 따라 이뤄지는 주관적이고 감정적인 억측일 뿐입니다. 자존감이 떨어지면 웬만한 상대는 다 안 될 것 같다는 생각이 듭니다. 반면에 자존감이 너무 올라가면 모든 사람들이 다 될 것처럼 여겨집니다."

자존감이 높아져 지나치게 긍정하는 것도 자존감이 낮아져 지나치게 부정하는 것도 모두 위험하다. 누구든 내 고객으로 만들 수 있다는 자신감을 갖되 결정은 고객이 하는 것이라는 겸손함이 필요하다. 또한 나는 내가 할 수 있는 최선을 다한다, 그러나 내 마음대로 고객을 조종할 수는 없다는 생각으로 자존감의 균형을 잡아야 한다. 아슬아슬한 긍정과 부정의 균형을 지키기 위해 그가 사용하는 질책의 원칙이 있다. 바로 '모였을 땐 강하게, 흩어졌을 땐 약하게'다.

수많은 FC들과 일을 하다 보면 칭찬할 일도 생기지만 따끔한 질책을 하지 않을 수 없는 일도 생긴다. 그때마다 박 본부장은 모였을 땐 강하게 질책한다. 물론 여럿이 모였을 때 개인을 대상으로 질책하지 않는다. 누군지 짐작할만한 내용으로도 질책하지 않는다. 대신 지점이나 사업단이란 조직 전체의 문제로 확대해석하여 강하게 질책한다. 그렇게 하는 것이 짚고 넘어가야 할 문제를 정확히 짚으면서도 FC의 자존감 균형을 유지시킬 수 있는 방법이기 때문이다. 또한 조직의 팀워크를 위해서도 바람직한 방법이기 때문이다.

반면 흩어졌을 땐 약하게 질책한다. 1:1 미팅이 이뤄질 때는 부드럽게 문제점을 지적하고 더욱 부드럽게 해법을 의논한다. 모였을 때 강하게 했던 질책들을 더 말랑말랑한 표현으로 바꿔서 이야기한다. 또한 공개석상에서 못 다한 얘기들을 뒤풀이에서 허심탄회하게 털어놓듯 자존감을 살려주면서도 동시에 고쳐야 할 부분을 조심스럽게 요청한다.

"사실 모였을 때 강하게 질책하면 문제를 일으킨 사람은 자신을 얘기하는지 알아차립니다. 그러면 그걸로 질책은 끝나는 거죠. 그래서 일대일 미팅 때는 질책을 재탕하는 것이 아니라 새로운 요청을 해야 합니다."

자신은 뒤끝이 없는 스타일이라면서 사실은 한 번 마음에 품은 서운함을 오래도록 간직하는 사람들이 있다. 똑같이 뒤끝이 없는 스타일임을 자부하는 사람 중에는 자존심이 팍팍 상할 대로 핀잔을 주고 나서 '성격이 지랄 맞아서 화를 내긴 했지만 뒤끝은 없으니까 이해해줘'라고 말하는 사람이 있다. 둘 다 비호감이다. 전자는 풀 걸 풀지 못하고 가슴 속에 담아둔 채 응어리를 스스로 키우는 사람이다. 후자는 자기의 감정조절 실패를 '뒤끝 없음'이란 간판으로 숨겼을 뿐 자신의 말로 상대방에게 준 상처는 안중에도 없는 사람이다. 풀어야 할 부분은 모였을 때 강하게 끝내고 추슬러야 할 부분은 개인적으로 만났을 때 부드럽게 봉합하는 사람이 진짜 뒤끝 없는 사람일 것이다.

자존감은 유지하고 자존심은 버려라

칭찬을 받든 야단을 받든 본질에는 아무런 차이가 없다. 화려한 극찬을 받아도 나는 나고 눈물이 찔끔 나오도록 혼이 나도 나는 여전히 나다. 이와 같은 자신에 대한 건강한 인식은 어려움을 견뎌낼 수 있는 힘의 원천이 된다. 상황은 어렵지만 할 수 있는 방법을 찾아보자는 긍정적인 생각, 이번에 잘 된 것은 주변 사람들의 도움이 큰 덕이 되었다는 겸손한 생각, 오늘의 실패는 무엇보다 내 노력의 부족함 때문이라는 진중한 생각들로 자신을 해맑게 긍정하되 매섭게 관리해야 한다.

이를 위해서는 균형 잡힌 자존감이 무엇보다 필요하다. 사실 자존감이나 자존심 모두 사전적인 의미는 '남에게 굽히지 아니하고 자신의 품위를 스스로 지키는 마음'으로 동일하다. 두 단어 모두 자신에 대한 긍정적 자세라는 점은 똑같다. 그러나 실제 통용되는 현상을 볼 때 자존감과 자존심의 의미는 차이가 난다. 자존감은 '있는 그대로의 모습에 대한 긍정'을 뜻하고 자존심은 '경쟁 속에서의 긍정'을 뜻한다. 자존감이 자신의 눈으로 자신을 바라볼 때 느끼는 것이라면 자존심은 다른 사람의 눈으로 자신을 바라볼 때 생기는 것이다. 자존감은 남이 없어도 이뤄지는 개념이지만 자존심은 다른 사람이 있어야 비로소 성립되는 개념이다. 그래서 자존감은 균형을 이룰 때 저력이 되지만 자존심은 많든 적든 체면이나 겉치레 같은 손실로 이어진다.

문전박대를 당해도 자존감은 지켜야 한다. 상대방의 매몰찬 거절을 받아도 나는 소중한 사람이기 때문이다. 나아가 고객의 거절은 미래를 위한 밑질 수 없는 투자이기 때문이다. 그러나 거절을 당해 자존심이 상할까봐 두려워할 필요는 없다. 거절을 하든 두 손을 들고 환영을 하든 상대방의 반응에 따라 달라지는 자존심보다 더 중요한 것들이 너무 많기 때문이다. 균형 있는 자존감은 필요하다. 그러나 자존심은 별 쓸 데가 없다. 해맑은 긍정과 매서운 관리를 위해서, 나아가 자신만의 아름다운 정원을 가꾸기 위해서 자존감은 지키고 자존심은 버려야 한다.

남에게 배우고 배워서 남 준다

기성세대나 선생을 뜻하는 '꼰대'라는 은어가 요즘 유행이다. 꼰대는 이미 성장한 사람, 앞선 삶을 살아가는 사람이란 원래의 뜻을 과격하게 비꼬는 단어다. 성인인 상대방을 아직 덜 컸다고 빈정대거나 나이가 많다고 상대방을 낮잡아보는 사람들을 시대에 뒤쳐진 삶을 살고 있다며 비웃는 말이 꼰대다.

'내가 해봐서 아는데…', '우리 때는 말이야…', '요즘 애들은 왜 이렇게…' 같은 생각이 말과 행동에 묻어날 때 꼰대 소리를 듣게 된다. 나이가 중요한 변수이긴 하지만 나이가 적어도 꼰대가 있고, 나이가 많아도 꼰대라는 비난을 받지 않을 수 있다. 나 역시 10~20대로부터 꼰대로 몰릴 만한 충분한 나이기에 더욱 '해봐서 아는데…'의 함정에 빠지지 않기 위해 노력한다. 그리고 이를 위해 가장 중요한 것은 학습이라고 생각한다.

나는 꼰대일까? 아닐까?

물론 인생 선배들의 풍부한 경험과 지금보다 어려운 환경을 헤쳐 온 노력들은 결코 폄하할 일이 아니라 인정하고 배워야 할 대상이다. 그러나 지난날의 무용담들이 흥미진진한 웹툰이 아니라 하품만 나오는 교장선생님 훈화처럼 느껴지는 이유는 10년 전, 20년 전에 정지된 얘기들이기 때문이다. 경험 이후에 무엇인가 더 많이 배운 사람들은 15년 전의 경험이어도 지금은 물론 미래와 연결된 얘기들을 할 수 있다. 그러나 몇 십 년 전, 거기까지만 학습하고 그 이후엔 배움의 노력을 하지 않은 사람들은 현실과 동떨어진 옛날 얘기를 곰국처럼 재탕, 삼탕 하는 꼰대가 될 뿐이다.

십여 년 전 대리~과장 시절 그룹 인재개발원에 있을 때 입문교육을 시켰던 신입사원들을 지금도 가끔 만나게 될 때가 있다. 풋풋하고 앳되었던 20대 중후반 후배들이 자리를 잡아 30대의 중견 사원이 된 모습을 보며 대견함과 보람을 느낀다. 그러나 모두 그런 것은 아니다. 어떤 후배에게선 여전히 신입 때처럼 더 배우려는 자세와 자신이 아는 것이 전부가 아니라는 생각이 느껴지지만, 또 다른 후배는 이제 나도 경험도 할 만큼 했고 지식도 알 만큼 있으니 조언이나 충고는 사양한다는 느낌을 준다. 아직 그럴 나이는 아닌데 벌써 꼰대가 되어 버린 것이다.

반면에 대리 시절 팀장으로 모셨던 선배가 한 분 있다. 몸담았던 대기업에서 임원으로 퇴직하신 후 지금은 견실한 제과회사 임원으로 계속 활동 중인 분이다. 이 선배는 가끔 만날 때마다 한참 후배인 나에게도 무엇인가 더 얻어내려고 하신다. 업종도 다르고 하는 일도 차이가 있기 때문에 자신이 잘 모르는 것을 나로부터 알 수 있다고 생각하시는 것 같다. 나는 50대 초반인 선배를 만날 때마다 꼰대가 아니라 40세 전후의 활력 있는 팀장과 의미 있는 대화를 나눈다. 내가 아는 것이 전부가 아니라는 생각, 누구에게라도 더 배우려는 자세가 여전히 느껴지기 때문이다. 나 역시 30대 초반의 대리로 변해 더욱 공손하게 선배를 대우하며 의미 있는 대화를 나눈다.

학습을 통해 세상의 변화에 따라가야 한다. 트렌드를 간파하고 미래를 예측하기 위해서도 끊임없이 배워야 한다. 좁은 의미의 학습이든, 독서나 동호회활동 같은 넓은 의미의 학습이든, 다른 사람과의 대화든 지금까지 내가 알고 있는 것으로 만족하지 않고 새로운 것들을 더 배우기 위해 끊임없이 노력해야 한다. 그래야 자신이 아는 것으로 모든 것들을 해석하려는 꼰대의 세계를 벗어날 수 있다. 그리고 무엇인가 더 배우려는 노력이 이어져야 나만의 정원을 더 깊고 더 아름답게 가꿀 수 있다.

벤치마킹이 최고의 학습이다

박상신 본부장은 주저 없이 벤치마킹이 가장 좋은 학습방법이라고 이야기한다. 그리고 벤치마킹에 성공하기 위해 필요한 세 가지를 강조한다. 첫째 파랑새를 찾는 자세, 둘째 반면교사와 정면교사의 병행, 셋째 타산지석의 노력이다. 먼저 그는 무엇보다 자신을 고수라고 생각하지 않는 자세가 중요하다고 강조한다. 그러면서 파랑새를 찾기 위해 곳곳을 찾아다니는 동화 속 어린이들을 이야기한다.

"동화는 갖가지 고생을 이겨내며 파랑새를 찾기 위해 노력했던 주인공들이 결국 자신들이 살고 있는 집 안 새장 속에 그 파랑새가 있었다는 얘기로 끝납니다. 그런데 저는 아이들이 파랑새를 찾기 위해 곳곳을 돌아다니고 집으로 돌아왔기 때문에 집안 문에 매달린 새장 속에 파랑새가 있다는 진리를 깨달을 수 있었다고 생각합니다."

존재를 이미 알았더라면 집 안의 새가 바로 그 파랑새라는 사실을 알 수 없었을 거라는 얘기였다. 이처럼 그는 자신이 설사 고수일지라도, 다른 사람이 자신의 실력을 인정한다고 할지라도 '나는 아직 하수에 불과하다, 나는 아직 멀었다, 우리 집 안에 있는 새는 결코 파랑새가 아니다'라는 생각을 품어야 한다고 믿는다. 그리고 오늘도 이런 믿음을 바탕으로 이전 소속사 같은 회사 밖은 물론 같은 회사 안의 선배와 후배, 동료와 FC들로부터 더 많은 것을 배우기 위해 노력하고 있다. 파랑새를 찾기 위한 여행을 멈추지 않는 것이다.

박 본부장이 강조하는 벤치마킹을 위해 필요한 두 번째 자세는 반면교사와 정면교사의 융합이다. 잘하는 것만 보고 좋은 것만 취하는 것은 반쪽 자리 벤치마킹이다. 좋은 점을 좋은 점대로 정면교사하는 것은 물론이고 나쁜 점은 나쁜 점대로 학습하여 반면교사(反面教師)로 삼아야 한다는 의미다. 경쟁상대를 관찰하다보면 좋은 점만 보이지 않는다. 아무리 뛰어난 회사나 개인일지라도 허점이 있기 마련이다. 그런 허점을 위안의 핑계로 삼는 것이 아니라 '저런 부족한 점이 있는데도 잘하고 있다면 나는 저 부분을 고쳐서 더 잘해야겠다' 하는 자세가 필요하다.

이에 따라 그는 최근에 좋은 성과를 내고 있는 관리자가 있다는 정보를 접하면 누구라고 할 것 없이 다양한 방법을 동원해 그 사람을 직접 만나기 위해 노력한다. 또한 잘 나가던 조직을 후퇴시킨 리더, 좋았던 성과가 저조해진 FC들에게서도 무언가를 배우기 위해 노력한다. 뿐만 아니라 업종 역시 주로 보험이라는 영역에 초점을 맞추긴 하지만 보험에 국한해서만 벤치마킹 하지는 않는다.

세 번째는 타산지석(他山之石)의 자세이다. 듣는 것으로 끝내지 않고 자신의 조직과 업무에 직접 적용하고 실천해야 한다는 것이다. 벤치마킹을 통해 확인한 여러 가지 내용들을 자신에게 맞춰서 해봐야 남이 잘하는 것을 내가 잘할 수 있는 것으로 바꿀 수 있다. 실천과 적용이 없다면 좋은 것이든 나쁜 것이든 벤치마킹을 통해 얻은 것은 절대로 내 것이 될 수 없다.

미디어와 기술의 비약적인 발전으로 전 세계의 좋은 강의들을 아주 쉽고 빠르게 접하고 있다. 세계 최고의 석학들의 수준 높은 강의, 어려움을 이겨낸 명사들의 드라마 같은 이야기들을 인터넷과 스마트폰으로 안방에 누워서도 볼 수 있다. 그런데 이런 좋은 강의들을 열심히 찾아서 듣는 사람들은 마치 좋은 강의를 듣기만 하면 곧바로 자신 역시 훌륭한 사람이 되는 것처럼 착각하는 때가 있다. 훌륭한 강의는 유익하다. 그러나 강의내용들이 치열한 사유를 통해 자신의 생각이 되고, 그 생각이 실천으로 옮겨지지 않으면 강의를 수강하는 일은 그저 귀를 즐겁게 하는 하나의 이벤트에 불과하다.

남의 산에 있는 돌을 쓸모 있는 숫돌로 만들기 위해서는 벤치마킹을 통해 얻는 교훈들을 자신의 생각으로 변환함은 물론 자신의 행동으로 발전시키는 노력이 반드시 필요하다. 그렇지 않으면 귀동냥으로 들은 얘기만 많을 뿐 정작 자신의 생각과 실제의 노력은 텅텅 비어 있는 불균형적 지식만 쌓일 것이다.

"벤치마킹만 제대로 해도 지금까지 일하고 있는 패턴을 고수하지 말라는 성공의 계명을 지킬 수 있습니다. 지금까지 내가 해오고 있는 방식이 최선이 아니라는 사실을 쉽게 확인할 수 있기 때문입니다. 또한 벤치마킹의 장점 중 하나는 현장을 속속들이 볼 수 있다는 점입니다. 현장에 답이 있고 현장이 최고의 학교라는 말에 동의한다면 무엇보다 실제 일이 벌어지고 있는 현장을 벤치마킹해야 합니다."

오드리 헵번(Audrey Hepburn)은 정말 예쁜 여자배우다. 세상을 떠난 지 벌써 20년도 훌쩍 지났지만 여전히 지구촌 곳곳의 사람들에게 아름다움으로 기억되고 있다. 눈부신 외모는 물론 아프리카의 난민 어린이들을 위해 희생한 아름다운 마음이 그녀를 시대를 넘고 국경을 초월하는 우아하고 고상한 미(美)의 대명사로 만들었을 것이다.

'아름다운 눈을 갖고 싶으면 다른 사람에게서 좋은 점을 봐라.'

아름다운 눈을 가졌던 오드리 헵번이 한 이 말은 벤치마킹은 물론 주위 사람들을 바라볼 때 항상 새겨야 할 명언이다. 나보다 남을 낮게 여기는 자세와 남의 부족함을 거울삼아 나를 돌아보는 태도로 좋은 점은 받아들이고 나쁜 점은 경계하는 노력이 아름다운 눈, 아름다운 마음을 갖게 만드는 올바른 학습법이다.

취미를 위한 공부, 나의 일을 위한 학습

흔히 학부모들은 자녀의 평균등수와 최고등수를 구분하지 못한다고 한다. 평소 반에서 10등을 하던 자녀가 한 번 2등을 했다면 최고등수가 2등일 뿐 평균등수는 7~8등이다. 그러나 학부모들은 대개 2등을 자녀의 평균등수로 착각한다. 그러면서 '하면 되는데 왜 하지 않냐, 할 수 있는 것 알았으니까 잘해라' 하고 말한다.

　오수림 고문이 딱 그 경우였다. 첫 시험에서 1등을 하자 앞으로도 계속 1등을 할 재목으로 주위의 기대를 부풀린 것이다. 수습을 갓 면한 신입사원이 입사한 지 몇 달 만에 탁월한 성과를 거두자 경영진의 따사로운 눈길이 그에게 쏠렸다. 다른 사람은 1주일을 기다려도 받지 못하는 결재를 오전에 올려 오후에 받을 정도였다. 그렇다고 교만하거나 건방진 행동을 한 것은 아니었다. 선배들을 깍듯하게 대접하며 큰 기대를 받는 만큼 더 열심히 뛰었다. 성과가 잘 나자 입사 1년 만에 후배 사원을 받았는데 비록 차이는 많이 나지 않지만 그를 성심껏 코칭을 해주기도 했다. 그후 1년 만에 대리로 조기 승진한 후에도 겸손함을 유지하면서도 활력 있게 일하기 위해 계속 노력했다.

　그러나 몇 년을 정신없이 달리다 보니 조금씩 피로가 쌓이기 시작했다. 일은 계속 잘되었지만 나라서 잘 되는 건지 내가 아니어도 잘 될 것인지 헷갈리기 시작했고, 성과를 만들어가는 과정에서 느끼는 보람도 조금씩 빛이 바랬다. 그가 책 따라쟁이가 되기 시작한 게 바로 이때였다.

　"사진 같은 새로운 취미를 가지려해도 제법 열심히 공부해야 합니다. 사진 찍는 기술은 물론 어떤 카메라가 좋으며 어떤 부품이 새로 나왔는지 계속 공부해야 취미생활을 할 수 있죠. 그런데

제가 하는 일을 위해 난 얼마만큼 공부를 하고 있나 하고 질문을
자신에게 던져봤습니다. 저의 대답은 취미의 반에 반도 못하고 있
다는 실토였고요."

독서는 최고 가성비의 학습방법

그때부터 오 고문은 입사 이후 시들해졌던 독서의 열기를 다시 불
태우기 시작했다. 물론 일을 하면서도 배우고 고객을 만나 얘기를
나누면서도 배우지만 그런 방법으로는 채울 수 없는 것들을 독서
를 통해 배워갔다. 생명과학이나 영업에 관한 책, 기술동향을 알
수 있는 잡지와 보고서, 사람과 생명에 대한 생각을 깊이 있게 할
수 있도록 돕는 인문교양서적까지 다양하게 접하며 안목을 넓히
고 통찰력을 키워갔다.

　　그는 독서야말로 가성비가 가장 높은 학습방법이라고 강조한
다. 학습에 관한한 '가격 대비 성능'을 따져볼 때 독서만한 것이
없다는 얘기다. 일을 통해 배우는 것도 많았지만 일로는 배울 수
없는 것들은 독서를 통해 배웠다는 이야기를 들으며 '밥 배와 군
것질 배'를 생각했다. 아무리 밥을 잔뜩 먹었어도 사람들은 보통
떡이나 과일 같은 간식이나 후식을 더 먹을 만한 여유를 갖고 있
다. 학습 역시 밥 배와 군것질 배가 있을 것이다. 직장인들에게는
일을 통한 학습이 밥이라면 독서를 통한 공부는 주전부리다. 노동

과 운동이 다른 것도 같은 이치다. 운동 삼아 열심히 죽도록 노동을 한다고 식스 팩이 생기진 않는다. 운동은 운동 대로의 효용이 있고 노동 역시 나름대로의 효과가 있다.

그런데 간혹 보면 독서의 효과를 지나치게 절하하는 사람과 지나치게 과대평가하는 사람들을 만난다. 책 읽어봤자 별 수 없다고 하는 주장은 보통 일을 통해 배우는 것이 중요하다는 점을 근거로 든다. 거꾸로 독서의 중요성을 과장하는 사람들은 일하면서 배우는 살아있는 지식을 너무 가볍게 여긴다. 분명한 사실은 학생의 신분을 끝내고 일을 시작한 후에도 배움의 노력은 계속되어야 하며, 그 노력은 일을 통해서뿐만 아니라 독서를 통해서도 이뤄져야 한다는 사실이다. 밥도 적절히 먹고 별미도 적당히 즐기는 것처럼 성인 학습자의 배움 역시 일과 독서, 그 밖의 방법들을 통해서 다채롭게 이뤄져야 한다.

고객을 위한 공부가 진짜 공부다

최정식 본부장은 '원래' 라는 말을 싫어한다. 원래(元來)는 본디, 즉 사물이 전해 내려온 그 처음을 뜻한다. 처음부터나 근본부터라는 뜻도 있다. 그런데 그는 이 원래라는 단어를 왜 싫어할까?

"고객이 자동차에 무언가 이상이 있다고 느껴서 딜러에게 그 말을 하면 십중팔구 하는 말이 원래입니다. 원래 그런 소리 나요, 원래 그런 냄새 나요, 원래 약간 흔들려요…. 그러나 진짜 처음부터 그런 경우도 있겠지만 더 많은 때는 원래는 그런 소리나 냄새가 나지 않아야 하는 경우입니다."

그래서 그는 원래라는 말 대신 고객이 지적하는 이상 징후를 '왜?'라는 말로 접근하기 시작한다. 먼저 고객의 설명을 듣기보다는 자신이 직접 눈과 코로 차량을 확인한다. 이를 통해 고객이 말하는 증상이 원래 그런 것이 아닌 것으로 파악한 후에는 의도적으로 편집증을 발휘한다. 왜 그런지 스스로 알 때까지 실사를 지속하는 것이다. 정비소를 찾아가 정비사들에게 문의하고 제조사에 연락해 관련 자료를 확인한다. 다른 고객의 협조를 얻어 똑같은 차량과 비교하기도 한다.

그는 고객이 자신에게 물은 이상, 더 잘 아는 사람이 있어도 다른 사람이 아닌 자신이 고객에게 만족할 수 있는 답변을 하는 것이 마땅하다고 생각한다. 나는 잘 모르니까 나보다 더 잘 아는 사람에게 물어보라고 할 수는 없다는 말이다. 이와 같이 고객의 궁금증을 풀어주고 불안감을 없애기 위해 공부를 하다보면 저절로 자동차의 아주 작은 기능과 부품 하나하나까지 빠짐없이 학습하게 된다. 고객을 위한 공부가 진짜 공부이자 나를 위한 학습이 되는 것이다.

최 본부장은 기술과 디자인에 매우 민감한 자동차의 특성상 트렌드의 변화를 읽기 위한 노력도 게을리 하지 않는다. 요즘은 특히 자율주행자동차의 상용화가 가져올 대형 블록버스터 급의 변화가 어느 방향으로 전개될지 예의주시하고 있다. 또한 자동차가 소유의 대상에서 활용의 대상으로 변해감에 따라 다양한 금융상품과 자동차가 융합되는 현상에 대해서도 발 빠르게 대응하기 위해 학습의 엑셀레이터를 밟고 있다. 이를 위해 자동차라는 전통적인 시장영역에 머무는 것이 아니라 금융, 핀테크, 정보통신, 네트워크마케팅 등 다른 업종에 대한 공부에도 열중하고 있다.

이와 같은 노력의 중심에는 언제나 고객이 있다. 고객을 얼마나 더 편하게 만들 것인가, 고객에게 얼마나 더 정확한 정보를 제공할 것인가, 고객이 자동차를 통해 누릴 수 있는 혜택의 수준을 어떻게 하면 높일 수 있을 것인가 하는 가치를 중심으로 학습하는 것이 고객을 위한 공부임과 동시에 자신을 위한 공부임을 알고 있기 때문이다.

'청나라에서 본 최고의 풍경은 깨진 기와 조각과 똥 덩어리였다.'

연암 박지원이 중국 기행문 《열하일기》에서 고백한 내용이다. 연암의 눈에는 수많은 유적과 광활한 자연경관보다 여염집 지붕 위에 올려놓은 깨진 기와조각과 농부들이 거름으로 쓰는 사람과

가축의 배설물들이 더 큰 의미로 보였다는 말이다. 쉽게 생각할 때 깨진 기와나 똥은 모두 쓸모가 없다. 그러나 당시 청나라 사람들은 깨진 기와 조각을 모아 튼튼하고 아름다운 지붕을 만들었다. 또한 마당 바닥에도 깨진 기와들을 모양과 색깔을 맞춰 깔아 멋진 모습으로 바꿔놓았다. 똥과 오줌 역시 다양한 방법을 통해 청결하게 관리하면서도 유용하게 활용했다.

실학자였던 박지원의 머릿속은 온통 백성들의 삶을 윤택하게 하는 방법으로 가득했기 때문에 다른 광경이 아닌 이런 실용적인 풍경들이 가장 아름다워 보였던 것이다. 사랑하는 사람이 있다면 맛있는 걸 먹거나 멋진 장소를 갈 때마다 그 사람과 같이 먹고 같이 오고 싶다는 생각을 하게 된다. 마찬가지로 고객을 위하는 마음이 간절하다면 어떤 것을 보더라도 고객을 위해 무엇을 할 수 있을까 고민하게 될 것이다. 공부도 그렇다. 어떻게 하면 고객의 갑갑함을 사라지게 할 수 있을까, 어떻게 하면 고객의 의구심을 해결할 수 있을까 하는 자세로 문제를 풀어갈 때 공부는 재미있어지고 학습의 효과는 자꾸만 커갈 것이다.

나만의 정원은 든든한 비빌 언덕

'우리는 시간만 잘 관리하면 더 많은 일을 효율적으로 하고 더 행복해질 거라고 믿는다. 하지만 아무리 효과적으로 계획을 세운다

한들, 우리가 쓸 수 있는 시간은 하루에 24시간으로 한정되어 있다. 그러므로 시간 관리보다 더 중요한 것은 바로 심신의 에너지 관리다. 당신은 날마다 몸과 마음의 에너지를 어떻게 이용하고 있는가? 대다수 사람은 고강도 감정, 자제력, 부정적 생각 따위로 에너지를 불필요하게 소모하고 만다. 에너지를 관리하는 최선의 길은 평정심을 기르는 것이다. 평정심은 스트레스를 줄여주고, 마음을 명료하게 해주고, 일의 집중도를 높여준다. 설령 해내는 일의 양이 똑같더라도 균형감을 유지하면서 그 과정 자체를 즐길 수가 있다.'

스탠퍼드대학교 심리학과 교수인 에마 세팔라(Emma Seppala)가 쓴《해피니스 트랙》의 한 대목이다. 세팔라 교수가 이야기하는 에너지 관리의 방법이 바로 자신만의 정원을 가꾸는 일이다. 곧 감정의 균형을 유지하고, 올바른 시각을 통해 자신을 객관적으로 바라보며, 지속적인 학습을 통해 성장을 멈추지 않는 노력을 통해 스트레스를 줄이고, 마음을 뚜렷이 하며, 업무의 집중도를 높일 수 있다.

비빌 언덕이라는 말을 가끔 쓴다. 가장 힘든 순간에 의지할만한 대상을 일컫는 말이다. 그런데 잘 가꾼 자신만의 정원만큼 좋은 비빌 언덕이 있을까? 감정을 조절하는 힘만큼 강력한 위력, 자아의 균형만큼 굳건한 저력, 결국엔 빛을 발할 꾸준한 학습은 믿고 의지하기에 충분한 비빌 언덕이다.

나는 행정구역만 서울일 뿐 도시로 보기 힘들 정도였던 변두리에서 어린 시절을 보냈다. 아직 개발이 되지 않았던 그때 그곳엔 뒷동산이 하나 있었다. 사실 지금 생각해보면 동산이라고 말하기도 힘들 정도의 아주 낮은 언덕이었는데 코흘리개라 뒷동산으로 여겼을 만한 곳이었다. 같이 놀 사람이 없어 심심할 때나 무언가 혼날 만한 잘못을 하면 뒷동산에 올라갔다. 그곳에서 키 작은 나무들을 보고 참새 몇 마리를 보며 듬성듬성 풀이 나 있는 길을 잠깐 걷고 내려오면 금방 기분이 좋아졌던 기억이 남아있다. 그 뒷동산은 네다섯 살 꼬마의 든든한 비빌 언덕이었다.

비빌 언덕이 있고 없고의 차이는 장벽을 뚫어내는 과정에서 얼마나 조바심을 이겨내느냐, 얼마나 더 크고 넓은 시각을 갖느냐, 나아가 일의 본질적 의미를 얼마나 깊이 있게 헤아리느냐 하는 차이로 나타난다. 피곤하고 지겨운 업무 체증을 통쾌하게 뚫어내려면 자신만의 마당을 아름답고 깨끗하게 가꿔야 한다. 나만의 정원은 격파작업에 필요한 에너지가 가득 담긴 대용량 탱크다.

학습과 훈련을 통해 감정을 조절하고
자아의 균형을 유지한다

- 감정 균형의 유지를 위해 부단하게 자신을 점검하고 불균형 요소들을 제거한다

- 자신에 대한 객관적 인식을 통해 자존감을 강화하고 자존심을 제어한다

- 자신에게 적합한 방법을 찾아 성과창출을 위해 필요한 내공을 연마한다

인생은 파티다

모든 인생은 어렵다. 내 뜻대로 되는 것이 별로 없다. 열심히 뚫다 보면 집채만큼 커다란 바위가 나오고 곡괭이질을 하다가 튄 돌조각에 맞아 상처를 입기도 한다. 일도 쉬운 게 없다. 마음먹은 대로 술술 풀리면 좋으련만 언제나 느닷없이 나타나는 암초를 만나고 예상하지 못했던 복병을 만난다. 어려움을 이겨내며 일하는 과정은 그래서 외롭고 고단하다.

벅차지만 그래도 인생은 즐겁다. 힘들지만 그래도 일은 재미있다. 맘대로 되는 게 별로 없음에도 불구하고 일하는 사람들의 모든 인생은 아름답다. 뚫기 위해 노력하는 모든 사람, 무엇인가를 이루기 위해 애쓰는 모든 인생은 그 자체만으로 찬란한 빛을 발한다. 장벽을 뛰어넘으며 느끼는 기쁨, 문제를 풀어가며 깨닫는 보람이 있기에 힘들지만 그래도 일은 할 만한 것이다. 막힌 곳을 뚫고 뚫어 마침내 눈부신 빛을 마주할 때의 감격이 있기에 그래도 인생을 살아갈 만한 과정이다.

아이를 키우는 일도 그렇다. 아기일 땐 몸 고생, 조금 크면 마음 고생, 더 커도 온갖 걱정과 근심 때문에 골병이 들고 흰 머리가 늘어나지만 그래도 자녀를 키워가는 과정은 말할 수 없는 기쁨으로 가득하다. 음식을 만드는 일도 똑같다. 한 가지 음식이 입으로 들어가려면 수많은 단계를 거쳐야 한다. 재료를 사다가 씻고 다듬은 후 칼로 썰고 지지고 볶고 삶고 끓인 다음 간을 맞춰 그릇에 담으면 그때서야 사람 입안으로 들어갈 수 있다. 그러나 음식을 먹는 사람들의 웃음이 있기에 조리와 설거지의 수고를 마다하지 않게 된다.

파티도 마찬가지다. 힘들고 성가시더라도 호스트(host)는 파티를 통해 손님들에게 기쁨과 흐뭇함을 선사하고자 즐거운 마음으로 파티를 준비한다. 벅차지만 파티가 즐겁고 정신 사납지만 잔치가 재밌는 것처럼 우리들의 일과 인생은 흐뭇하고 기쁘고 보람찬 것이다. 유쾌하고 흐뭇한 파티를 준비하는 마음으로 쓴 이 책이 독자들에게 알찬 파티가 되어 힘이 되고 위로가 되었길, 또한 책을 다 읽은 지금 완독한 모든 사람들이 파티의 기념품처럼 성능 좋은 드릴 머신을 한 대씩 가져갈 수 있길 진심으로 기원한다.

한약에서 자주 쓰는 '삼정성(三精誠)'이라는 말이 있다. 예로부터 병을 다스리려면 약을 짓는 정성, 달이는 정성, 먹는 정성이 모두 갖춰져야 한다는 의미이다. 따라서 약사는 정성을 다해 지어야 하고, 간병인은 온 힘을 다해 약을 달여야 한다. 끝으로 환자 자신 역시 복용시간과 방법을 지키고 함께 먹으면 안 되는 음식들을 삼가는 정성을 다하면서 약을 먹어야 병을 고칠 수 있다.

전문가들이 짓는 정성을 다해 지금까지 경험과 지혜를 쌓았다면, 나는 달이는 정성을 다해 그들을 분석하여 글로 만들어내고자 노력했다. 이제 남은 일은 독자들이 먹는 정성을 다하는 일이다. 먹는 일은 완독으로 끝나지 않는다. 먹은 약을 소화시키듯 책의 내용을 자신의 것으로 만들어야 한다. 따라서 책 한 권 다 읽었다는 것으로 만족하는 것이 아니라 남의 정답을 나만의 비법으로 엮기 위해 집요하게 고민하고, 전문가의 경험을 나만의 지혜로 만들기 위해 끊임없이 생각하며, 고수의 열정을 나의 뜨거움으로 가져오기 위해 치열하게 실천하길 진심으로 바란다. 독자 모두가 시원한 성과를 만들어내는 PARTY의 즐거운 비결의 주인공이 되길 기원하며….

2017년 이른 여름, 신정동 서재에서 김상배

부록

부록 1 ● PARTY 역량 자가진단

시원한 성과를 만드는 즐거운 비결 PARTY의 역량은 쉽게 만들어지지 않는다. 선천적인 기질과 성장기의 환경을 바탕으로 성년 이후의 경험이 차곡차곡 쌓여 한 사람의 PARTY 역량을 만든다. 어떤 일을 하느냐, 누구와 일을 하느냐 하는 것도 중요한 변수이며 무엇보다 '왜 일을 하는가?' 하는 목적과 '어떻게 일하고자 하는가?' 하는 방향이 한 사람 한 사람의 PARTY 역량을 결정 짓는다.

그렇다면 지금 현재 내가 보유하고 있는 PARTY의 역량을 얼마나 될까? 일하면서 부딪히게 되는 장벽을 잘 뚫어내지 못하는 것은 어디에 문제가 있기 때문일까? 먼저 자신의 현주소를 정확히 진단해야 올바른 처방을 뽑아낼 수 있다. 다음 문항들에 대한 진솔한 답변을 통해 나의 PARTY 역량을 진단해보자.

〈진단 요령〉

1 회사나 점포, 학교 등 일터에서의 자기 모습을 연상합니다.
2 바라는 자신의 모습이 아니라 현재 상태의 모습을 기준으로 삼습니다.
3 각 문항들을 잘 읽은 후 자신의 모습을 가장 잘 표현하고 있다면 6점을, 자신의 모습과 관계가 전혀 없다면 0점을 선택하여 표기합니다.
4 중간에 해당된다고 생각하는 경우에는 1~5점 중 적절한 점수를 선택해 표기합니다. 잘 모르겠더라도 반드시 점수를 기재해야 합니다.
5 문항은 모두 75개이며 소요 예상시간은 약 15분입니다. 성실하고 꼼꼼하게 자신의 PARTY 역량을 진단하시기 바랍니다.

PARTY 역량 진단 문항

1 지금 하고있는 일의 목표를 달성하기 위해 반드시 해야 할 일을 두세 가지 꼽을 수 있다. ☐

2 주위 사람들로부터 나를 만나면 활력을 얻는다는 이야기를 가끔 듣는다. ☐

3 일을 하다 슬럼프를 겪게 되면 이를 신속히 빠져나오는 방법을 알고 있으며 실천하고 있다. ☐

4 개인이든 조직이든 지금까지 성공해온 방법이 있더라도 이제는 통하지 않을 수 있다고 생각한다. ☐

5 회사에 다니든 장사를 하든 결국 영업이 가장 중요하다고 생각한다. ☐

6 멀리 있는 사람이 아니라 가까이 있는 사람에게 인정을 받기 위해 노력한다. ☐

7 너무 도전적이어서 무리라고 생각되는 목표를 달성했던 경험이 있다. ☐

8 다른 사람과 얘기를 나눌 때는 가급적 스마트폰을 확인하지 않으려고 노력한다. ☐

9 어떤 선택이 올바른 것일까 헷갈릴 때 기준으로 생각하는 가치관을 마음에 품고 있다. ☐

10 상품과 서비스가 어려운 내용일지라도 가급적 쉽게 설명할 수 있다. ☐

11 아무리 바쁘더라도 혼자만의 시간을 조금이라도 갖기 위해 힘쓴다. ☐

12 전략을 수립할 때는 상사가 좋아할 내용보다는 실행할 수 있는 내용을 중심으로 보고한다. ☐

13 나의 지나친 배려나 친절이 상대방에게 부작용이 될 수 있음을 늘 염두에 둔다. ☐

14 일하는 것은 피곤하고 짜증도 나지만 그래도 보람되고 기쁜 일이 더 많다. ☐

15 '이게 될까?' 의심되는 일을 시도해서 '이게 되네!' 하는 신기함을 경험한 적이 있다. ☐

16 아르바이트나 직장생활 중 진상을 만나더라도 감정조절에 성공하는 일이 자주 있다. ☐

17 확실히 알 때까지 기다리는 것보다 잘 몰라도 실행하는 것이 더 좋을 때가 많다고 생각한다. ☐

18 사물이든 현상이든 눈에 보이는 것이 전부가 아니라는 사실을 항상 유념한다. ☐

19 동료나 선후배들과의 관계에서 불편한 감정이 생기더라도 감정이 증폭되지 않도록 스스로 억제할 수 있다. ☐

20 나는 내가 지금 하고 있는 일에 대해 자부심을 느끼며 누구에게라도 자신있게 밝힐 수 있다. ☐

21 이해관계보다는 마음이 통하는 사람과 더 많이 만나려고 노력한다. ☐

22 일반적인 만남이라고 해도 업무와 관계된다면 미리 그 전에 나눴던 얘기들을 꼼꼼히 점검한다. ☐

23 목표를 이룰 때는 타인의 칭찬과 평가를 잘 받는 일보다 나 스스로의 성
   취감이 더 중요하다. ☐

24 일하다 힘든 일을 만나면 내가 이 일을 꼭 해야 하는 이유를 생각하며 이
   겨낸다. ☐

25 아주 작은 차이와 항목을 놓치지 않고 찾아내 일을 성공시킨 경험이
   있다. ☐

26 무슨 일을 하든 자신만의 신념과 원칙을 명확히 세우는 일이 중요하다.
   ☐

27 일을 하는 과정에서 의욕이 꺾일 일을 만날 때 어떻게 하면 극복할 수 있
   는지 방법을 알고 있다. ☐

28 지금 하고 있는 일을 잘하려면 절대로 해서는 안 될 일을 한 두 가지 꼽을
   수 있다. ☐

29 더 중요한 것들을 보기 위해 육안이 아닌 마음의 눈으로 관찰할 수 있다.
   ☐

30 자신감이 너무 많아지거나 자괴감이 너무 심해질 때 재빨리 위기가 찾아
   왔음을 감지할 수 있다. ☐

31 솔직히 먹고 살 돈이 어느 정도 있어도 당장 지금 하는 일을 그만두지 않
   겠다. ☐

32 오해를 받았지만 진심은 언젠가 통한다고 믿으며 참아내 결국 오해를 풀
   었던 적이 있다. ☐

33 적지 않은 경우 이성적인 판단보다 감성적인 판단이 더 정확하다고 생각
   한다. ☐

34 나의 고객은 진심으로 소중한 사람이며 나에게 고마운 존재라고 여긴다.
   ☐

35 자존감은 높여야 하지만 자존심을 낮춰야 한다는 말에 동의한다. ☐

36 현재 하고 있는 일을 더 잘하기 위한 방법을 자주 고민한다. ☐

37 지금 일터에서 내가 지키고 실천해야 할 원칙을 명문화된 문구로 만들어 두고 있다. ☐

38 무엇인가 배울 기회나 공부할 수 있는 계기를 스스로 찾기 위해 노력한다. ☐

39 다른 사람으로부터 동기를 부여 받기 위해 기다리지 않고 스스로 동기를 부여하기 위해 노력한다. ☐

40 가능성이 낮더라도 일단 부딪혀보면 무언가 새로운 방법이 나올 수 있다고 믿는다. ☐

41 실수를 하더라도 계속 후회하기 보다는 실수에 담긴 긍정적 의미를 찾기 위해 노력한다. ☐

42 일이 잘 풀리지 않아 갈등이 일어날 때 자신의 가치관을 떠올리며 마음을 추스린다. ☐

43 목표를 설정할 때는 가급적 구체적이고 세부적으로 표현하기 위해 노력한다. ☐

44 다른 사람을 만날 때는 가급적 직접 얼굴을 맞대는 만남을 갖기 위해 노력한다. ☐

45 내 업무의 중요한 의사결정권자가 누구이며 어떤 특성을 갖고 있는지 안다. ☐

46 긍정이 너무 지나치면 부정이 지나친 것보다 더 위험할 수 있다는 사실을 실감한 적이 있다. ☐

47 누군가 '왜 일하는가?' 하고 묻는다면 명쾌하진 않더라도 그 이유를 자신있게 답할 수 있다. ☐

48 새로운 만남이 많아지더라도 오래전부터 알고 지낸 사람들에게 계속 연락하기 위해 노력한다. ☐

49 사람들의 특성을 유형별로 분류하는 방법들이 틀리는 경우가 많다고 생각한다. ☐

50 지금까지 해왔던 방법보다 더 좋은 방법을 찾기 위해 노력하는 편이다.

51 무심코 던진 말로 인해 상대방 자존감에 상처를 줄 수 있음을 항상 주의한다.

52 지금 하고 있는 일을 잘해내기 위해서는 어떤 힘들이 필요한지 파악하고 있다.

53 지금까지 쌓아 온 경험보다 앞으로 쌓을 경험들이 더 많고 유익할 수 있다고 생각한다.

54 내 마음을 알아줘서 고맙다는 말을 들은 적이 몇 번 있다.

55 해야 할 일이나 아이디어가 떠오르면 가급적 그 즉시하려고 노력한다.

56 다른 사람과 비교하기 보다는 나 자신에게 부끄럽지 않게 일하려고 노력한다.

57 무슨 일이든 일이 돌아가는 프로세스를 쪼개보며 이해하려고 한다.

58 하는 일 등 나와는 상황이 많이 다른 사람과 만나더라도 크게 불편하지 않다.

59 지금 내가 하고 있는 일은 나 자신이나 회사는 물론 사회에 필요한 가치를 만들어 낸다.

60 다른 사람이 칭찬을 하든 비난을 하든 중요한 것은 나의 생각이라고 믿는다.

61 큰 돈 들지 않는 소소한 챙김을 통해 주위 사람들에게 점수를 따는 일이 많다.

62 문제가 생기면 최대한 빨리 문제가 발생한 현장으로 달려가는 것이 바람직하다.

63 업무상 다루는 상품이나 서비스에 모르는 부분이 생기면 신속히 알려고 노력한다.

64 내겐 별 것 아니더라도 다른 사람에겐 매우 중요한 일을 잘 챙겨줬던 경험이 있다.

65 어떤 중요한 일을 시작하기 전에는 목표를 간결하고 명확하게 세우는 일을 먼저 한다.

66 담당 업무와 시장의 변화와 트렌드를 파악하기 위한 노력을 주기적으로 실천한다.

67 교육과정이나 동호회 활동 등을 통해 업무와 관련 시장을 더 알기 위해 노력하고 있다.

68 기발한 묘수를 찾기 전에 기본을 놓치고 있는 것은 아닌지 점검한다.

69 일을 할 때 이 일이 궁극적으로 다른 사람들에게 어떤 도움이 될까 하고 고민하는 경우가 많다.

70 취미가 아무리 좋아도 하고 있는 일에 방해가 될 정도가 되지 않도록 경계한다.

71 지금 내가 하고 있는 일의 현장이 어디이며 어떤 특성이 있는지 정확히 알고 있다.

72 나와 스타일이 전혀 다른 상대방일지라도 가능하다면 일을 위해 피하지 않으려고 노력한다.

73 최근 한 달에 두 권 이상의 책을 읽고 있다.

74 이전에 몸담았던 조직이나 현재 조직에서 롤 모델로 따를만한 선배를 만나 지금도 교류 중이다.

75 이만하면 됐다 싶었지만 한 번 더 점검 또는 노력해서 실수를 피한 적이 있다.

PARTY 역량 진단 집계표

〈집계 요령〉

1 앞에서 기재한 점수를 각 문항번호를 찾아 그대로 적습니다.
　(예) 1번 문항에 5점이라고 표기한 경우, 몰입실천력 첫번째 문항번호 1번 우측 점수란에 5라고 표기)
2 같은 방법으로 75개 문항의 점수를 옮겨 적습니다.
3 옮겨 적은 점수를 세로 방향으로 합산하여 PARTY 역량별 점수를 확인합니다.

사유통찰력(P)		몰입실천력(A)		문제해결력(R)		공감소통력(T)		조절개발력(Y)	
문항번호	점수	문항번호	점수	문항번호	점수	문항번호	점수	문항번호	점수
5		1		3		6		11	
9		2		4		8		16	
14		7		10		13		19	
20		12		25		18		24	
26		15		34		21		27	
31		17		38		22		30	
36		23		45		29		35	
37		28		49		32		39	
42		40		50		33		41	
47		43		57		44		46	
52		55		63		48		51	
56		62		66		54		53	
59		65		67		58		60	
69		71		68		61		70	
74		75		72		64		73	
합계		합계		합계		합계		합계	

PARTY 역량 진단 결과

〈결과 확인 요령〉

1 앞에서 합산한 자신의 점수에 따라 다섯 가지 PARTY 역량을 5단계 중 한 곳에 표기합니다.
   (예) 사유통찰력의 합산점수가 71점인 경우, 사유통찰력 A 칸에 V 표시)
2 S는 매우 탁월, A는 탁월, B는 보통, C는 약간 부족, D는 부족한 역량 수준을 나타냅니다.
3 다섯 가지 PARTY 역량의 의미를 읽어보며 자신의 역량 수준을 확인합니다.

구분	내용				
사유통찰력(P)	일의 의미와 궁극적 목적을 고민하고 자신의 업무에 대한 가치를 인식하며 성과 창출을 위한 원칙을 수립하고 준수하기 위해 노력하는 힘				
D 29점 이하	C 30점~49점	B 50점~69점	A 70점~79점	S 80점 이상	
몰입실천력(A)	구체적으로 설정한 목표를 이루기 위해 최선을 다해 방법을 강구하며 위험요소를 무릅쓰고라도 실행을 위해 진력하는 힘				
D 29점 이하	C 30점~49점	B 50점~69점	A 70점~79점	S 80점 이상	
문제해결력(R)	존중을 바탕으로 업무의 상대방을 이해하기 위해 노력하고 자신이 다루는 상품과 서비스를 집요하게 파헤치며 이를 통해 목표를 이룰 수 있는 방법을 최선을 다해 찾아내는 힘				
D 29점 이하	C 30점~49점	B 50점~69점	A 70점~79점	S 80점 이상	
공감소통력(T)	이해득실을 떠나 상대방을 진심으로 대하고 작은 부분까지 배려하여 공감을 얻으며 인간관계에서 늘 진실된 자세를 견지하는 힘				
D 29점 이하	C 30점~49점	B 50점~69점	A 70점~79점	S 80점 이상	
조절개발력(Y)	기복이 오더라도 감정의 균형을 잡기 위해 노력하고 강한 자존감을 통해 쓸데없는 자존심을 극복하며 지금보다 더 많은 지혜를 얻기 위해 학습을 지속하는 힘				
D 29점 이하	C 30점~49점	B 50점~69점	A 70점~79점	S 80점 이상	

PARTY 역량 진단 결과 레이더 차트

〈레이더 차트 작성 요령〉
1 앞에서 확인한 다섯 가지 PARTY 역량을 레이더 차트로 확인해봅시다.
2 자신의 PARTY 역량별 해당 단계(S~D)에 모두 다섯 개의 점을 찍습니다.
3 다섯 개 점을 선으로 연결해 레이더차트를 완성한 후 각 역량들을 서로 비교해봅시다.

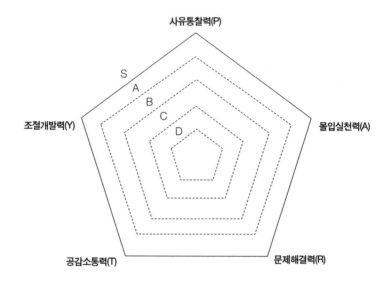

사유통찰력, 몰입실천력, 문제해결력, 공감소통력, 조절개발력의 다섯 가지 역량은 시원한 성과를 만들어내기 위해 모두 필요하다. 진단 결과에 따라 자신이 어떤 역량이 부족하고 어떤 역량이 비교적 풍부한지 확인할 수 있을 것이다. 이를 참조하면서 다음 PARTY 역량 강화 액션 플랜 시트(Action Plan Sheet)에 따라 자신의 역량을 높일 수 있는 방안을 구체적으로 작성할 수 있다.

부록 2 ● PARTY 역량 강화 Action Plan Sheet

이제 시원한 성과를 만드는 즐거운 비결 PARTY 역량을 강화하기 위한 노력을 실천해보자. 깊은 고민을 통해 지금부터 제시되는 시트들을 하나하나 채우면 자연스럽게 PARTY를 내 것으로 만들기 위한 준비를 마칠 수 있다. 더 중요한 것은 실천이겠지만, 시작이 반이므로 이 시트들만 완성하면 반은 성공한 셈이 된다. 내용을 채워 넣는 과정이 다소 막연하고 힘들 수 있다. 그때는 먼저 책의 앞 내용들을 다시 읽어보며 개념을 재차 확인하고 그 후 소개된 3명의 전문가들의 이야기들을 예시로 삼으면 어려움을 어느 정도 해소할 수 있을 것이다.

철학(Philosophy)을 정립하는 사유통찰력

● 내가 하고 있는 일은 다음 대상들에게 어떤 가치를 제공하고 있습니까?

대상	제공하는 가치	
	1차적으로 제공하는 가치	궁극적으로 제공하는 가치
나		
가족		
회사		
사회		
기타		

● 하고 있는 업무에 관한 내용들을 다음 질문에 따라 설명 또는 정의해봅시다.

질문	설명 또는 정의
내가 하고 있는 일은?	
이 일을 잘하기 위해 필요한 것은?	
이 일을 간략하게 표현하면?	

● 현재 일을 하면서 생각하고 지키고 있는 원칙이나 신조를 정하기 위해 다음 질문들에 대해 답변해봅시다.

질문	내용
일을 하면서 가장 범하기 쉬운 실수는?	
상사 또는 동료로부터 받고 싶은 칭찬의 내용은?	
일을 하면서 가장 보람 있던 경험은?	
자신이 생각하는 일의 원칙 또는 신조	

● 위에서 작성한 내용들을 종합하여 다음 질문들에 대해 답해봅시다.

질문	답변
나는 어떤 가치를 제공하기 위해 일하고 있는가?	
내가 하고 있는 일은 XXX이다.	
나는 이 일을 잘하기 위해 이러한 원칙을 준수할 것이다.	

먼저 행동(Action)하는 몰입실천력

- 현재 자신의 일터에서 이루기 원하는 목표를 다음 구분에 따라 구체적으로 적어봅시다. 숫자와 이미지를 활용해 표현하면 목표의 구체성을 크게 높일 수 있습니다.

구분	내용
이번 달 목표	
올해 목표	
3년 후 목표	
10년 후 목표	
기타	

- 이와 같은 목표를 이루기 위해 반드시 해야 할 일과 절대서 해서는 안 될 일을 각각 생각해봅시다.

구분	내용
목표달성을 위해 반드시 해야할 일	첫째, 둘째, 셋째.
목표달성을 위해 절대로 해서는 안될 일	

- 목표달성을 위한 행동을 실천하는 데 있어 방해가 되거나 힘이 되는 요소들에 대해 생각해봅시다.

구분	제공하는 가치
실행을 방해하는 요소들	
실행을 돕는 요소들	
실행을 위해 해야할 일	
기타 의견	

해답(Resolution)을 반드시 찾아내는 문제해결력

- 업무를 수행하는 과정과 관계되어 있는 사람들을 모두 적어봅시다.

대상	내용
고객 (좁은 의미)	
동료 (내부 고객)	
협력자 (거래처, 협력사 등)	
기타 이해관계자 (공공기관 등)	
기타 (가족, 친구, 선후배 등)	

- 바로 위에서 적은 넓은 의미의 고객들은 각각 어떤 특성들을 갖고 있습니까?

대상	특성
고객 (좁은 의미)	
동료 (내부 고객)	
협력자 (거래처, 협력사 등)	
기타 이해관계자 (공공기관 등)	
기타 (가족, 친구, 선후배 등)	

- 이와 같은 고객을 나만의 언어로 간략히 표현해봅시다.

　　– 나에게 고객이란 [   ] 이다.

- 자신이 비즈니스 아이템으로 하고 있는 상품과 서비스에 대해 기재해봅시다.

질문	답변
나의 비즈니스 아이템	
이 아이템의 경쟁자는?	
우리 아이템의 장단점은?	
우리 아이템의 개선 필요점은?	
기타 의견	

- 목표달성의 방법과 관련하여 다음 질문에 대해 답해봅시다.

질문	답변
안될 것 같았는데 해보니까 성공했던 경험	
이전과 똑같은 방법으로 했다가 실패했던 경험	
시도해보고 싶은 새로운 방법	
기타 의견	

마음을 만지는(Touch) 공감소통력

● 공감과 관련된 다음 질문들에 대해 답해봅시다.

질문	답변
다른 사람으로부터 공감을 받았던 경험	
내가 다른 사람을 공감해줬던 경험	
공감을 막는 장애요소들은?	
공감을 위해 가장 중요한 점은?	
기타 의견	

● 공감을 위해 다음 대상에게 실천할 수 있는 작은 일들을 생각해봅시다. 특정인의 이름을 적으면서 생각해보면 더욱 좋습니다.

질문	답변
배우자(애인)	
자녀(부모님)	
형제	
동료	
고객	

나만의 정원(Yard)을 가꾸는 조절개발력

- 감정의 균형을 지켜냈던 위기 상황과 실패했던 경험을 떠올린 후 균형을 유지하기 위해 필요한 마음가짐과 행동들을 생각해봅시다.

질문	답변
위기상황에서도 감정 균형 유지에 성공했던 경험	
감정 균형 유지에 아쉽게 실패했던 일	
감정 균형을 위해 필요한 마음가짐	
감정 균형을 위해 필요한 행동	
기타 의견	

- 자신만의 정원을 아름답게 가꾸기 위해서는 자신에 대한 객관적 인식이 선행되어야 합니다. 다음 질문들에 대해 진솔하게 답변해 봅시다.

질문	답변
나의 장점	
나의 단점	
나의 자존감 상태	
나의 자존심 정도	
기타 의견	

- 꼭 필요한 자존감은 높이고 쓸데없는 자존심은 버리기 위해 해야 할 일들을 생각해봅시다.

질문	답변
자주 만나게 되는 자존감의 위기상황	
자존감 강화를 위해 필요한 일들	
자주 겪게 되는 자존심 발동 상황	
자존심 조절을 위해 필요한 일들	
기타 의견	

- 지속적인 학습은 성과 창출을 위한 든든한 내공을 길러줍니다. 이와 관련된 다음 질문에 답해봅시다.

질문	답변
현재 부족하다고 생각되는 자신의 실력 (지식, 기술 등)	
부족한 실력을 극복할 수 있는 방법	
3개월 이내 독서 또는 이러닝 학습계획	
그 외 실력향상을 위해 실천하고자 하는 학습방법	

이기는 비즈니스를 위한 P·A·R·T·Y 전략

왜 내 성과는 제자리일까

제1판 1쇄 인쇄 | 2017년 6월 26일
제1판 1쇄 발행 | 2017년 6월 30일

지은이 | 김상배
펴낸이 | 한경준
펴낸곳 | 한국경제신문 한경BP
편집주간 | 진준석
책임편집 | 유능한
저작권 | 백상아
홍보 | 남영란·조아라
마케팅 | 배한일·김규형
디자인 | 김홍신

주소 | 서울특별시 중구 청파로 463
기획출판팀 | 02-3604-553~6
영업마케팅팀 | 02-3604-595, 583 FAX | 02-3604-599
H | http://bp.hankyung.com   E | bp@hankyung.com
T | @hankbp   F | www.facebook.com / hankyungbp
등록 | 제 2-315(1967. 5. 15)

ISBN 978-89-475-4226-5   03320